上▶リング・矢尻A（p.48） 左中▶リング・バードヘッドA（p.52）
右中▶リング・菓子切りC（p.57） 下の2点▶五角金星＋巴（p.62・68）

上▶五角箱5枚組・内星(p.99・108) 左下▶三角箱3枚組(p.126・129)
右下▶四角箱4枚組・風車(p.86・90)

上▶V字135°30枚組(p.190) 左下▶ひだ折りオーナメント(p.140)
右下▶めんこ6枚組(p.162)

上▶ロケット(p.35)　中▶立方体6枚組・帯(p.158)
下▶正八面体6枚組・床屋さん(p.142)

ちくま文庫

できた! ユニット折り紙入門

布施知子

筑摩書房

目次

第三章　立体

口絵レイアウト　郷坪浩子
口絵写真撮影　磯貝スタジオ

できた！　ユニット折り紙入門

はじめに

ユニット折り紙入門、といいながら、星、箱、立体など、あれもこれもてんこ盛り。入門だからこそいろいろ知っていただきたい、と欲張りました。

さて、ユニット折り紙ってどんなものでしょう。通常の折り紙は一枚の紙で形を作りますが、ユニット折り紙は、パーツ（これをユニットと呼びます）を複数枚折って、それを差し込んだり、はさんで引っかけたりして形を作ります。このときノリを使わないのが原則です。まあ、こっそり使う場合もありますが。

ユニットひとつひとつの折り方はわりあい簡単です。ただ同じものをたくさん折らなくてはならないところが試練です。その試練を乗り越えた先に、ユニット折り紙の最大の特徴であり大きなたのしみである「組む」という作業が待っています。組むときは頭が混乱しますが、やがて納まるべき所にすべてが納まり、「できた。

なるほど！」というスッキリ感を味わうことができます。

試練やら混乱やらと書くと、良いところがないように思えますが、試練は時間をかければ乗り越えられるし、組み方で混乱するということは脳がフル稼働、血がめぐっている証ですから、よしとしましょう。

しかし、なるべく順調にことが運ぶように、折るとき、組むときは次の点に注意してください。

○折り線はアイロンをかけるように、しっかりつける。
○折り図は、今折っているところだけでなく、一つ二つ先も見る。

ユニット折り紙の答えははっきりしています。「組み上がった」「できた」という大きな充足感。達成感。

ユニット折り紙は明快で爽快な折り紙です。

この一冊を友として、ユニットワールドを満喫していただけたらうれしいです。

折り方の約束

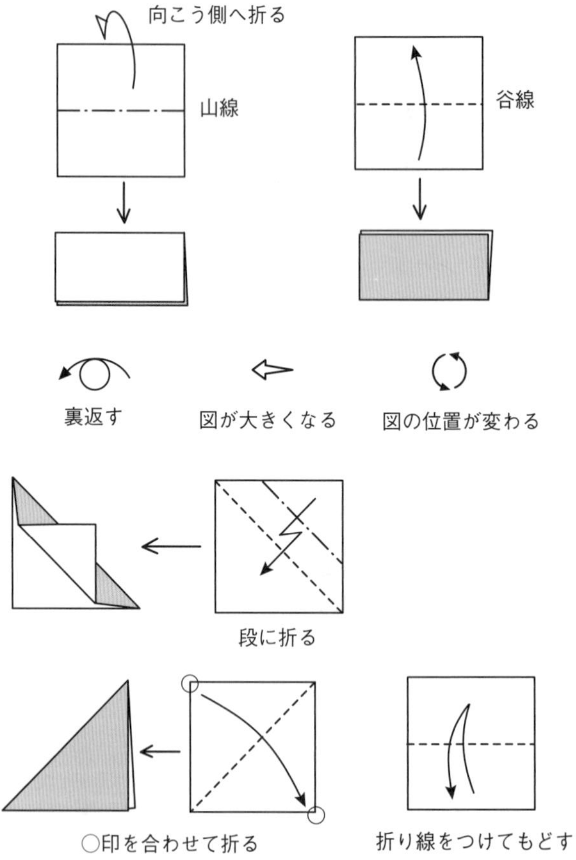
向こう側へ折る
山線
谷線
裏返す
図が大きくなる
図の位置が変わる
段に折る
○印を合わせて折る
折り線をつけてもどす

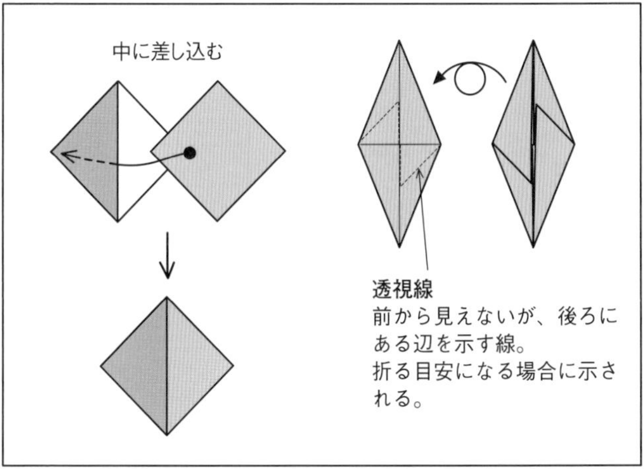
中に差し込む
透視線
前から見えないが、後ろにある辺を示す線。
折る目安になる場合に示される。

折り方の難易度と紙の寸法

題のわきに書いてあるものは折り方の難易度★印と、組み方の難易度☆印、および折るのに適当と思われる紙の寸法です。折るときのめやすにしてください。

★/☆15cm×15cm

折り方の難易度		組み方の難易度		紙の寸法
★	かんたん	☆	かんたん	
★★	ふつう	☆☆	ふつう	
★★★	むずかしい	☆☆☆	むずかしい	

第一章　平面作品を中心に

ユニット折り紙の手始めとして、完成形が平面になるものを中心に進めます。

ひとつのユニットは簡単に折ることができるでしょう。それを組む楽しさと、「なるほど、こうなるんだね！」と納得できるスッキリ感を体験していただけたら、と思います。

めんこ（伝承）　★/☆15cm×15cm

「正」とそれを逆折りにした「鏡折り」を一枚ずつ使って組み合わせます。コースターにしてもいいですね。

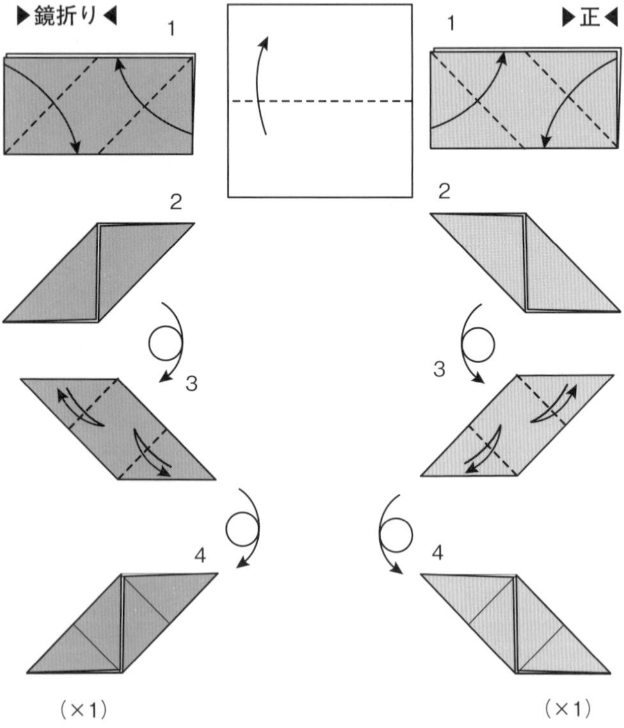

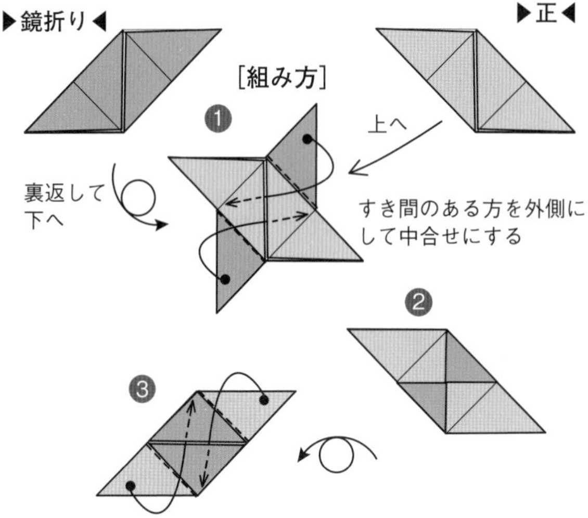
▶鏡折り◀
▶正◀
[組み方]
1
上へ
裏返して
下へ
すき間のある方を外側に
して中合せにする
2
3

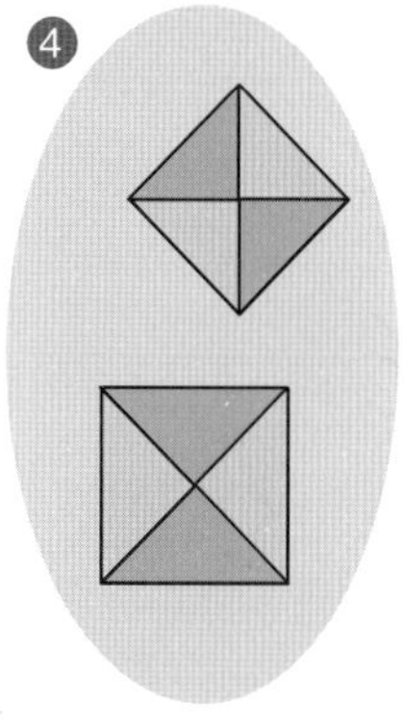
4

「鏡折り」

　鏡を見ていて右手を上げると、鏡の中では左手を上げています。このように左右を逆に折る折り方を「鏡折り」といい、ユニット折り紙ではときどき使います。

　ここにあげた「めんこ」はユニットの基本が詰まった伝承作品です。

手裏剣（伝承）

★/☆☆15cm×15cm

これも「鏡折り」を使います。先にとんがりが出るところが楽しい作品です。

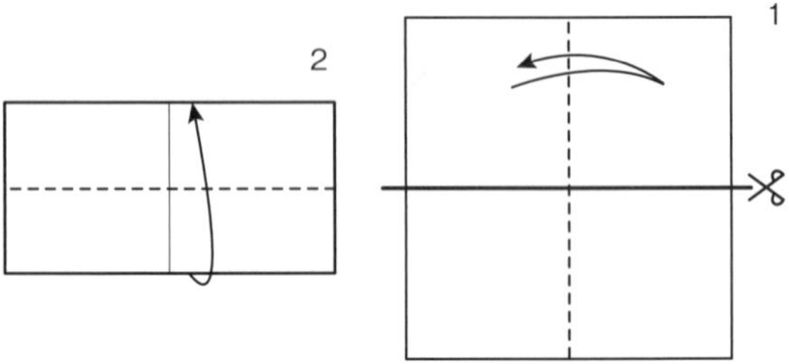

折り線をつけたら半分に切る

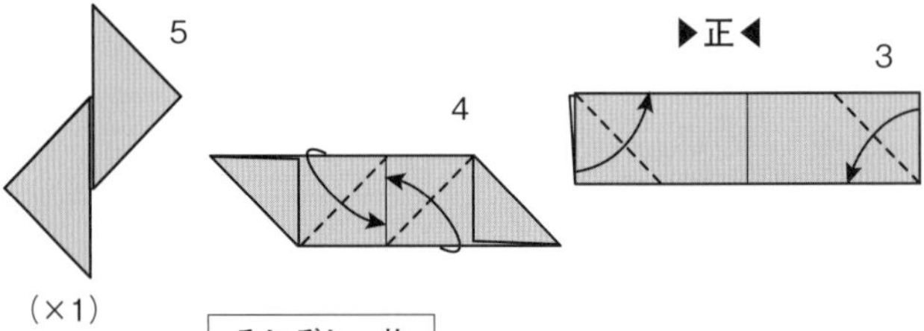

それぞれ一枚ずつ折る

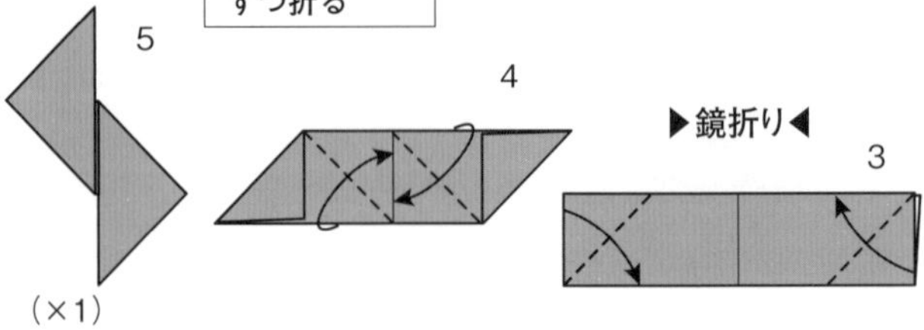

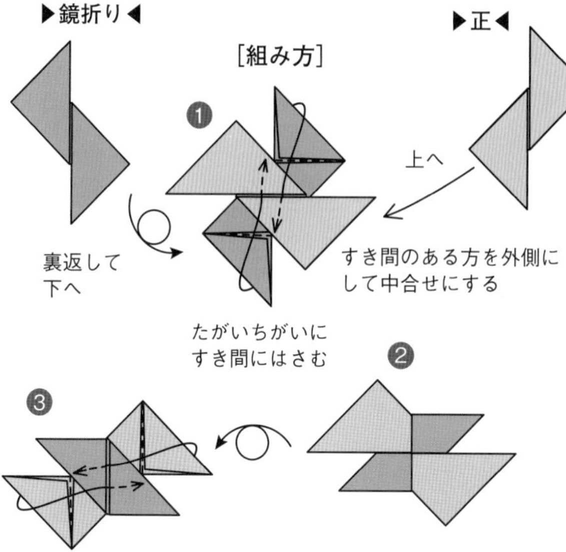
▶鏡折り◀
▶正◀
[組み方]
1
上へ
裏返して
下へ
すき間のある方を外側に
して中合せにする
たがいちがいに
すき間にはさむ
2
3

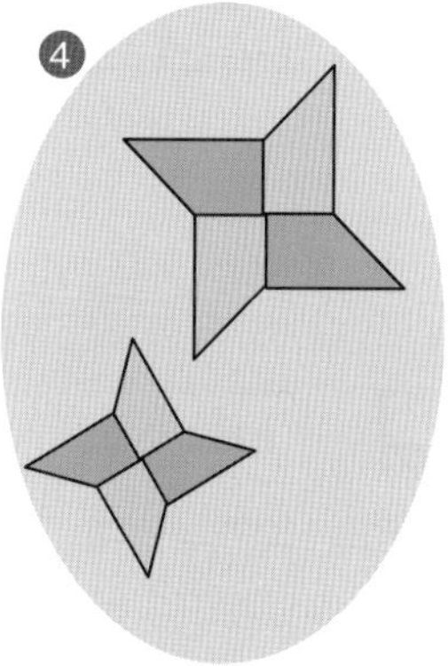
4

しゅりけん

ながれぼし　のようでもあるけど
ようでもなく
ようは　ようじん　ごようじん
しゅりけんは　きけんなほし
とりあつかいに　ごようじん

——かげの声

王様のかんむり

★/☆15cm×15cm

簡単に折ることができて、実用にも充分耐えます。

1

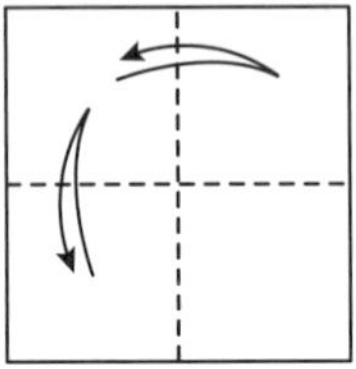

2

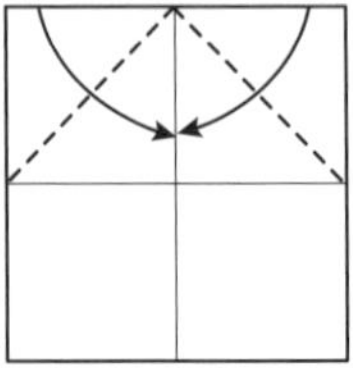

3

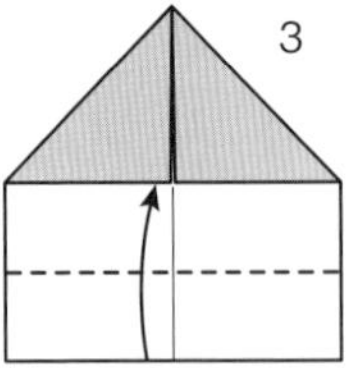

4

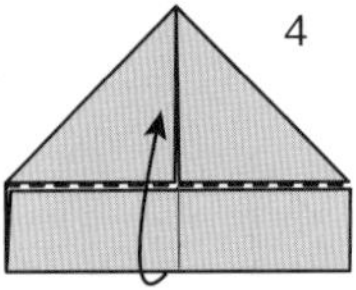

5

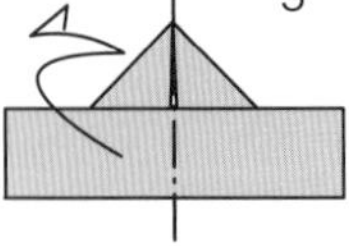

山線をつける

6

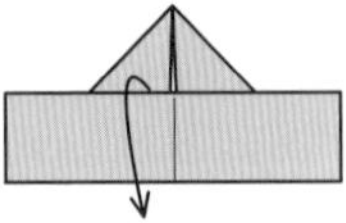

いったん開く

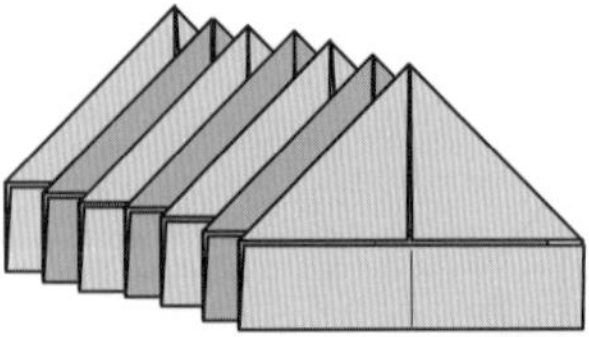

(×7か×8)

頭の大きさにより、組む数を加減して下さい。
18cm角の場合は7枚くらいがいいでしょう。

[組み方]

1

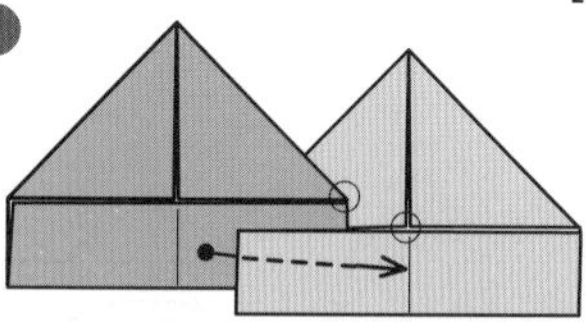

2

○印を合わせて差し込む

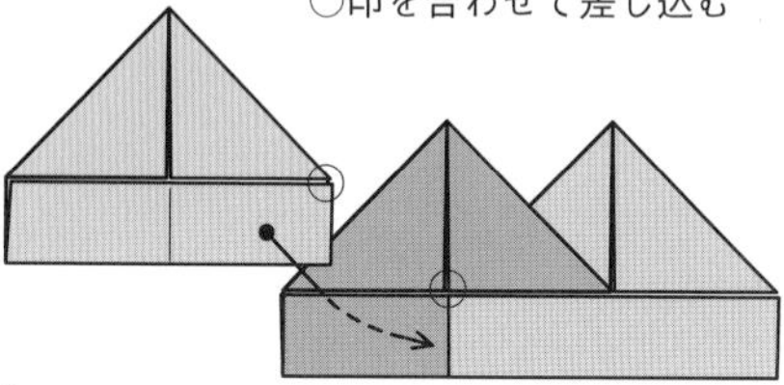

3

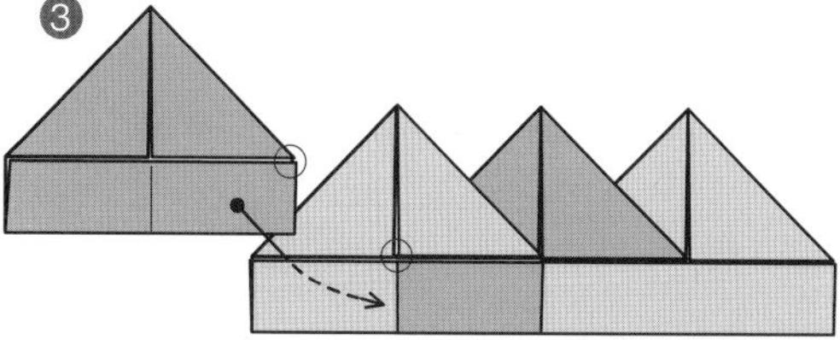

同じ要領で合計7枚か8枚を組む

4

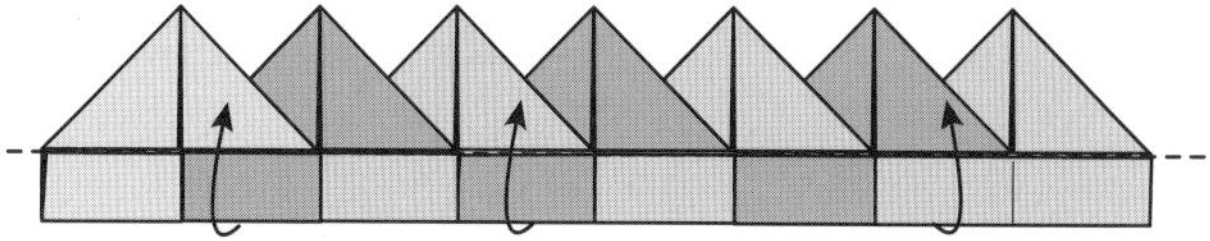

巻いて折る。ずれないように注意

❺

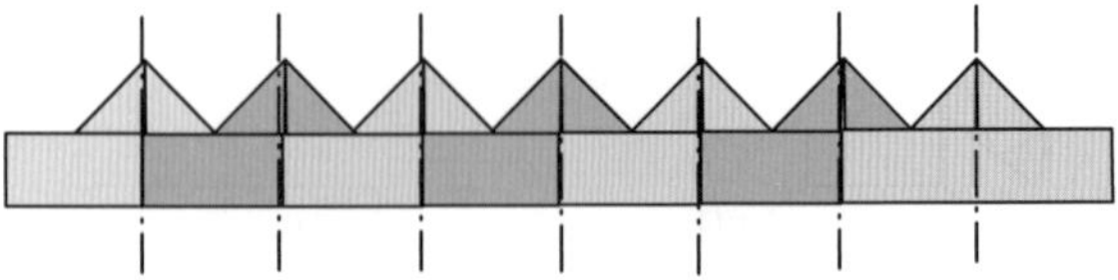

山線をつけて輪にしていく

❻

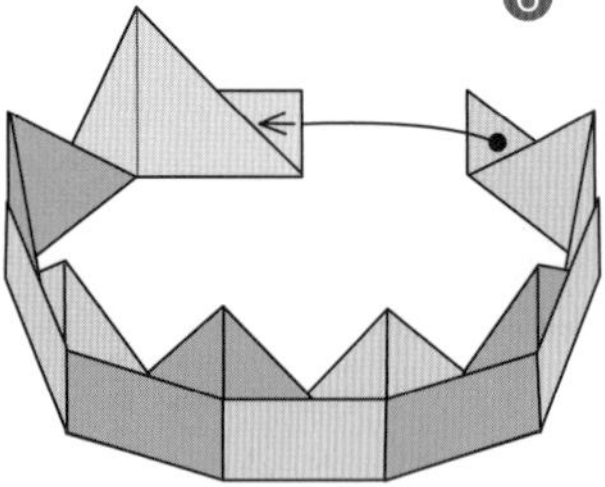

輪にして、端をはさむ

❼

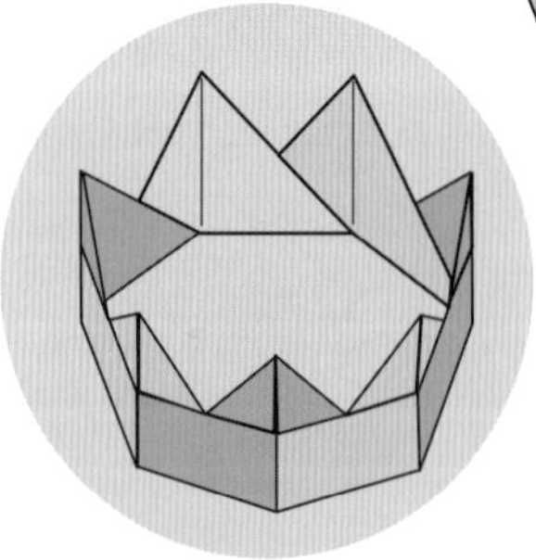

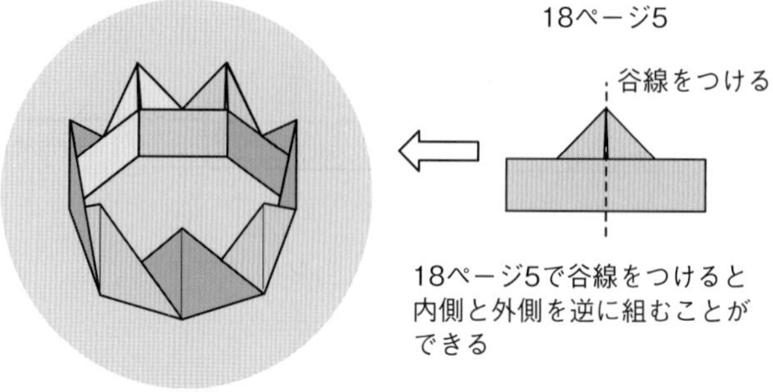

18ページ5で谷線をつけると内側と外側を逆に組むことができる

たわむれの折り紙

箱や財布やブローチなど、生活の中で使うことができる実用の折り紙はたくさんあります。

この「王様のかんむり」はどうでしょう。作って実際にかぶることができますが、実用ではありません。でも、かぶるとなんだかうれしくなって、ひとりでうふっと笑ったり、お互いに見合ってにこにこします。まあ、たわむれの折り紙、とでもいうのでしょうか。これが心を解き放ち、精神をゆるめ、新しい空気を送ってくれるのです。少なくとも私の場合は。

四角コースター　★/☆15cm×15cm

2枚で組むコースターです。ユニット折り紙の特徴である「模様変わり」もできます。

▶A◀

1

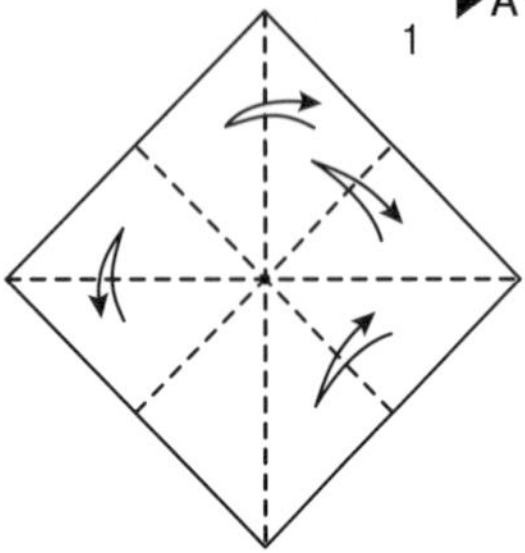

2

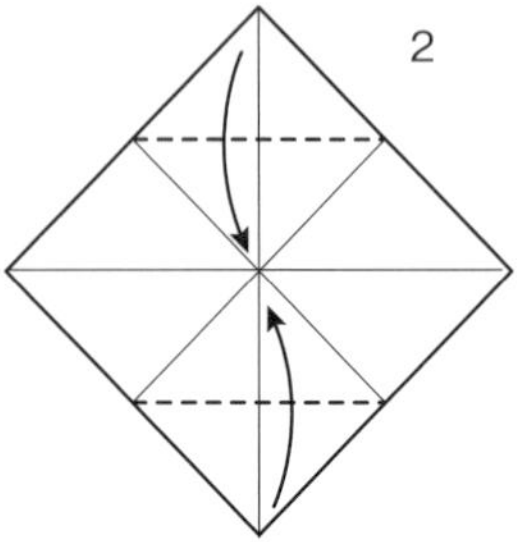

3

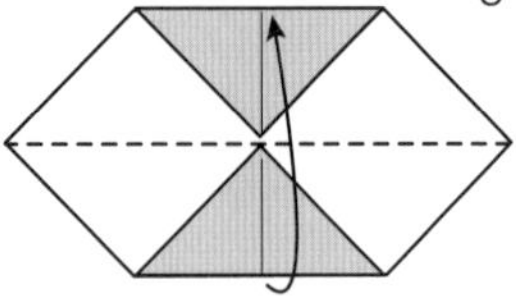

4

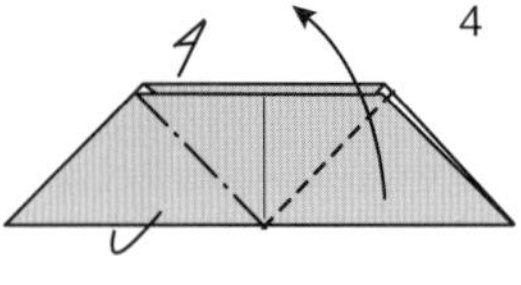

5

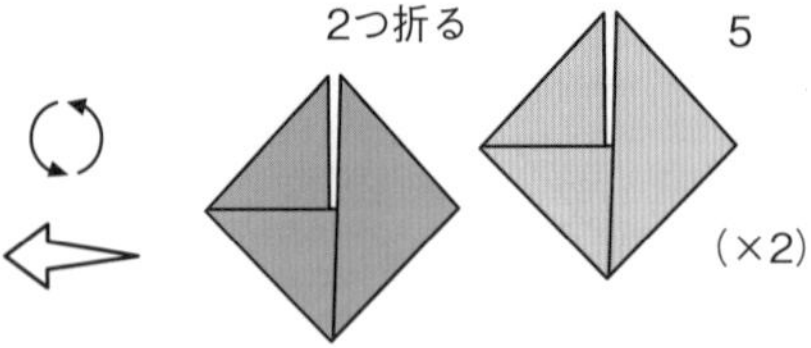

[組み方]

❶

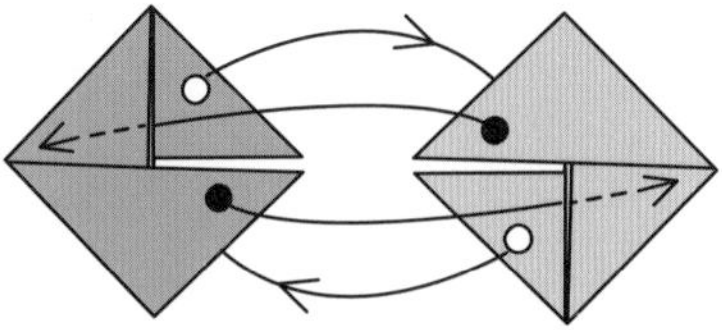

互い違いにポケットに差し込む
●印は上から差し込む
○印は反対側で同じようにする

❷ （途中）

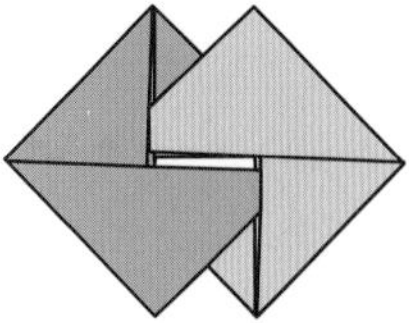

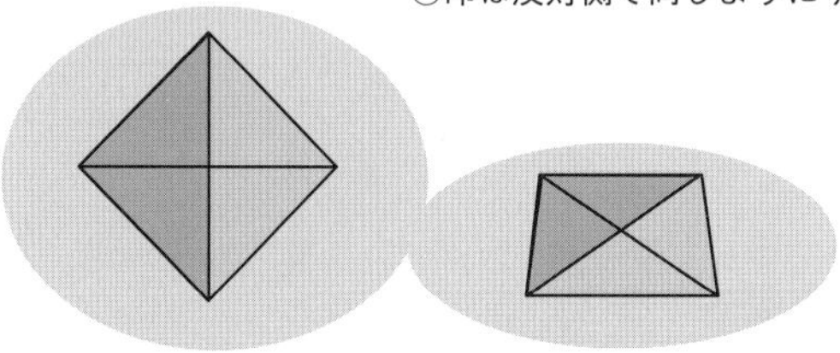

=模様変わり=

▶B◀

1

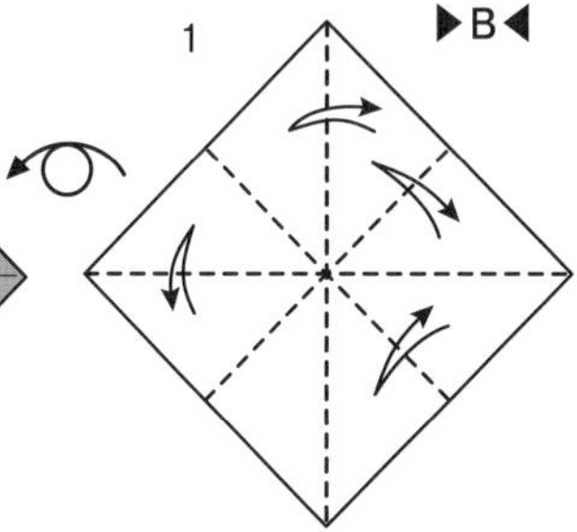

2

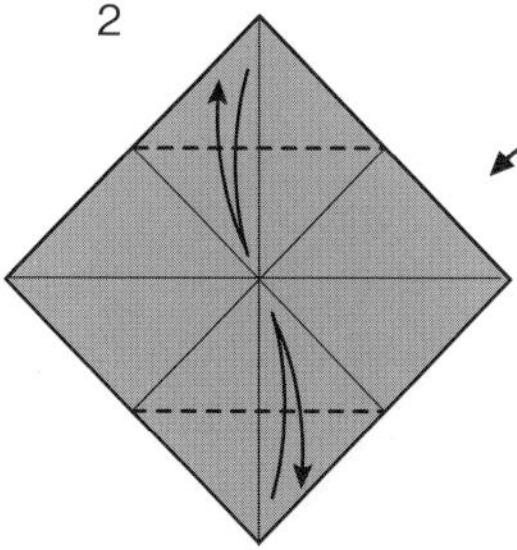

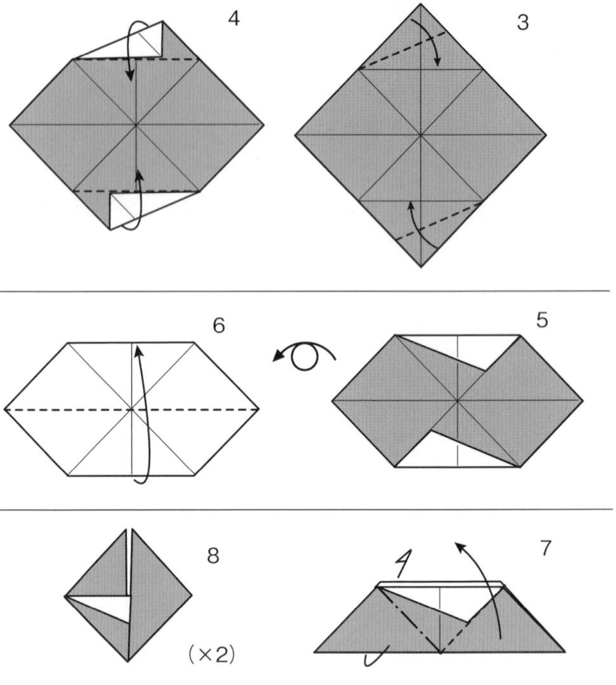

組み方は「A」
(23ページ) と同じ

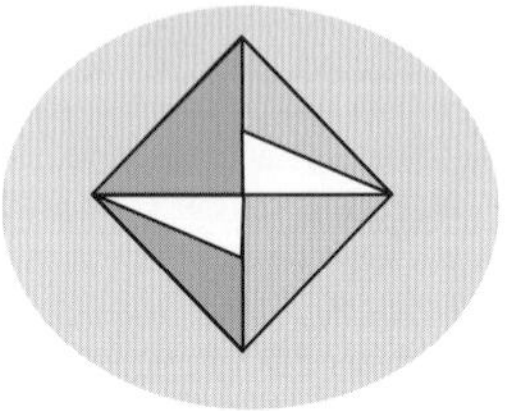

六角コースター

★/☆15cm×15cm

2枚で組むコースターです。
60°の折り方をマスターしましょう。

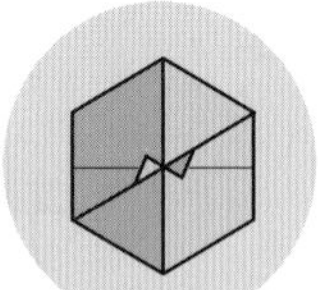

2

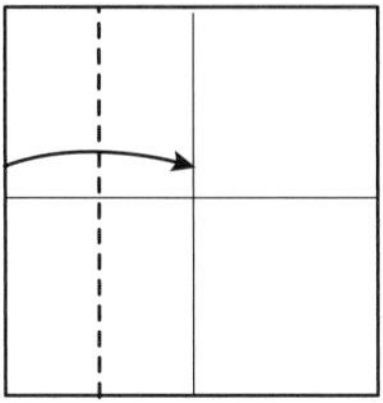

1

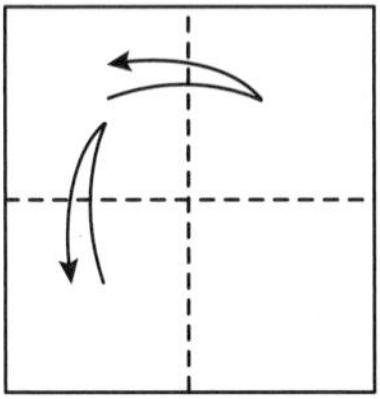

3

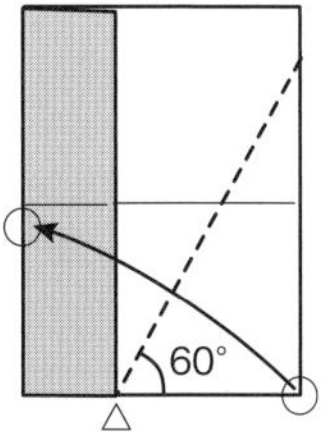

ここが六角形の角度
である60°を決める
大事なところ

△印を軸に○印を
合せて折る

5

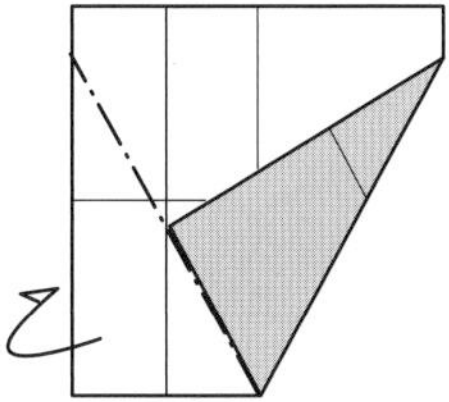

4

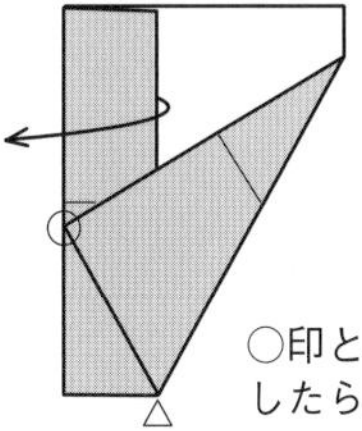

○印と△印をチェック
したら、左を開く

6

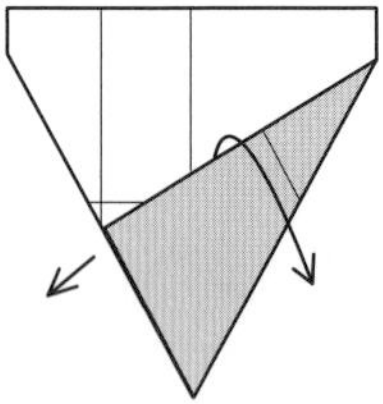

みんな開く

7

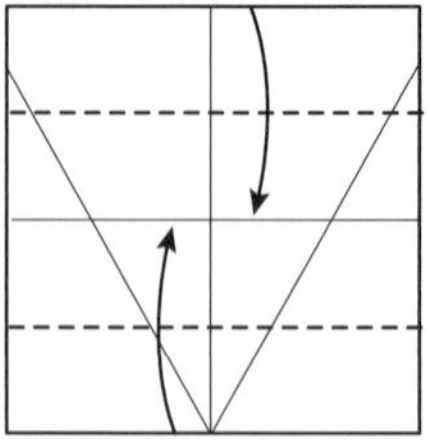

8

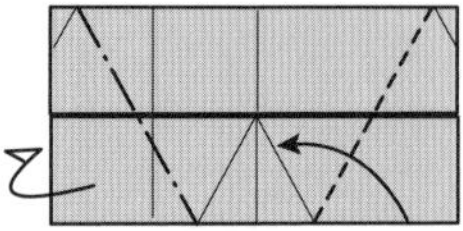

9

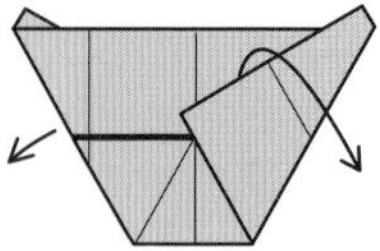

10

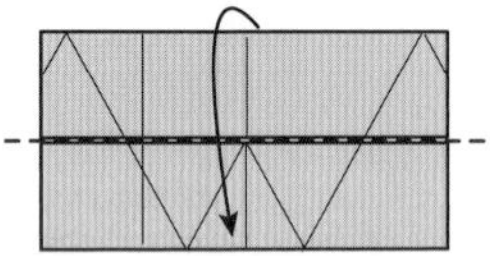

11

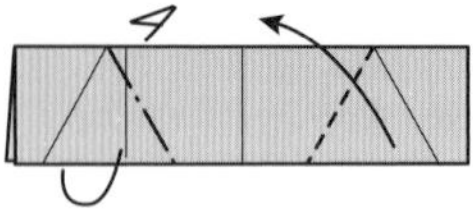

ついている折り線にしたがって折る

12

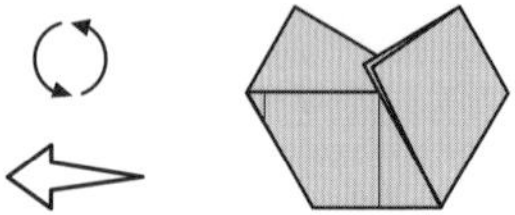

(×2)

[組み方]

❶

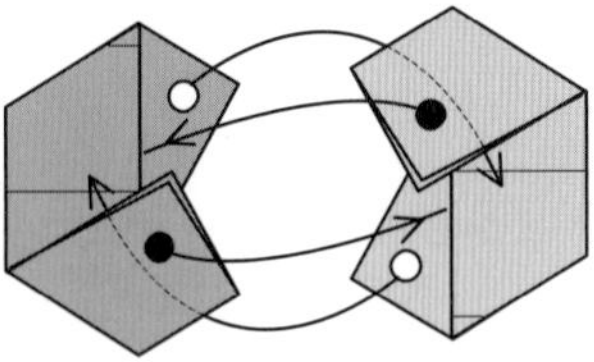

互い違いに差し込む
○印は下から通して上へ
●印は上から通して下へ

❷ （途中）

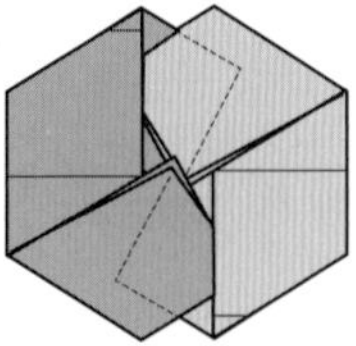

❸

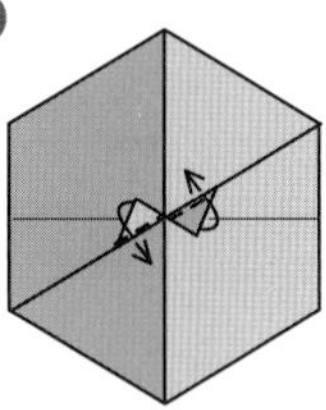

2層ある三角の上の一枚をはさんで折る。ここを折ると、はずれにくくなる。後ろは折っても折らなくてもよい

❹

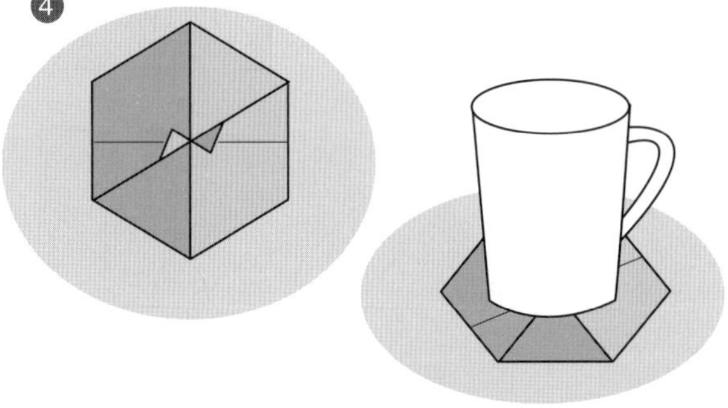

おにぎり型のコースター

★/☆☆15cm×15cm

折り方はとても簡単ですが、組み方はなぞなぞのよう。そこがおもしろい折り紙です。図をよく見て組んでください。「六角コースター」（25ページ）と兄弟分です。

1

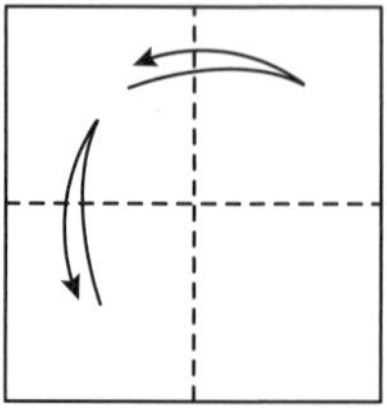

2

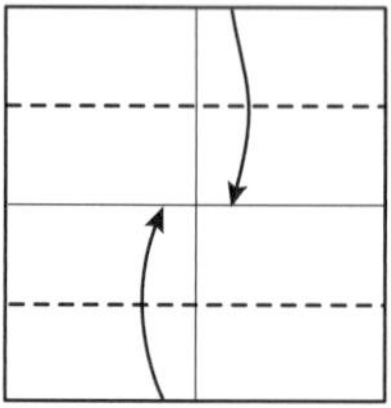

3

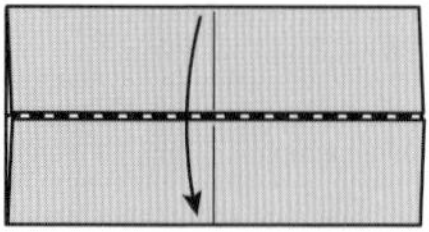

4

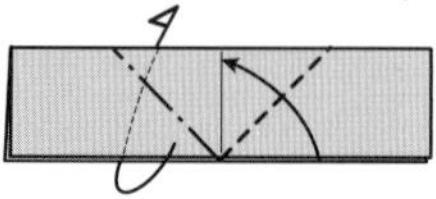

5

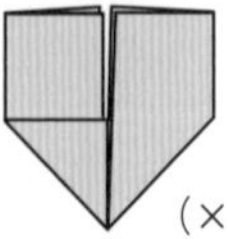

（×3）

❶［組み方］

○印を付き合せて
「へ」の字になる
ように組む

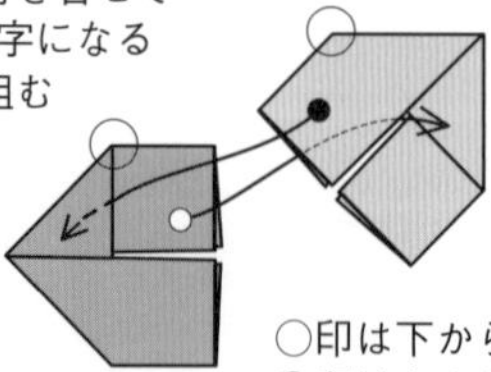

○印は下から通して上へ
●印は上から通して下へ

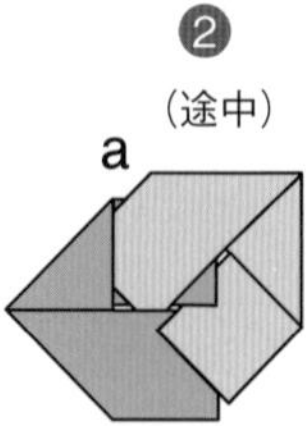

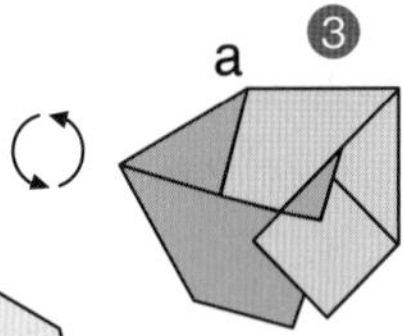

このユニットは3枚目を組むまでaの角度が決まらない

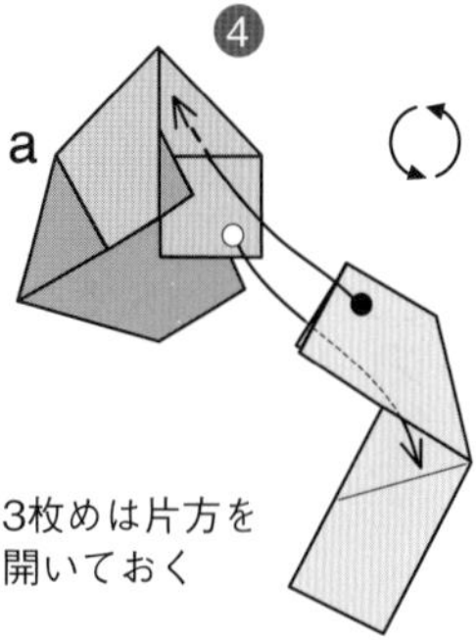

3枚めは片方を
開いておく

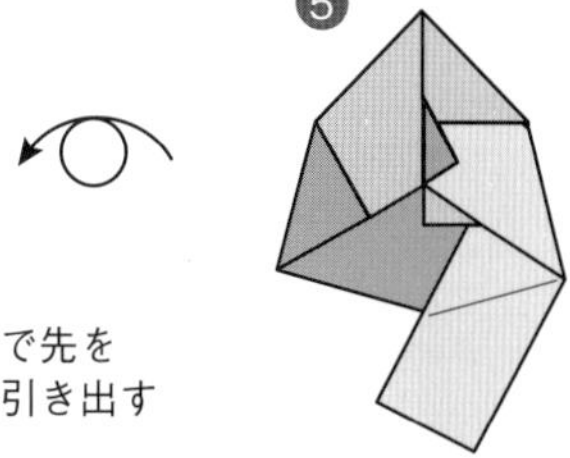

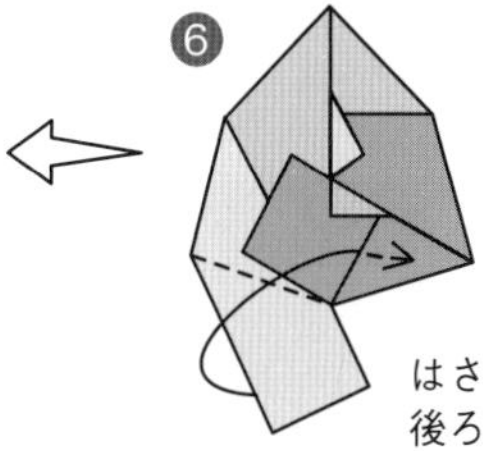

はさんで先を
後ろに引き出す

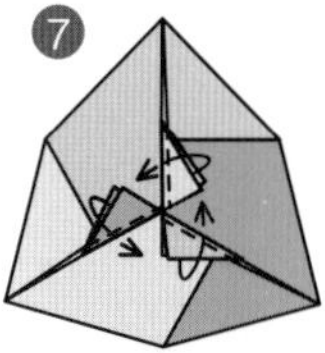

上の三角を間にはさんで折る
後ろは折らなくてよい

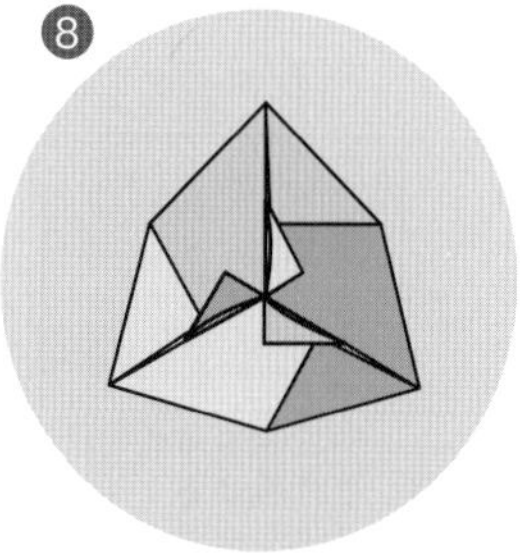

フラワーバッジ1

★/☆15cm×15cm

「バッジ」とありますが、テーブルなどの上に置くと、きっとその場がなごむことでしょう。

1

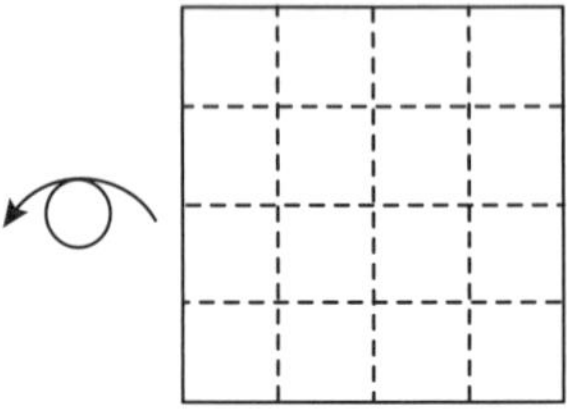

▶ガク◀

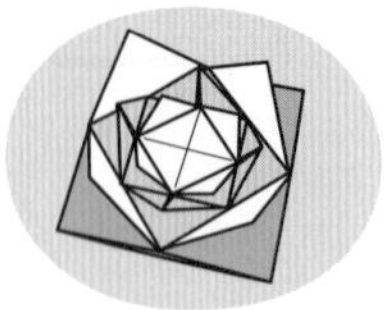

図のような折り線をつける

2

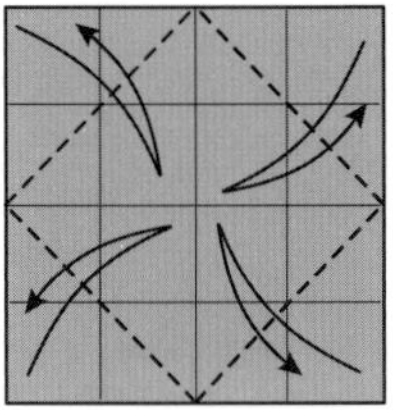

3

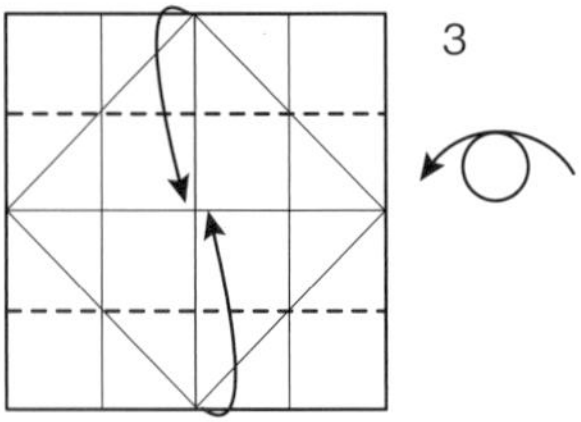

4

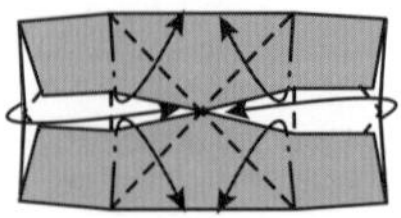

中を開き、両側を引き寄せる

5

（途中ー1）

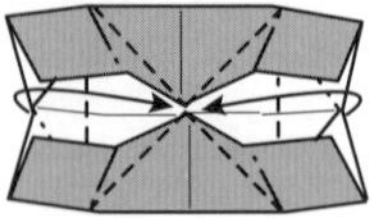

必要な線は全部ついているので、折り線にしたがって左右を中央に寄せる

6 (途中ー2)

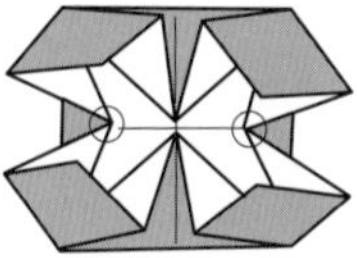

○印を中央に合わせて平らにする

7

8 ガク

(×1)

▶花◀

1

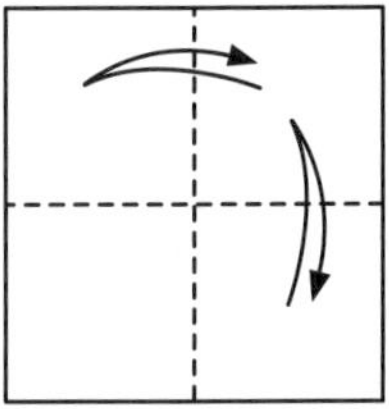

2

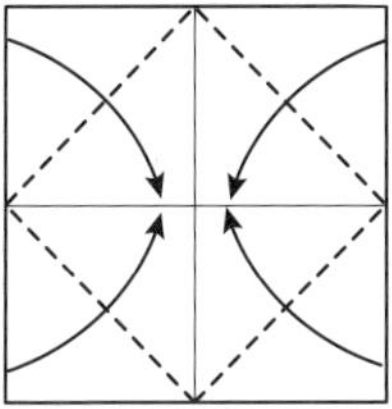

3

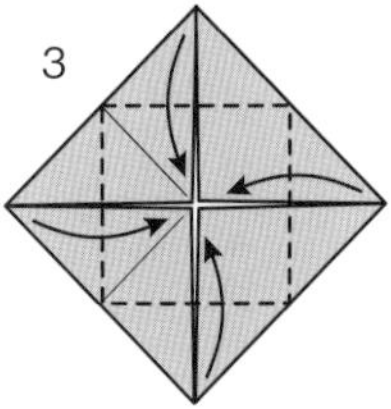

4 花

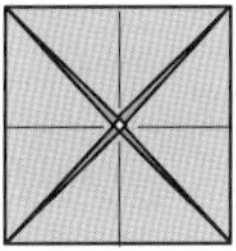

(×1)

[組み方]

1

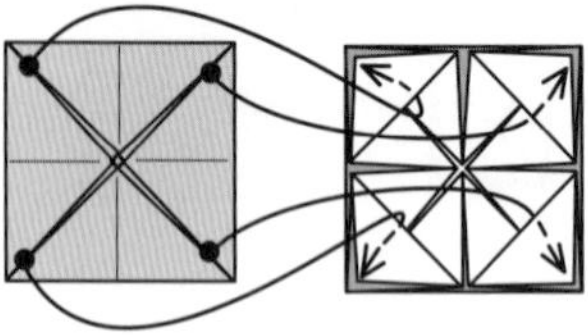

四すみに差し込む

2

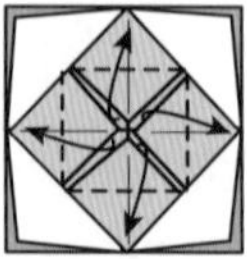

花びらを折る

3

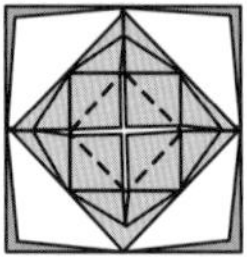

花びらを折る

4

5

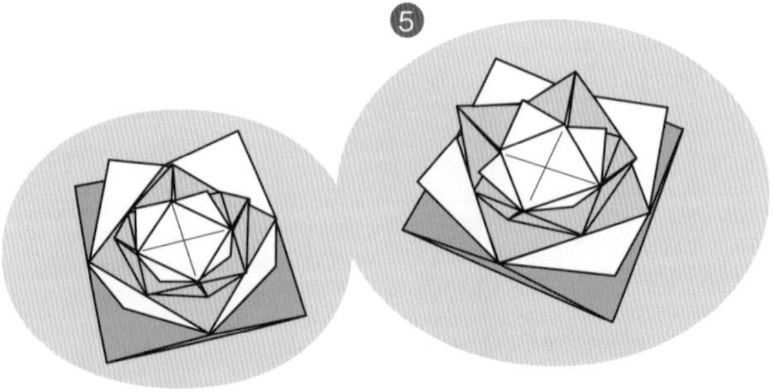

フラワーバッジ2

★/☆15cm×15cm

4分の1の紙から折った「ガク」が、ここでは「花」になります。同じ折り方の組み合わせですが、ちがう趣になります。2枚と4分の1の紙を使います。

1

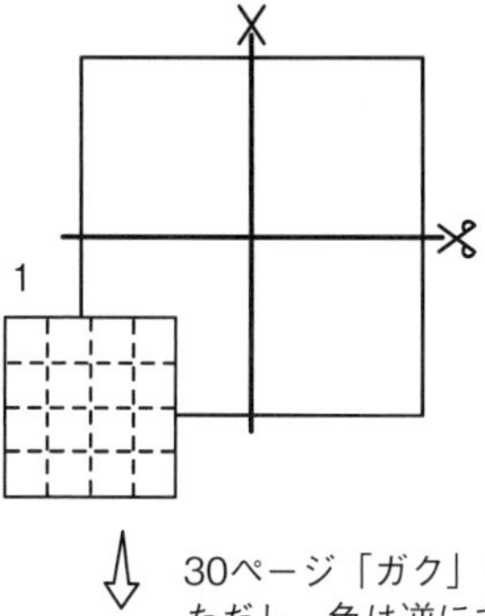

30ページ「ガク」を折る
ただし、色は逆にする

2

▶ガク（ここでは花）◀

▶花◀

1

2

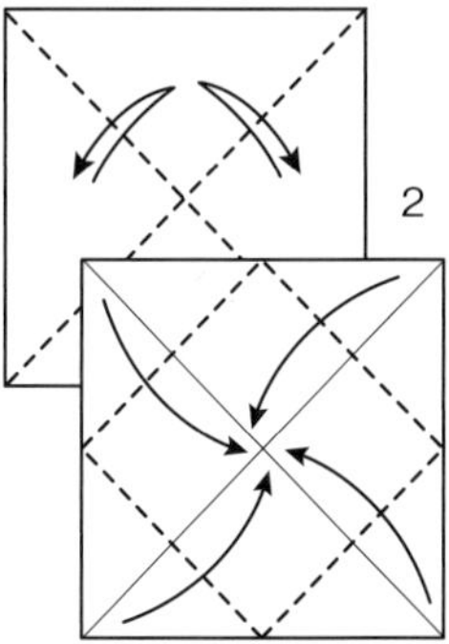

3

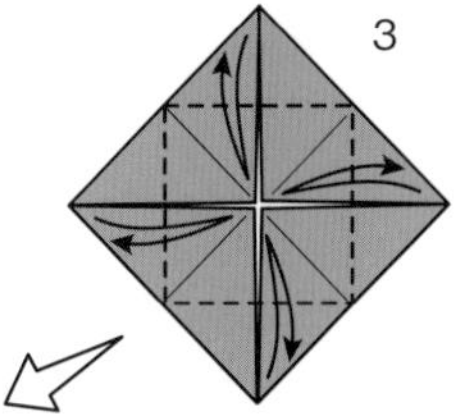

4

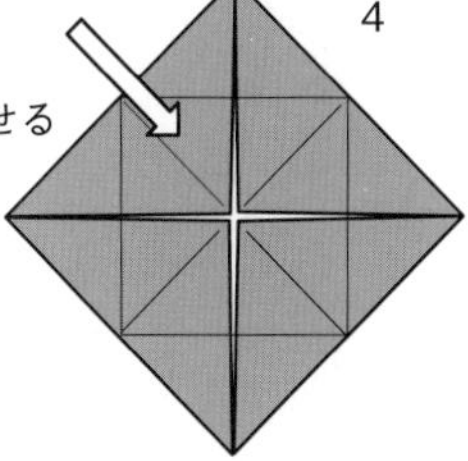

[組み方]

❶

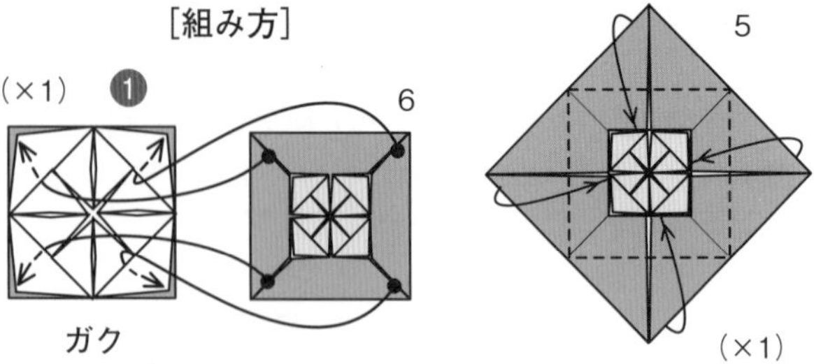

ガク
30ページ

❷

「ガク」の三角を内側や外側にカールしてもいいですね

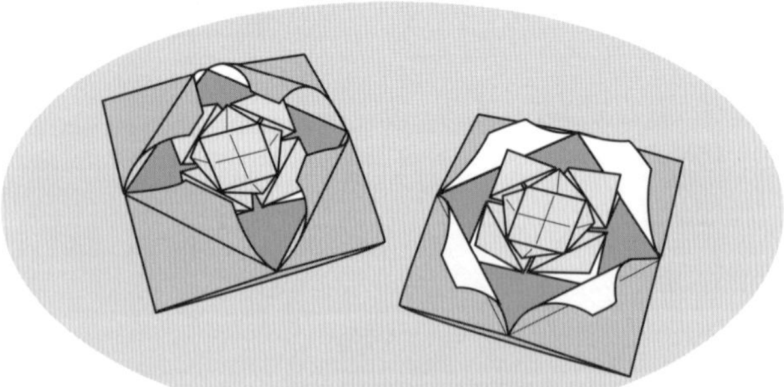

内側にカールした場合　　外側にカールした場合

ロケット

★★/☆15cm×15cm

本体と2種類の燃料タンクをつないでロケットにします。
燃料タンクはいくつもつなぐことができます。

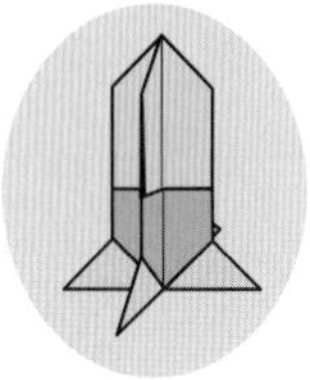

▶本体◀

1

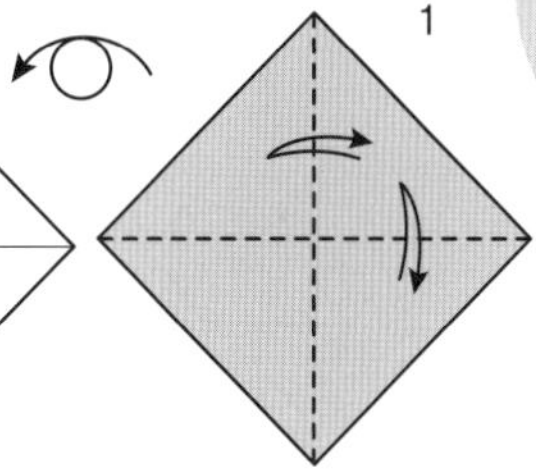

2

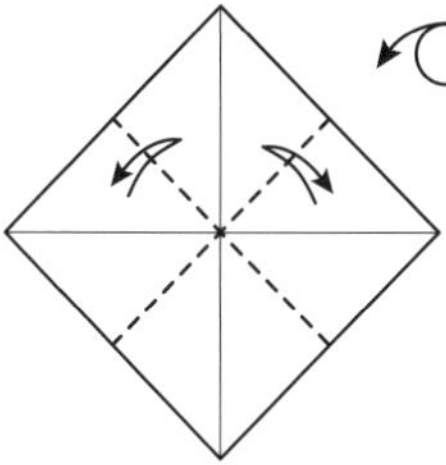

3

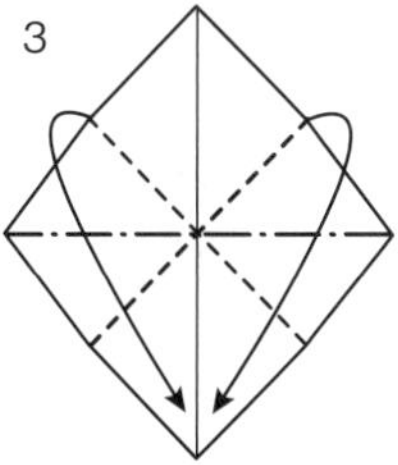

中央をくぼませて折り線どおりにまとめる

4

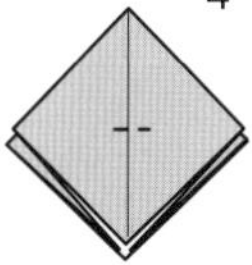

1枚だけ中央を少し折る

5

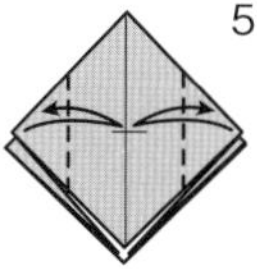

反対側も折り線をつける

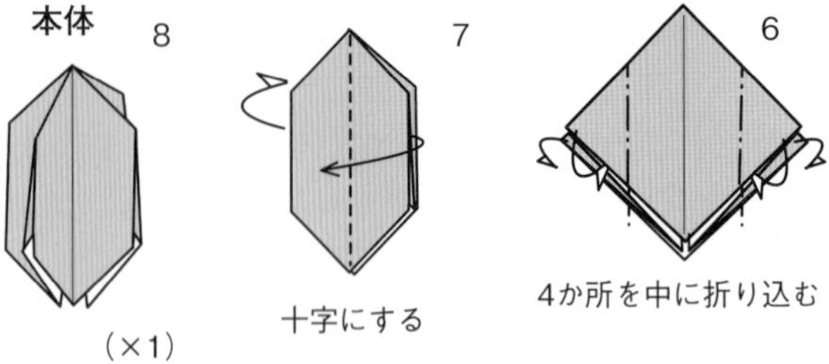
本体
6
4か所を中に折り込む
7
十字にする
8
（×1）

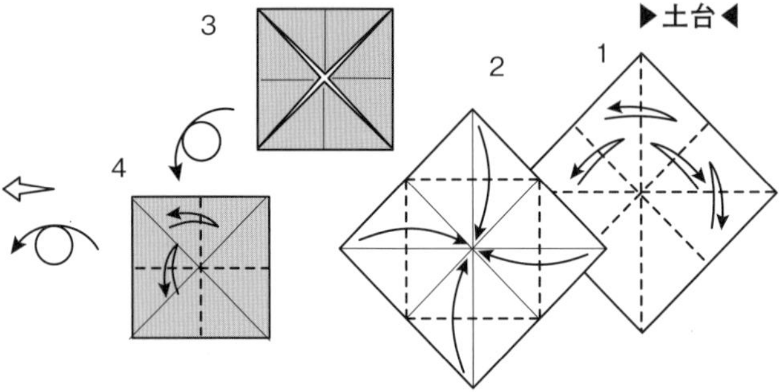
▶土台◀
1
2
3
4

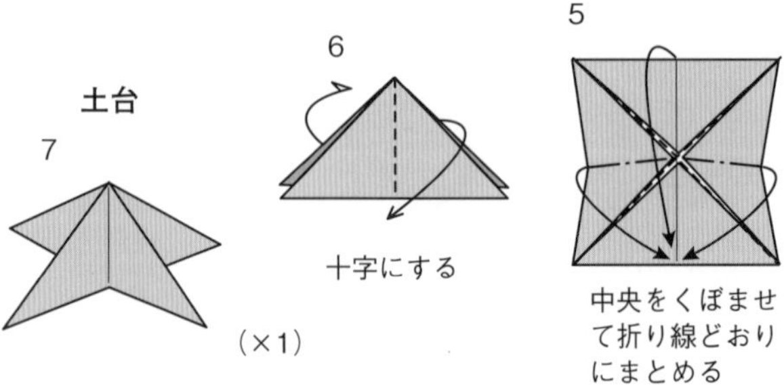
5
中央をくぼませて折り線どおりにまとめる
6
十字にする
土台
7
（×1）

▶燃料タンク◀

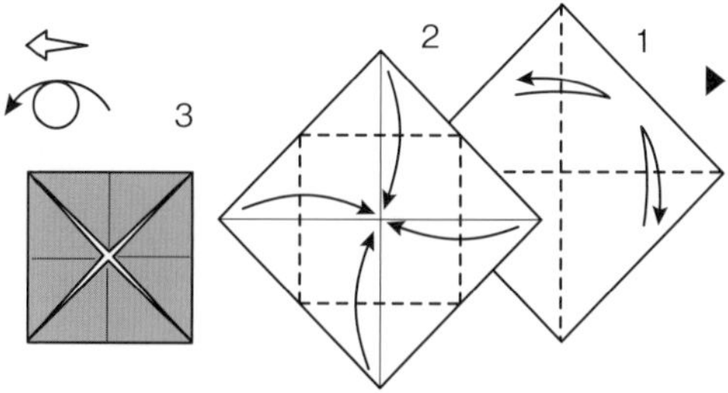

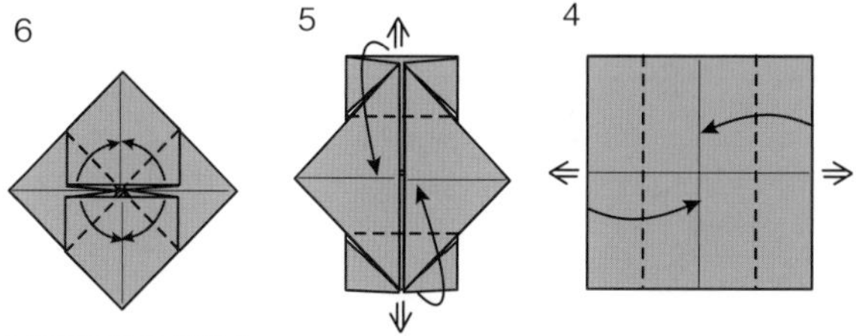

4か所の三角を折る

4と5は中心に向けて折る。このとき
下の一枚は折らずに引き出す

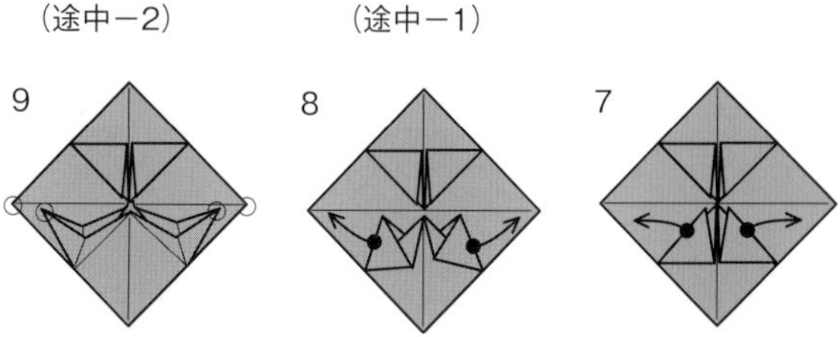

上にかぶさってい
る三角を横に引き
出して平らにする

○印を合わせて
平らにする

10

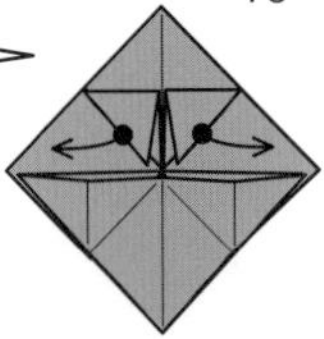

もう一方も
同じように

11

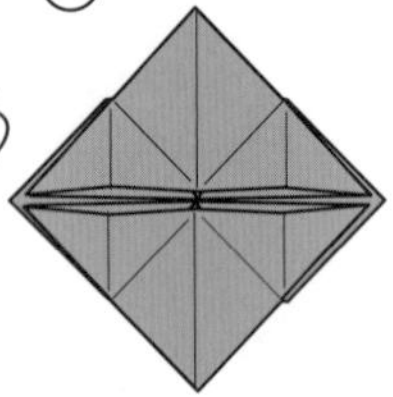

12

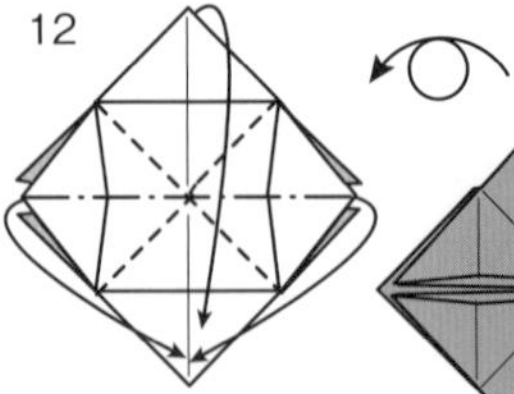

左右を内側に引き寄せ
全体を半分に折る

(途中)

13

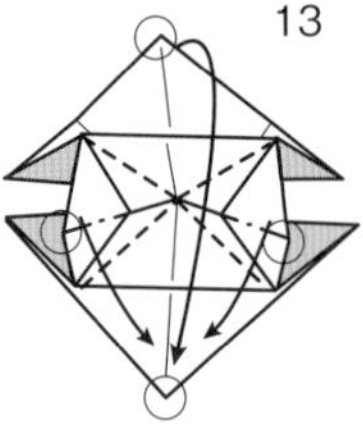

○印の4か所が合う

14

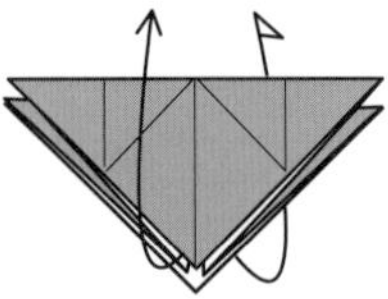

15

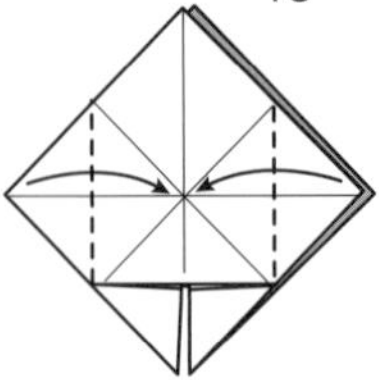

反対側も同じように

燃料タンク

16

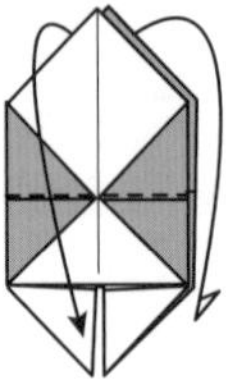

17

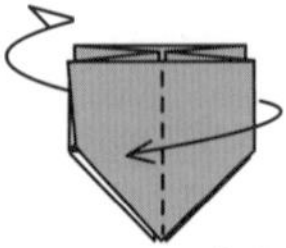

十字にする

18

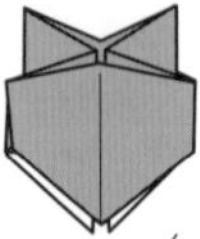

(×1)

[組み方]

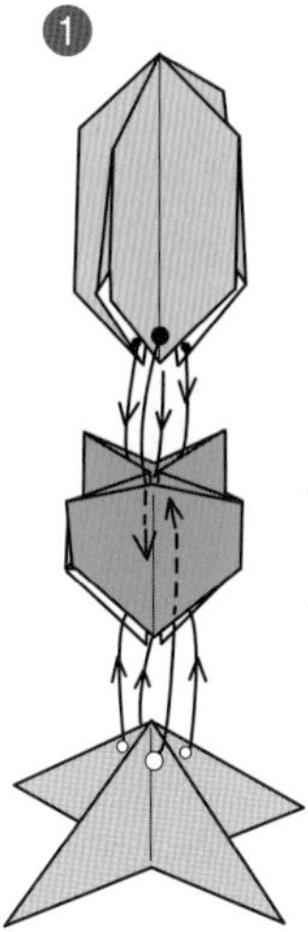
1
本体
(36ページ)
燃料タンクに
本体と土台を
差し込む
土台
(36ページ)

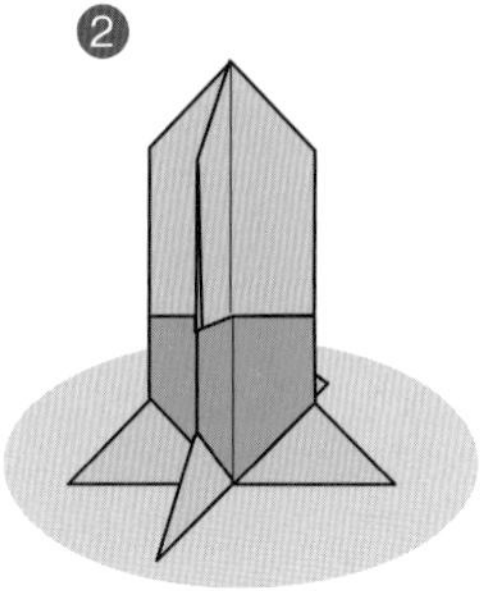
2

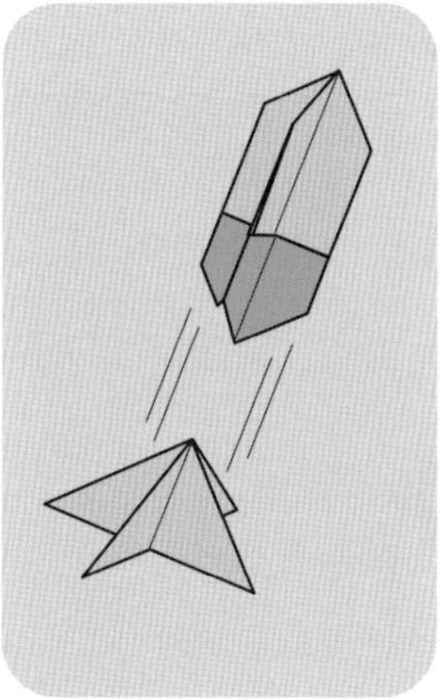

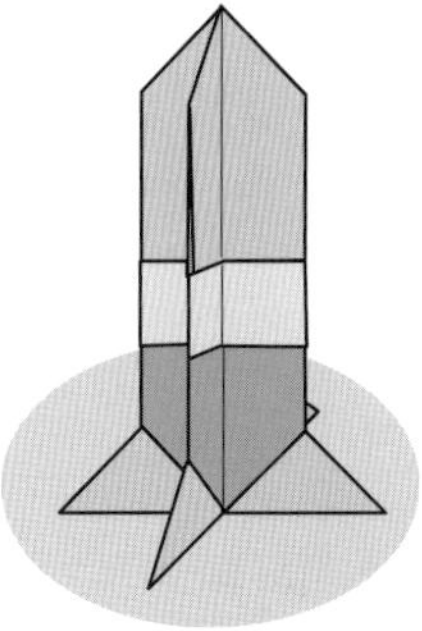

燃料タンクを2つつないだもの

さざんかブローチ ★★/☆☆7.5cm×7.5cm

正方形が2つずれて重なった形になります。
組み方は少し難しくなりますが、表と裏の両方を見ながらやってください。寸法より大きい紙でもかまいません。

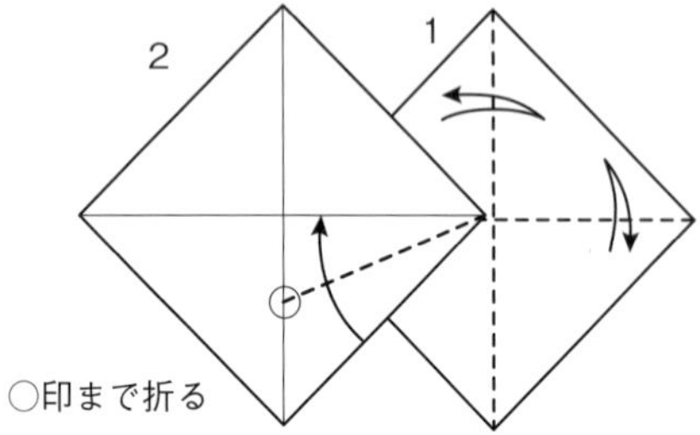
1
2
○印まで折る

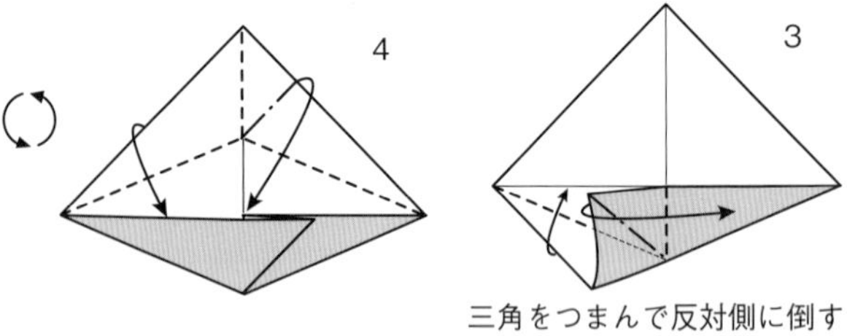
4
3
三角をつまんで反対側に倒す

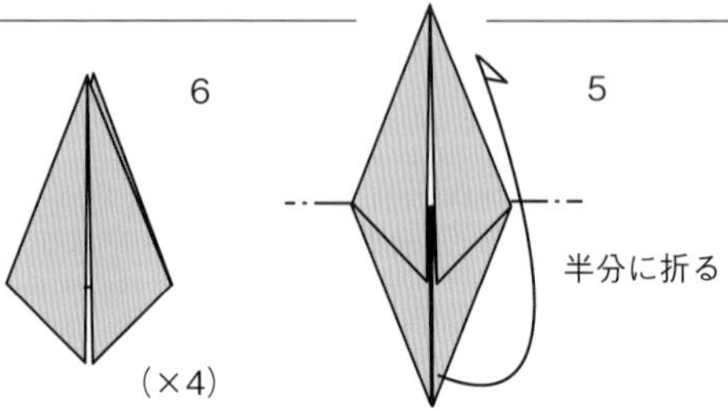
6
5
半分に折る
(×4)

[組み方]

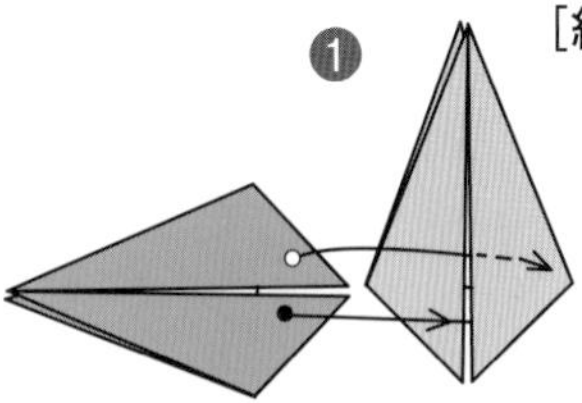
❶

○印は中に差し込む
●印は向こう側へ

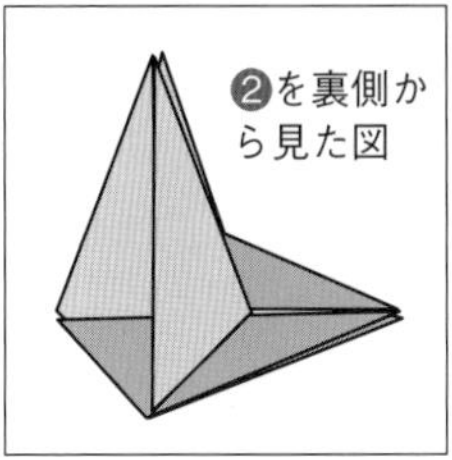
❷を裏側から見た図

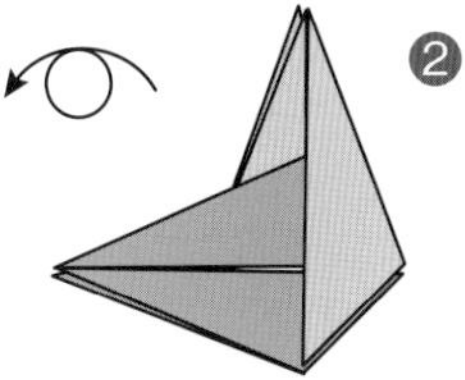
❷

(2枚を組んだところ)

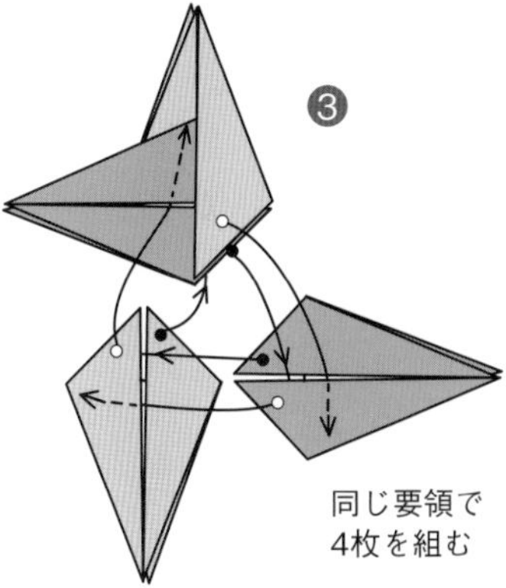
❸

同じ要領で
4枚を組む

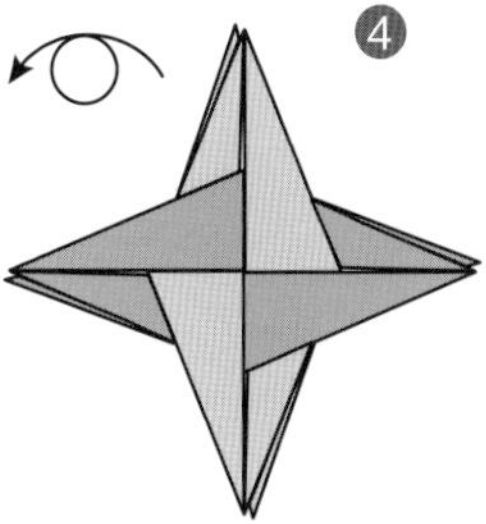
❹

5

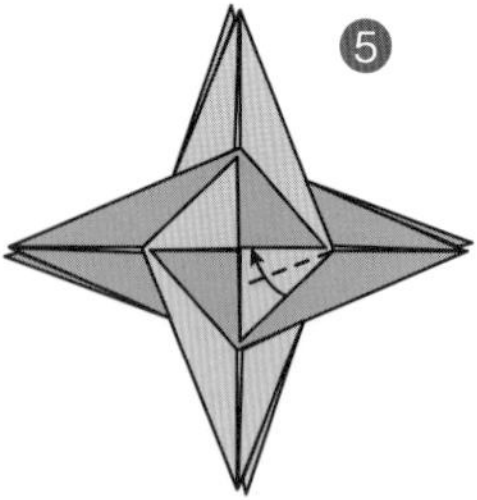

6

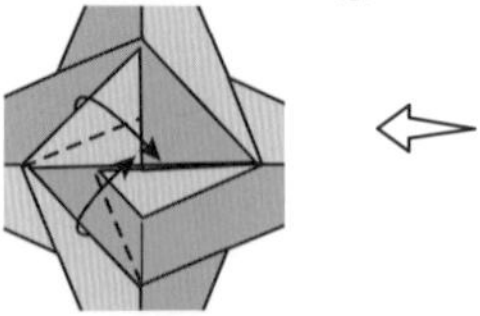

先を押えて順に折る

7

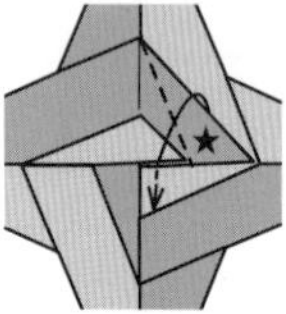

最後の★印は
中にはさむ

8

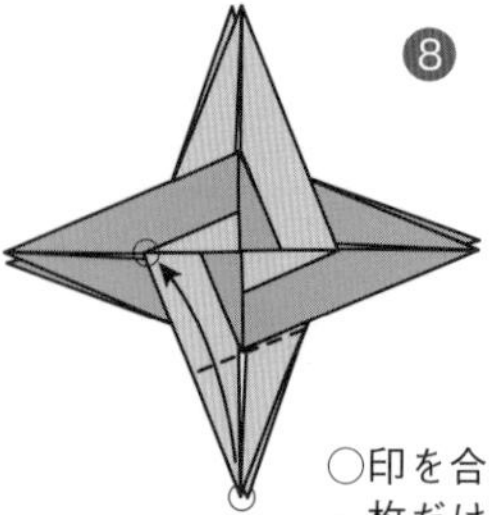

○印を合わせて
一枚だけ折る

9

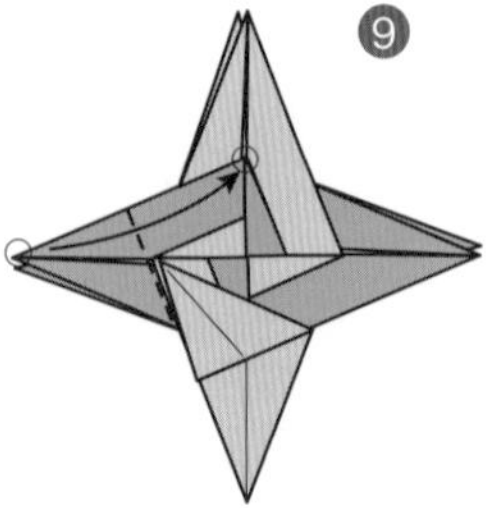

10

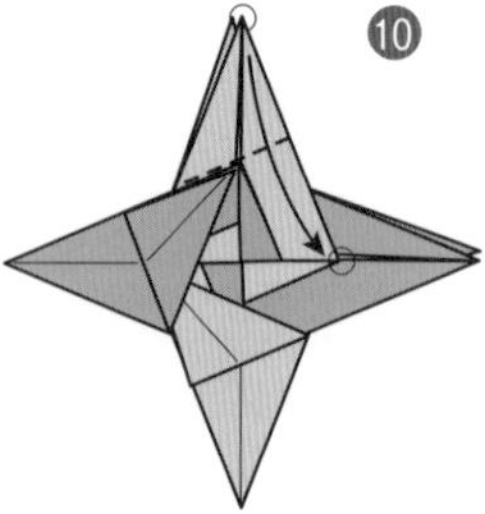

順に先を押えて折る

11

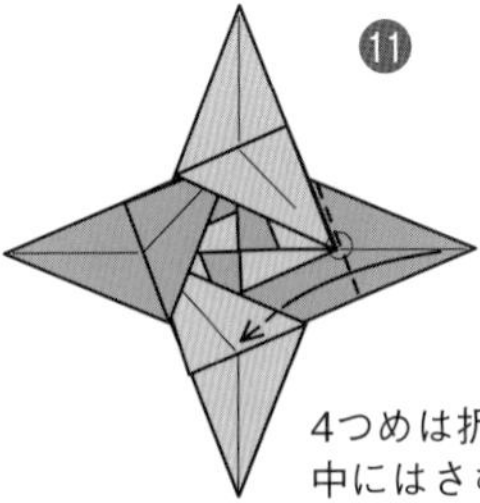

4つめは折って
中にはさむ

12

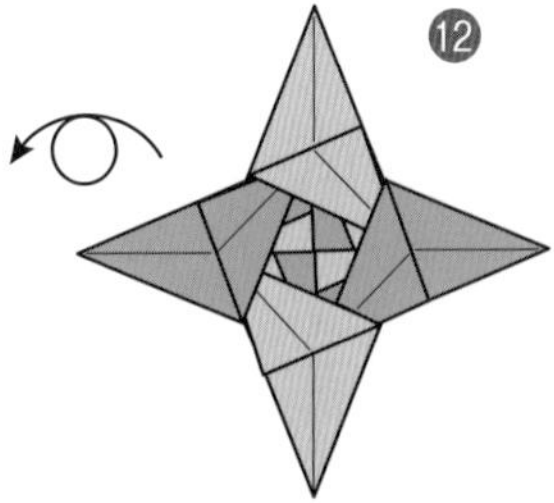

13

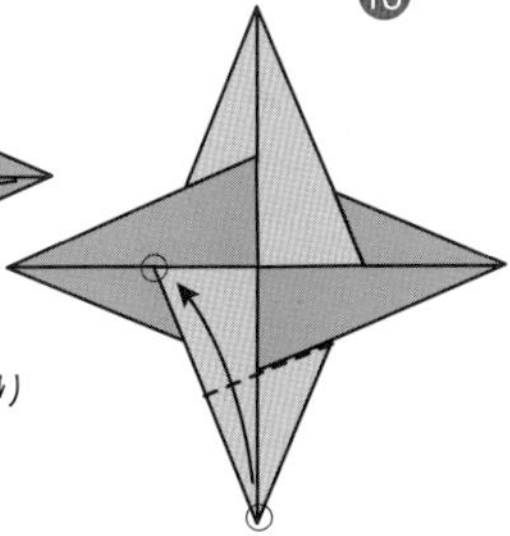

反対側も同じように折る

14

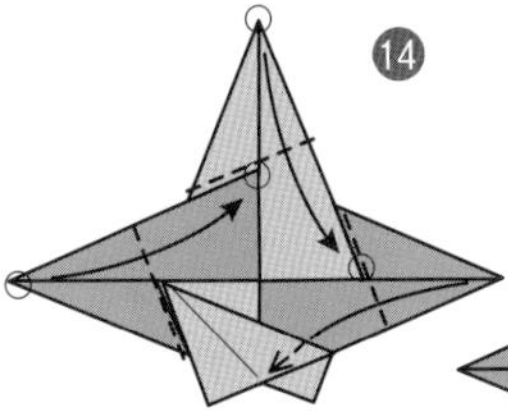

順に先を押えて折り
最後は中にはさむ

15

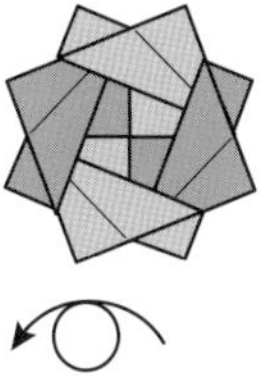

16

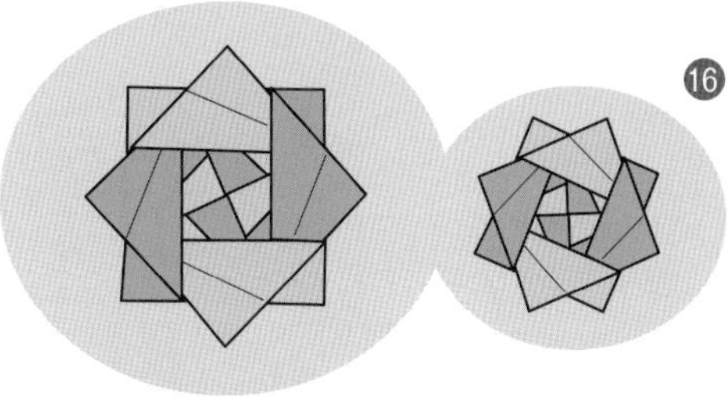

桜　★★/☆☆7.5cm×7.5cm

5枚で組みます。本書の五角形の折り出しにはすべて誤差がありますが、折り紙として許容範囲内だと思います。

1

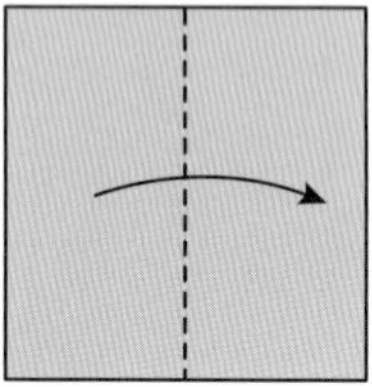

3

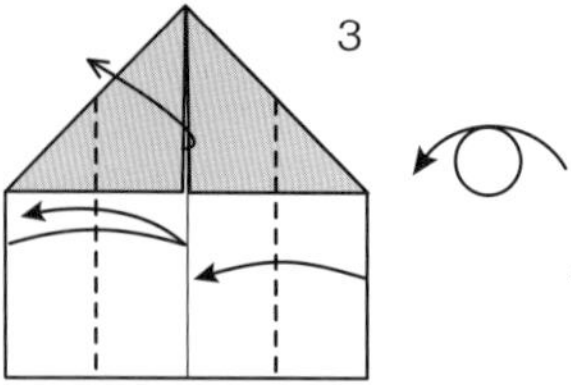

2

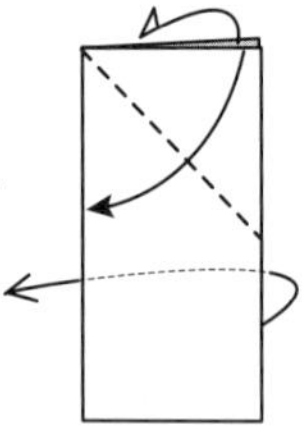

後ろ側も折ったら開く

5

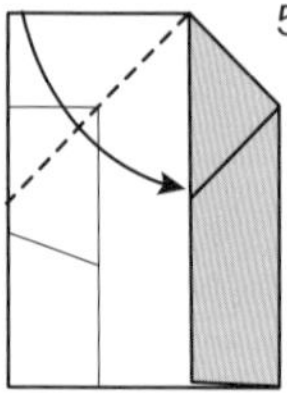

4

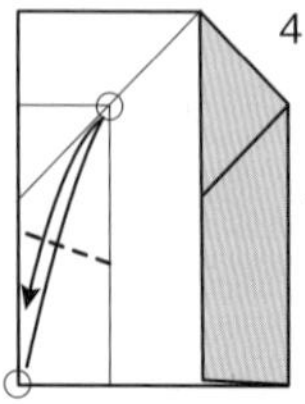

ここが五角形の角度を決める大事なところ

○印を合わせて折り線をつける

6

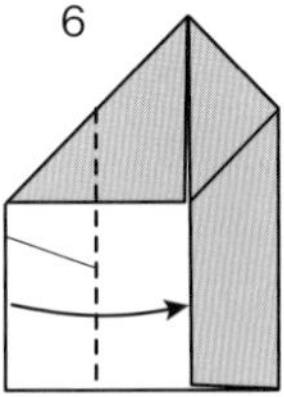

7

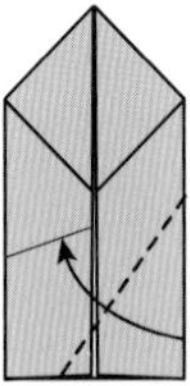

ななめの線に
合わせて折る

8

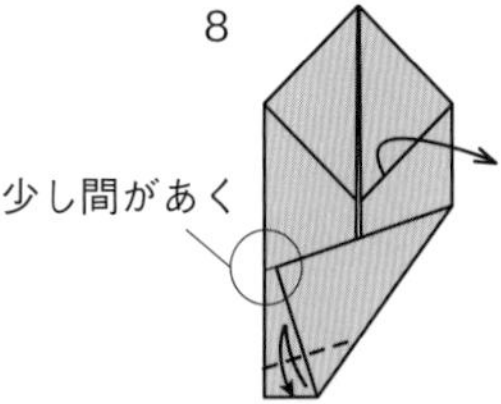

手前に出ている線（手順1
でつけた、中央で半分に
折った線）で折り線をつ
けたら下を開く

9

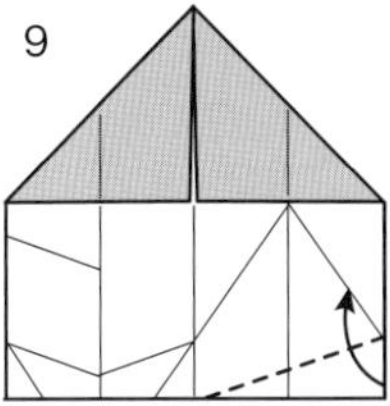

10

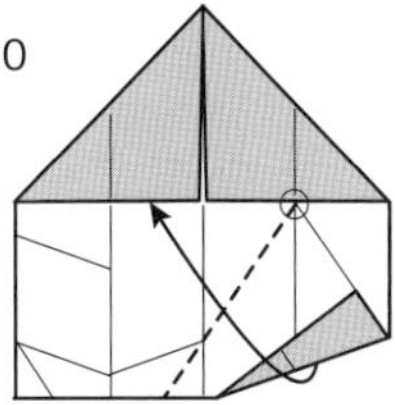

すでについている線で
○印の交点まで折る

11

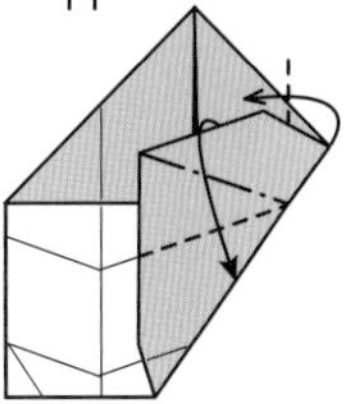

12

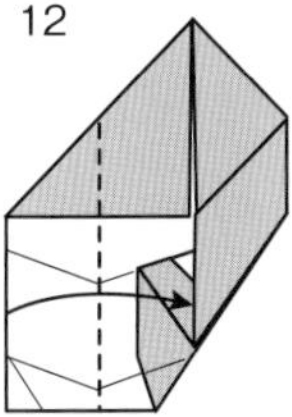

13

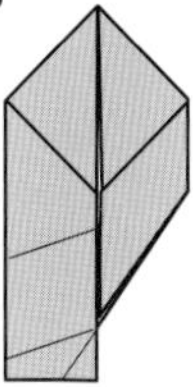

（×5）

<内側>

[組み方]

❶

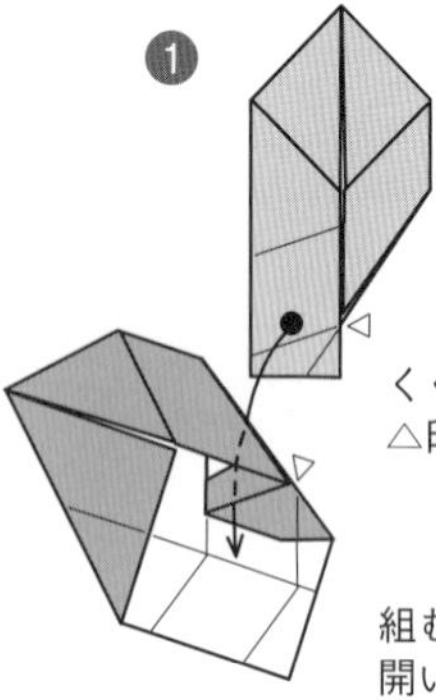

くぐらせて、
△印を合わせる

組むとき片方は
開いておく

❷

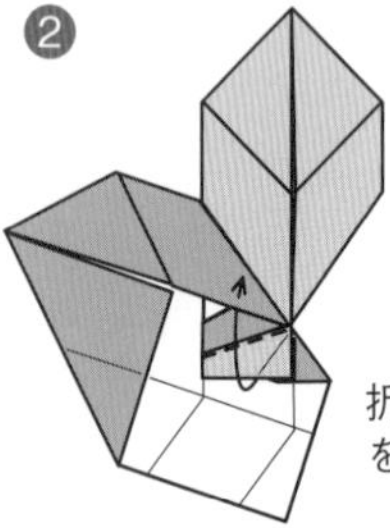

折り返して先
をはさむ

❸

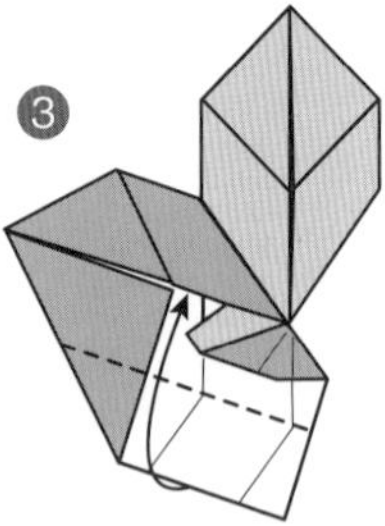

❹

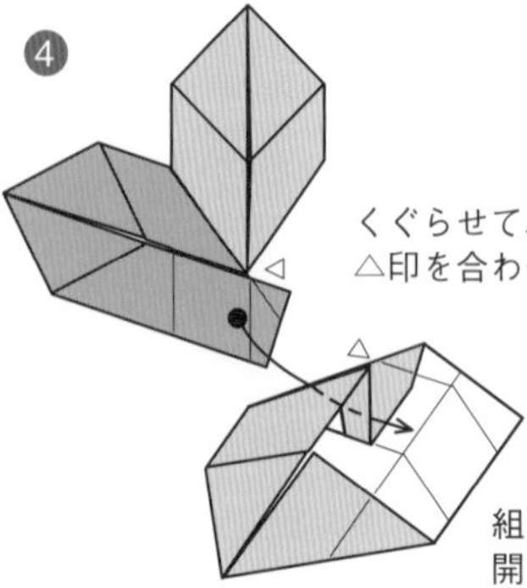

くぐらせて、
△印を合わせる

組むとき片方は
開いておく

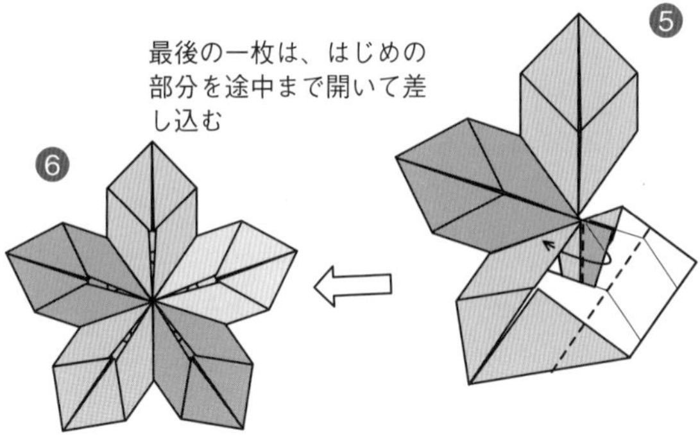
5
最後の一枚は、はじめの部分を途中まで開いて差し込む
6

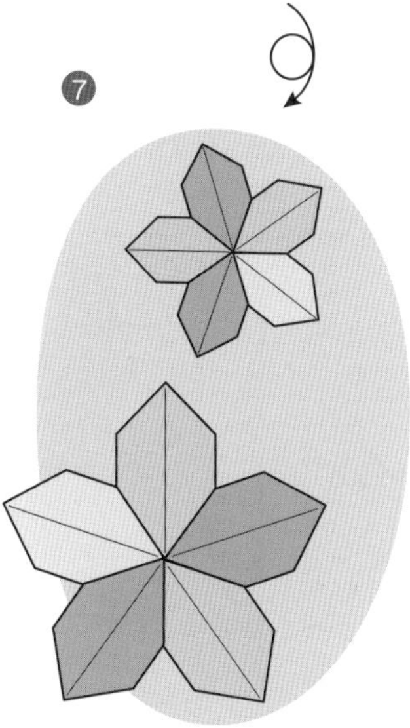
7

さくら

さくらさく　うれしいたより
さくらまんかい　うきうきスキップ
さくらふぶき　いきをのむ
しんこきゅう　さあ　またいちねん

リング・矢尻

★/☆☆7.5cm×7.5cm

ユニットの形が矢尻のようです。8枚で組みます。
模様変わりもできます。

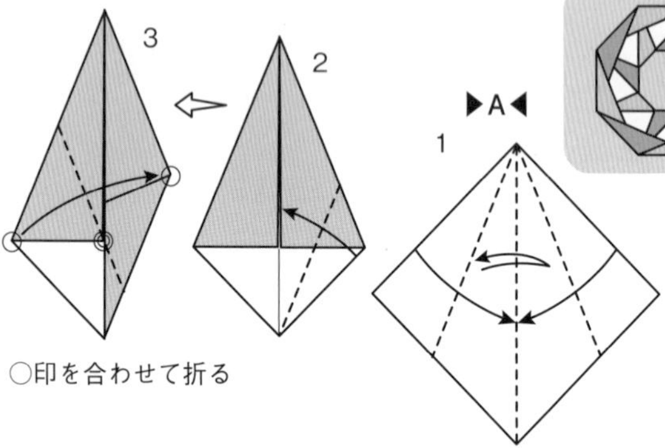

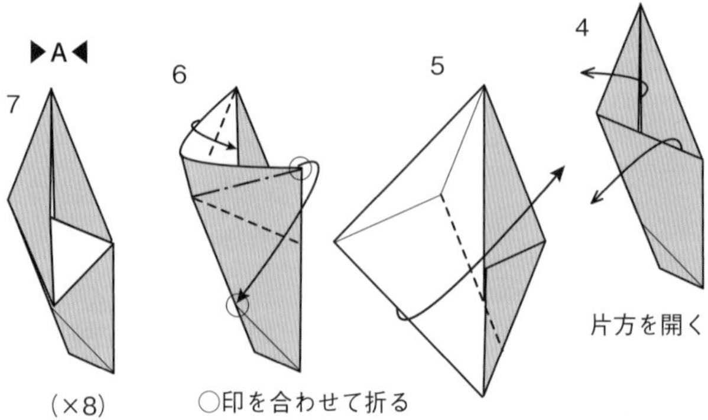

[組み方]

❶

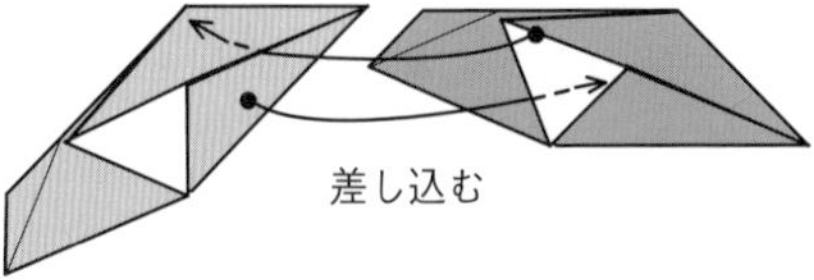

差し込む

❷

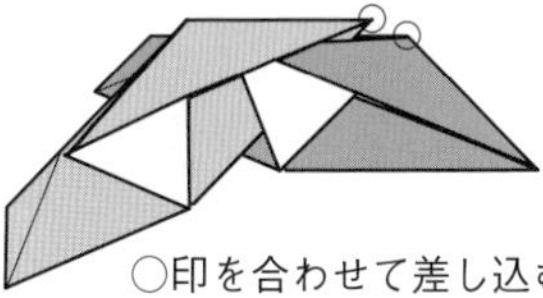

○印を合わせて差し込む

❸

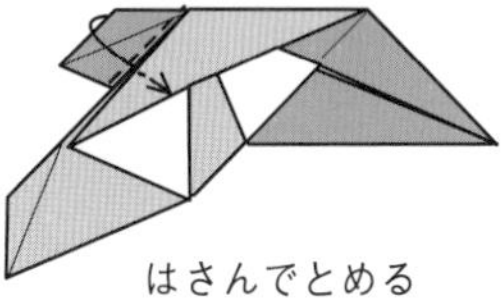

はさんでとめる

❹

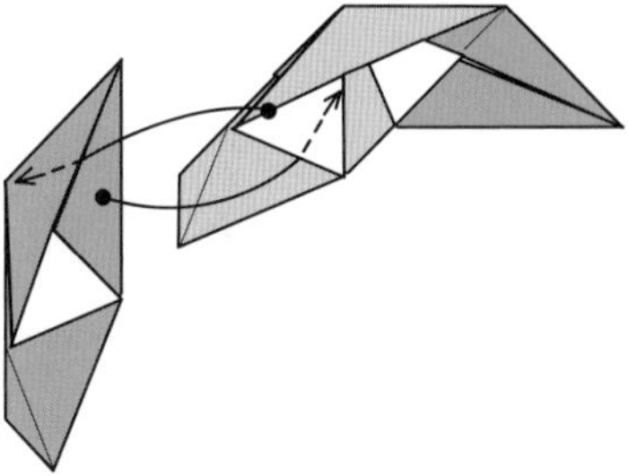

❺

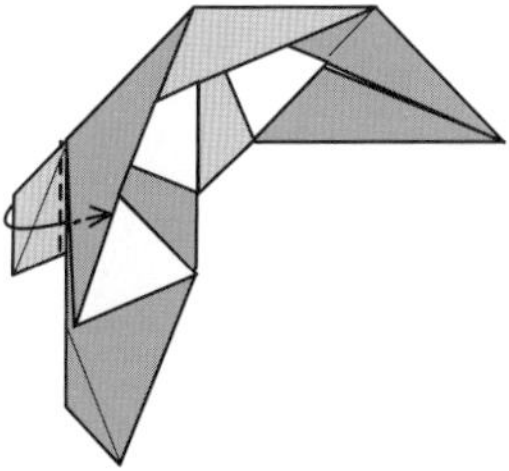

はさんでとめる

▶A◀

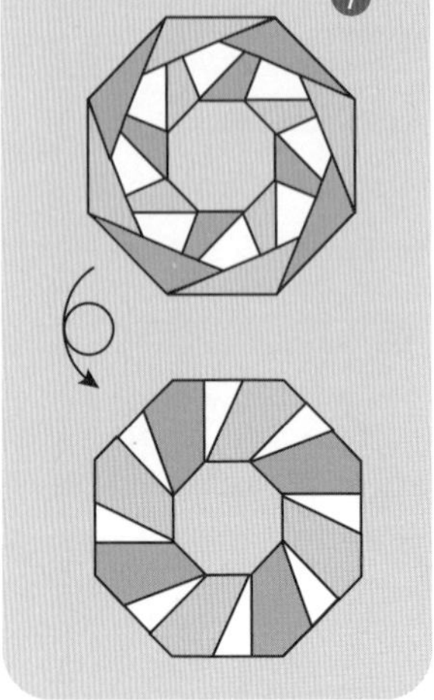

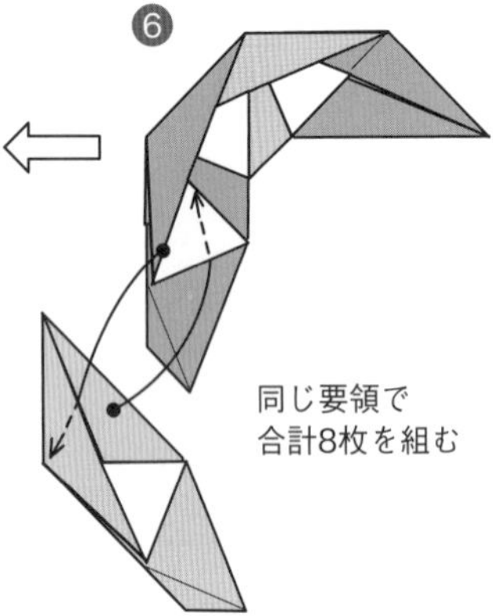

=模様変わり=

[組み方]

49ページAの3から

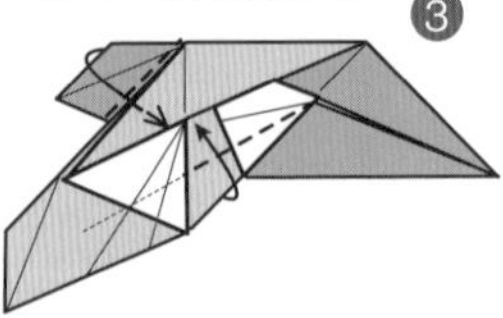

8でつけた折り線で、中の
ユニットもいっしょに折る

▶B◀

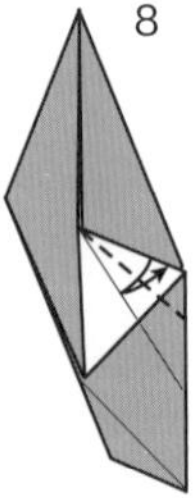

(×8)

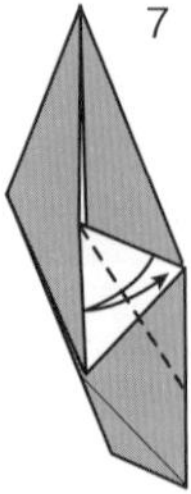

48ページ7から

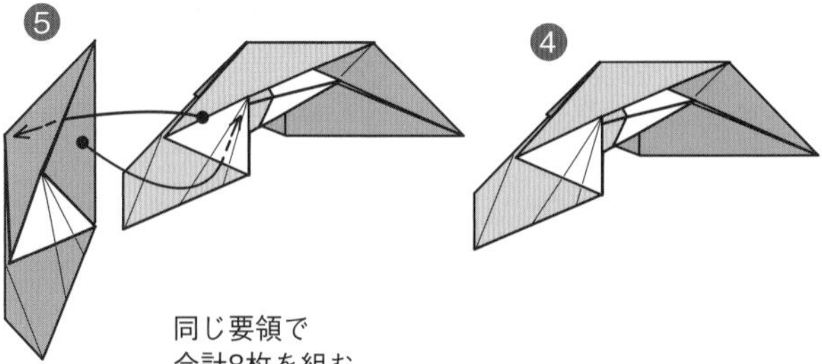

同じ要領で
合計8枚を組む

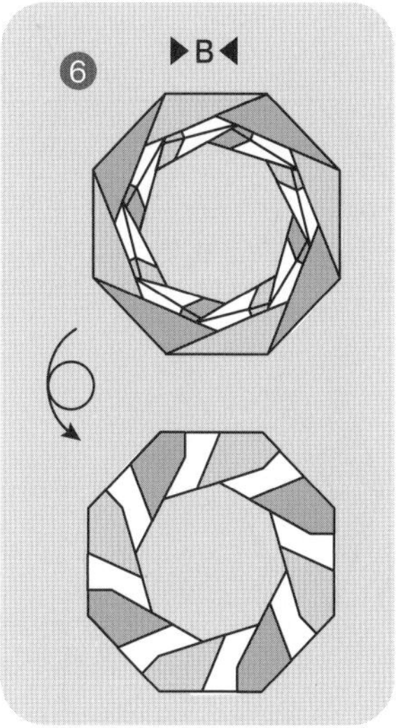

かわる

かわる　かわる　おりおりかわる
イシガレイの　イッシくん
あっちと　こっちで　まるでべつじん
「やまたにのある　じんせいさ
あきのこない　くらしだよ」

リング・バードヘッド ★/☆7.5cm×7.5cm

ひとつのユニットが鳥の頭（バードヘッド）に似ています。
Aを基準として、B､C､２つの模様変わりユニットができます。

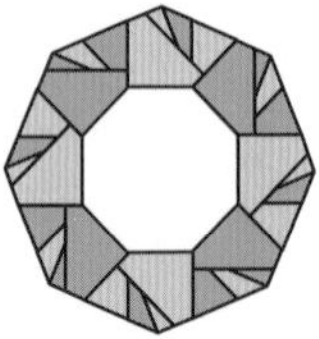

▶A◀

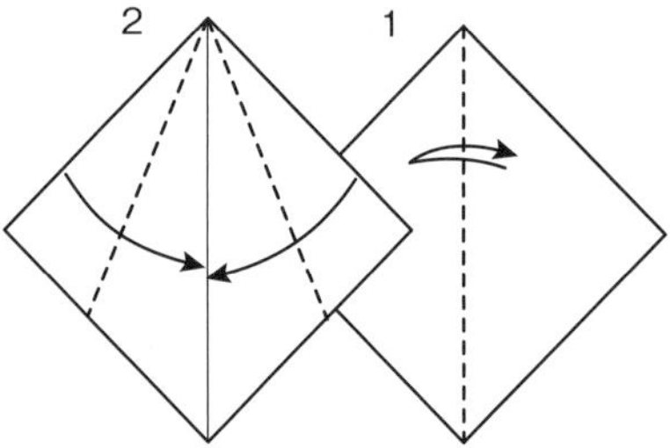

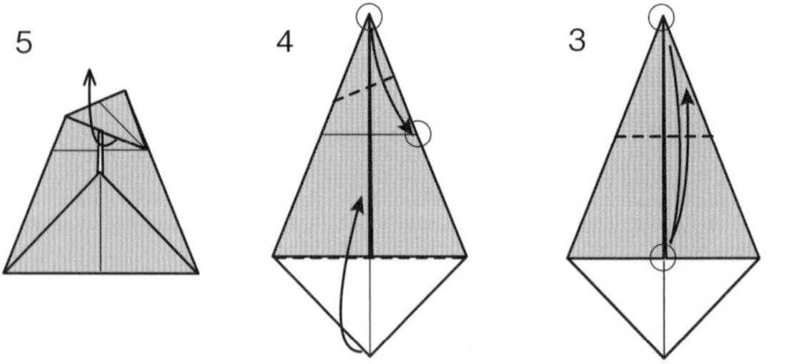

○印を合わせて折る ○印を合わせて折る

6

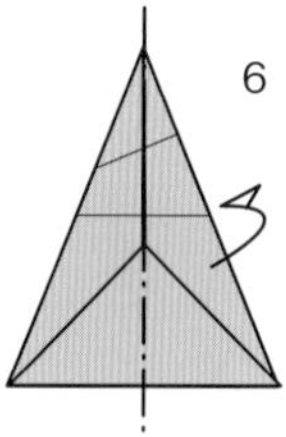

半分に折る

7

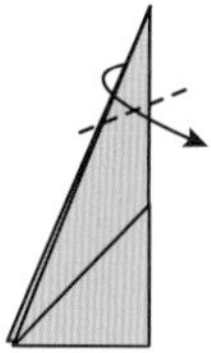

8

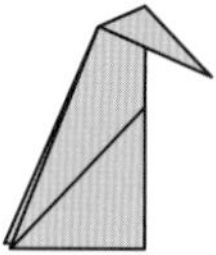

(×8)

[組み方]

❶

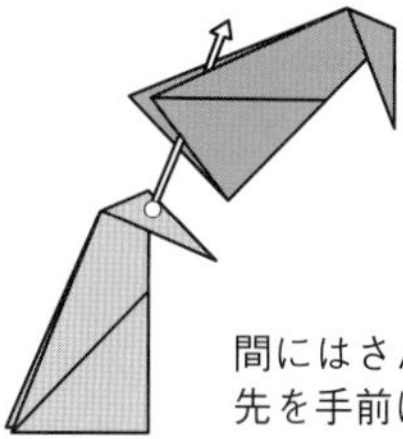

間にはさんで差し込み
先を手前に出す

❷

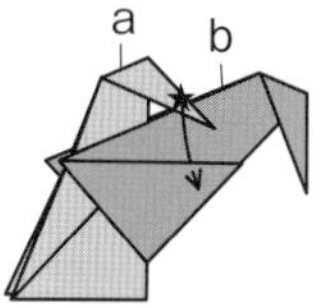

aとbの辺をそろえて
★印の先をはさむ

❸

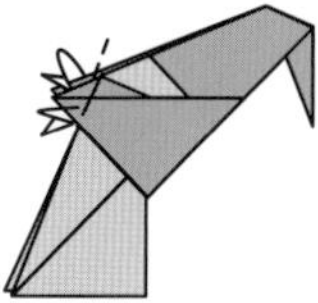

ひだを内側に
折り込む

❹

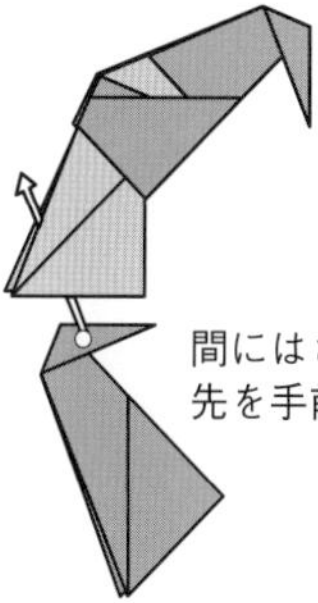

間にはさんで差し込み
先を手前に出す

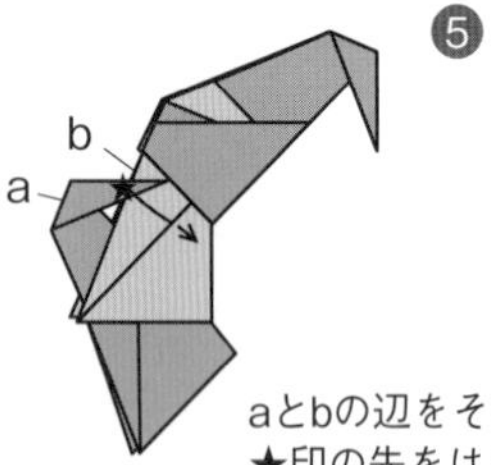

aとbの辺をそろえて
★印の先をはさむ

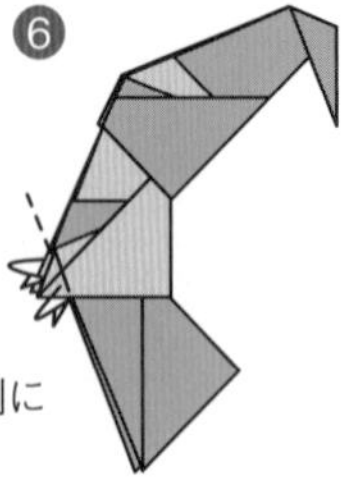

ひだを内側に
折り込む

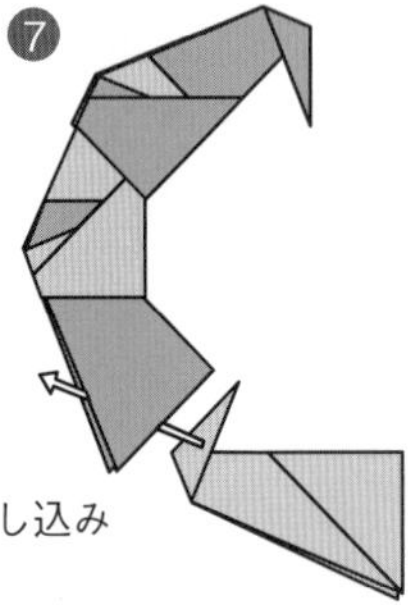

間にはさんで差し込み
先を手前に出す

同じ要領で
合計8枚を組む

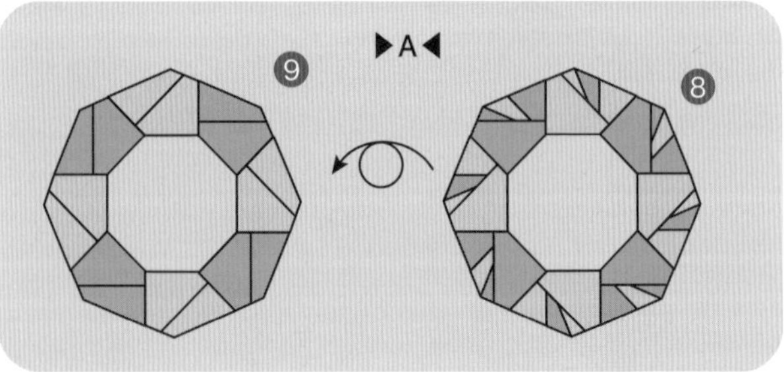

=模様変わり=

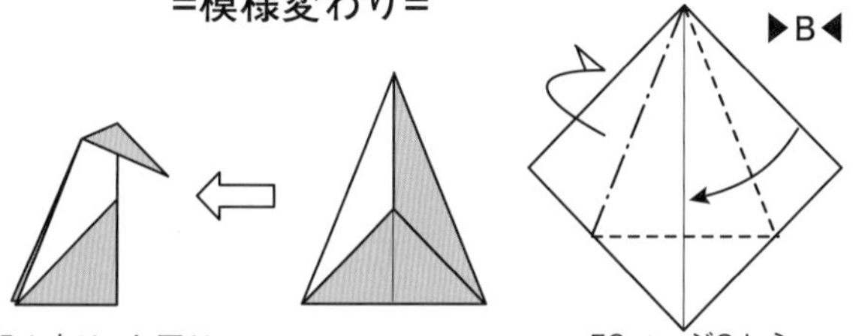

組み方はAと同じ

52ページ2から

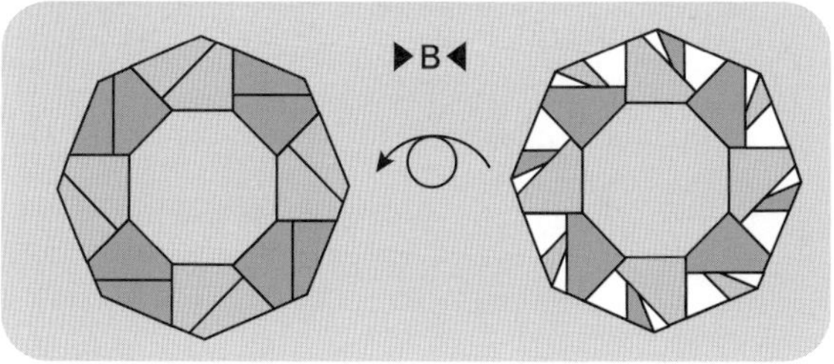

模様変わりの楽しみ

ユニット折り紙の大きな特徴は、山折り谷折りを変えると模様変わりの作品ができることです。

複数の紙を組み合わせるので、思いがけない模様が現れたときはうれしくなります。配色によっても表情がかわります。

また、このリングのように表と裏で模様が違うものもあります。基本と変化させたものを混合して組むこともできます。

ひとつのユニットから、バリエーション豊かにいくつもの模様がうまれます。さあ、どんな組み合わせにしましょうか……。

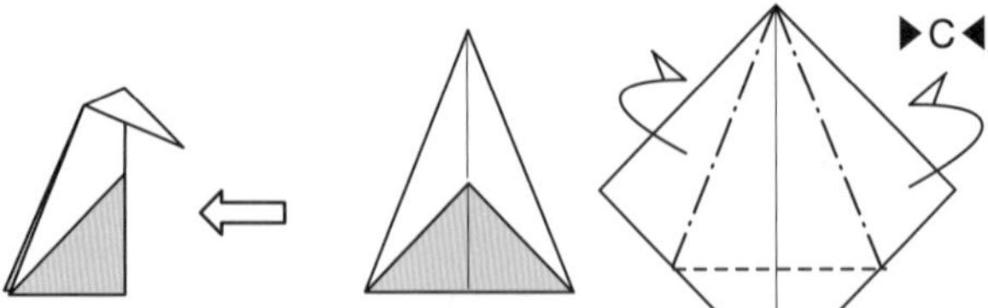

組み方はAと同じ

52ページ2から

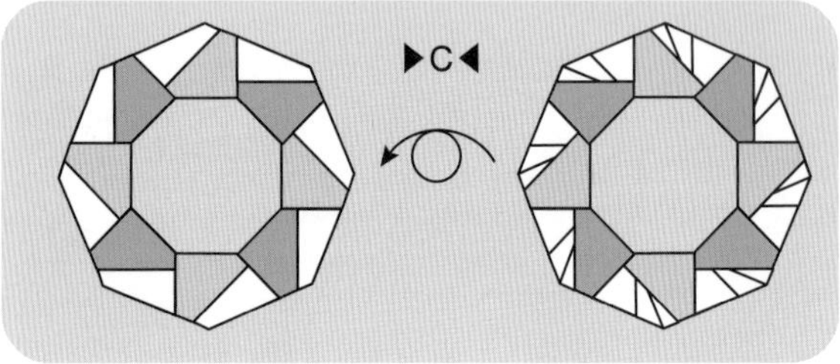

かわる

かわる　かわる　おりおりかわる
タマムシの　タマオくん
ごいけん　ごきげん
くるくる　かわる

▶A＋B◀

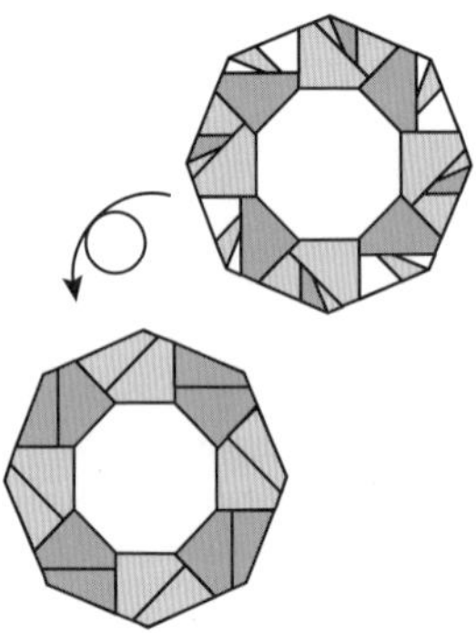

リング・菓子切り　★/☆☆7.5cm×7.5cm

しっかりと組むことができるし、模様変わりもできます。8枚で組みます。ユニットの色のついた部分が和菓子を切る菓子切りに似ているので、そう名前をつけました。

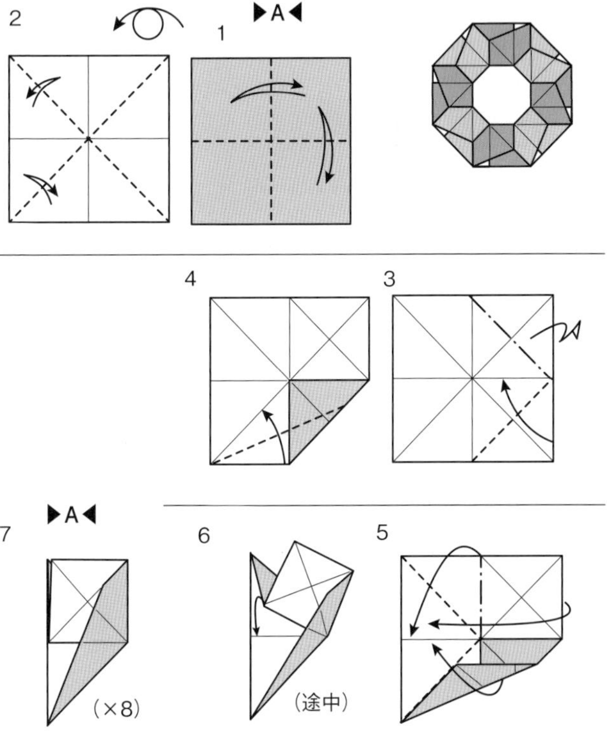

[組み方]

❶
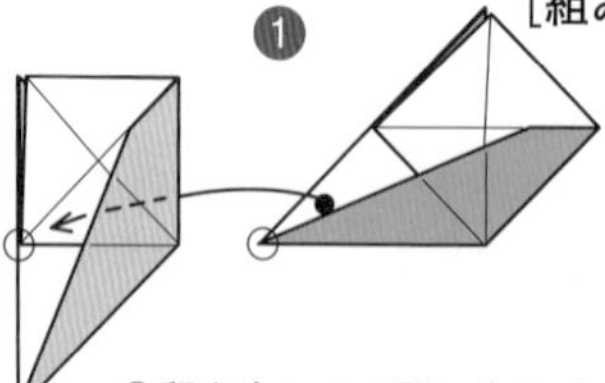
○印を合わせて間に入れる

❷
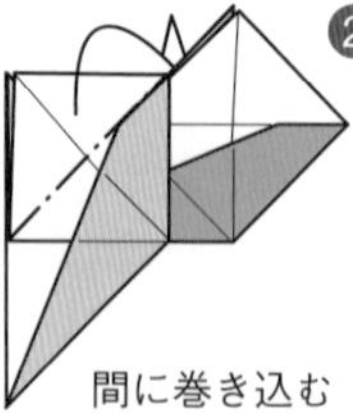
間に巻き込む

❸
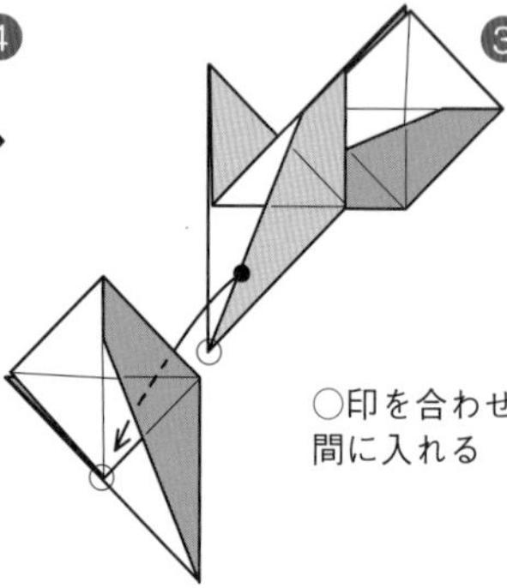
○印を合わせて
間に入れる

❹
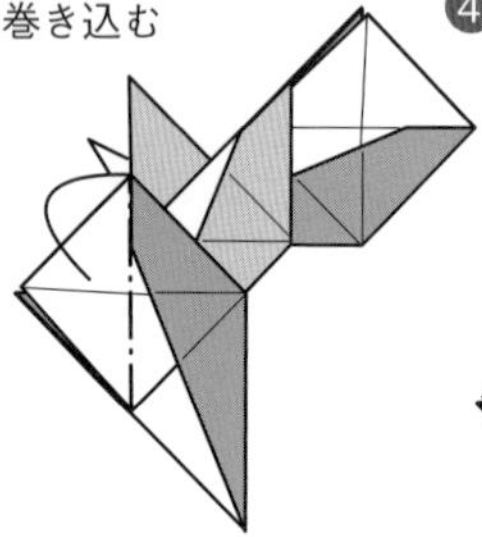
間に巻き込む

❺
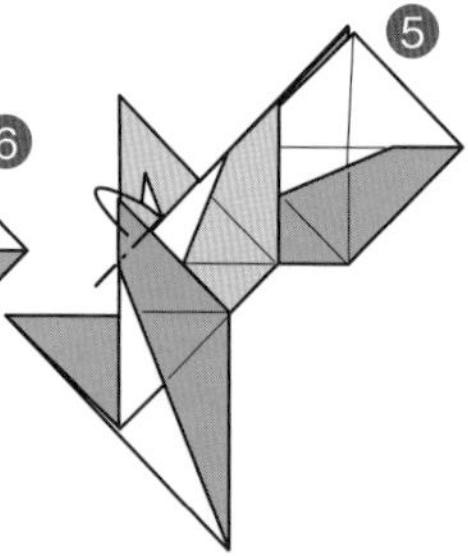
小さい三角を折って
間にはさむ

❻
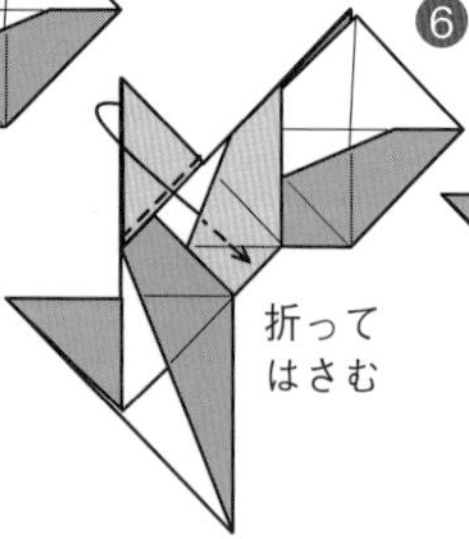
折って
はさむ

❼
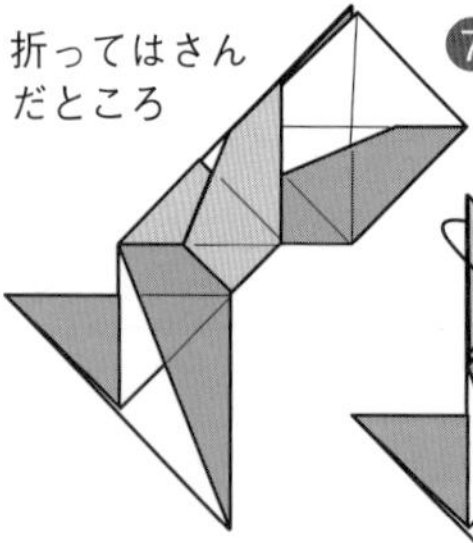
折ってはさん
だところ

8

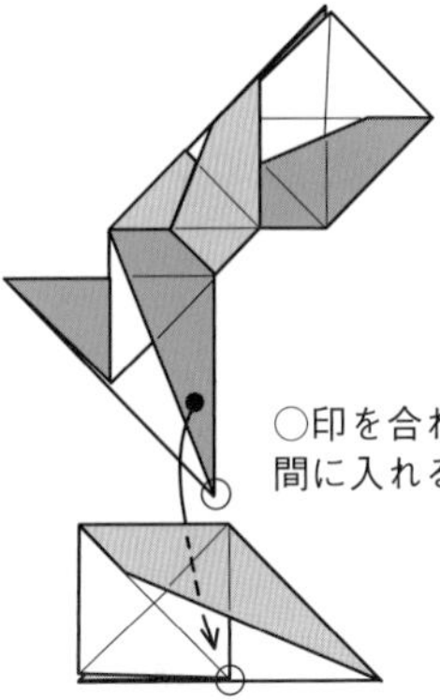
○印を合わせて
間に入れる

9

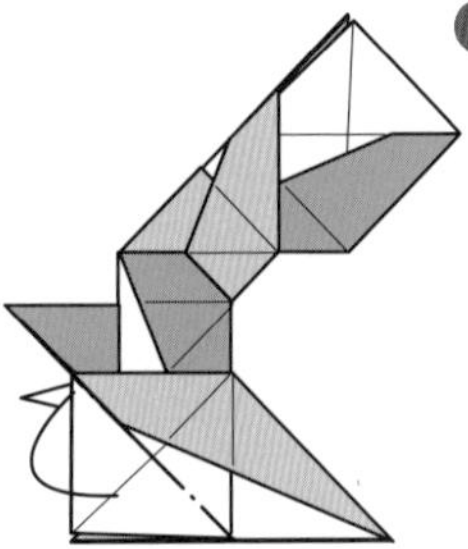
間に巻き込む

10

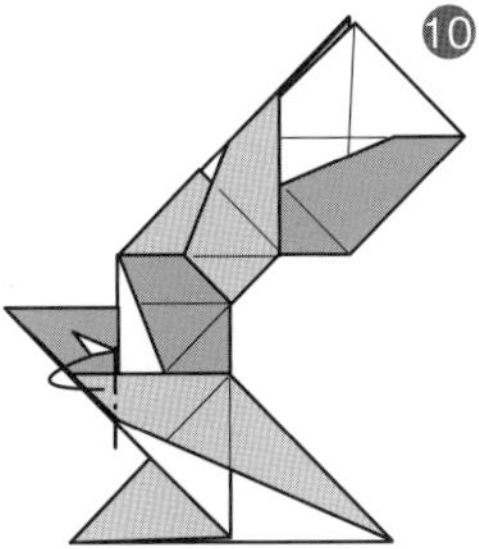
小さい三角を向こう側に折る

11

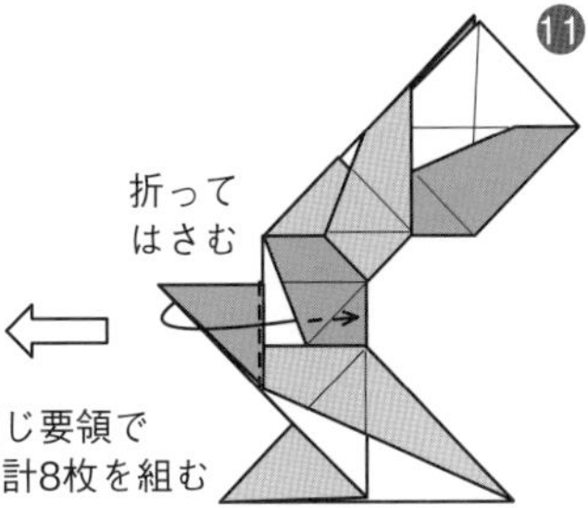
折って
はさむ
同じ要領で
合計8枚を組む

▶A◀

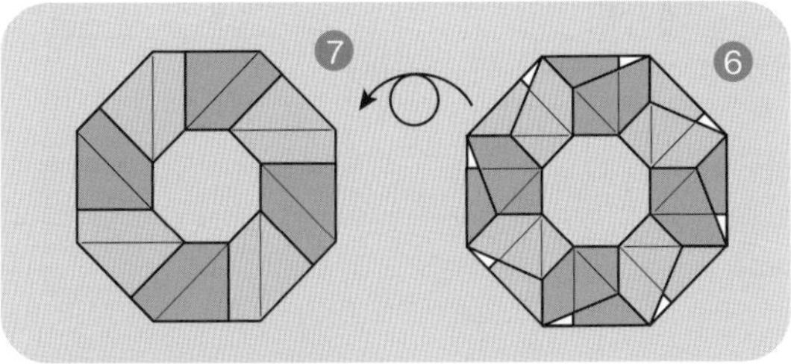
6
7

=菓子切り・模様変わり=

▶B◀

3

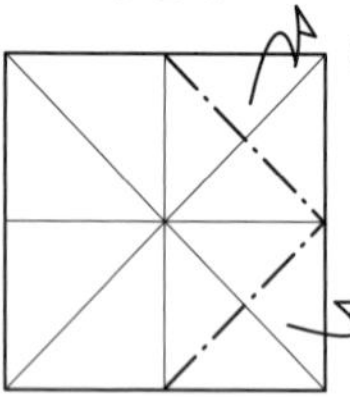

57ページ2から

4

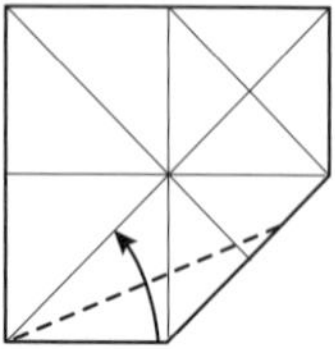

5

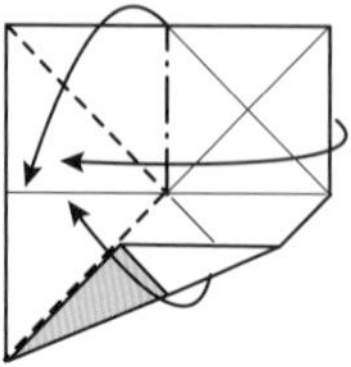

6

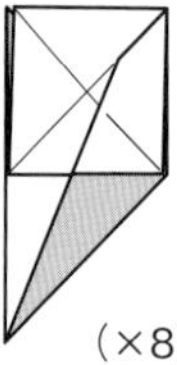

(×8)

組み方はAと同じ
(58ページ)

▶B◀

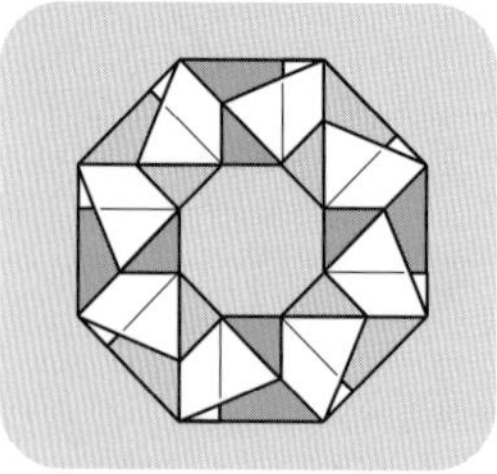

▶C◀

3

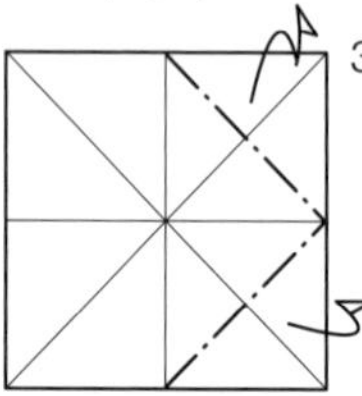

57ページ2から

4

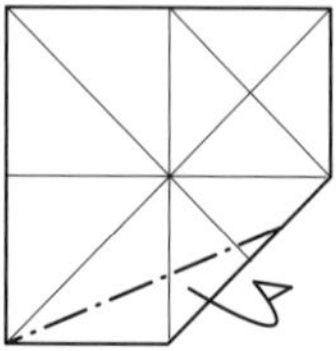

5

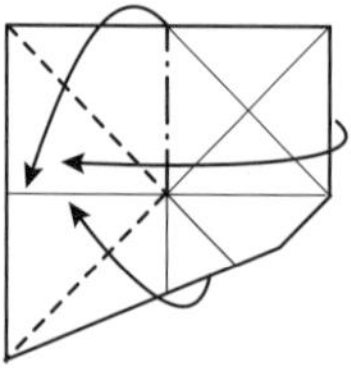

▶C◀

6

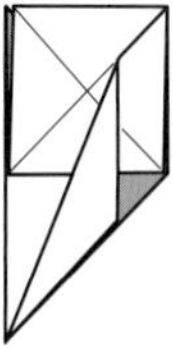

（×8）

組み方はAと同じ
（58ページ）

▶A＋B◀

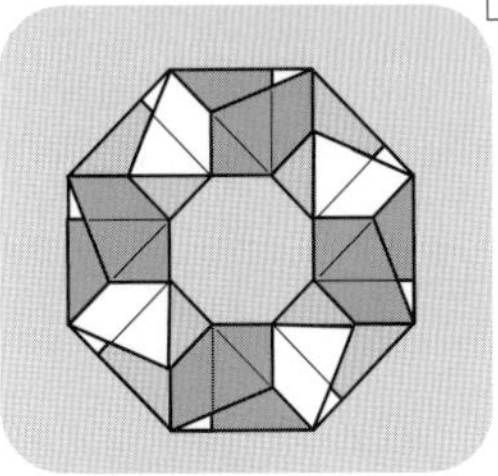

A、B、Cを混合して組むこともできます

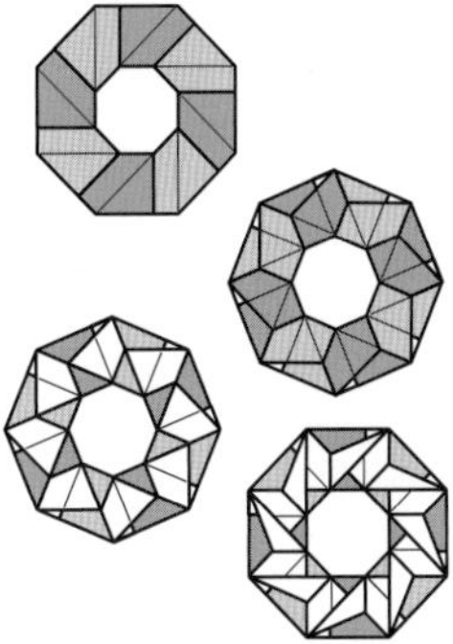

かわる

かわる　かわる　おりおりかわる
アマガエルの　アガルさん
いしょう　かおいろ　おりおりかわる
「へんかのおおい　くらしなの
しげきがおおくて　たのしいわ」

五角金星　★★/☆☆7.5cm×7.5cm

この星は単独で使ってもいいし、裏のすき間にアクセサリーパーツをはめ込んでもと、華麗な変身をとげます（66〜69ページ参照）。五角形の折り出しには誤差があります。

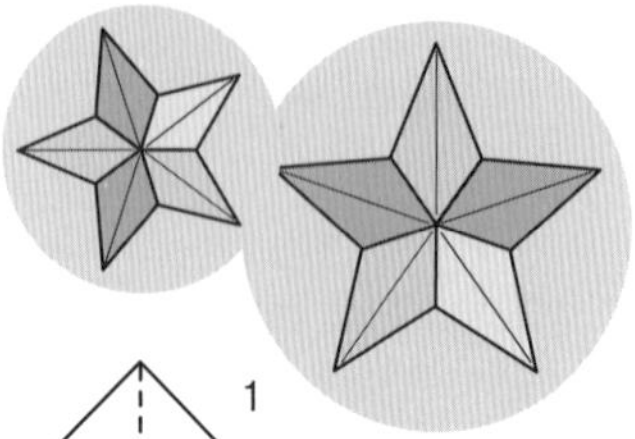

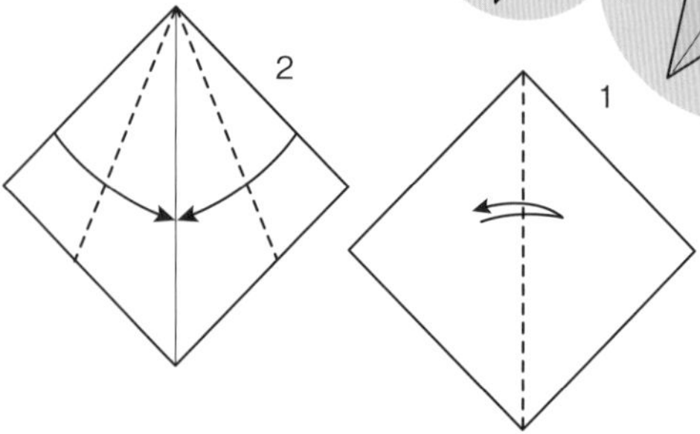

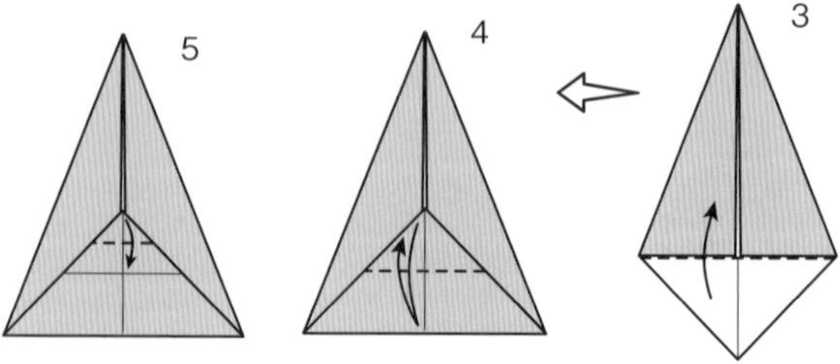

6

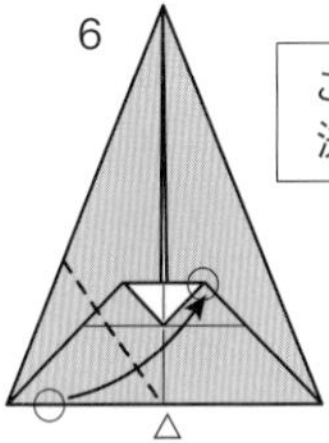

ここが五角形の角度を
決める大事なところ

△印を軸に○印の辺を
白い三角の肩に合わせる

7

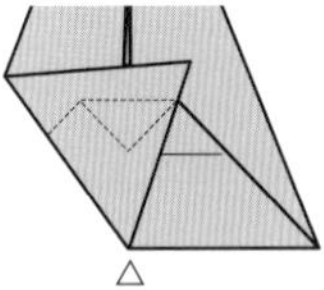

8

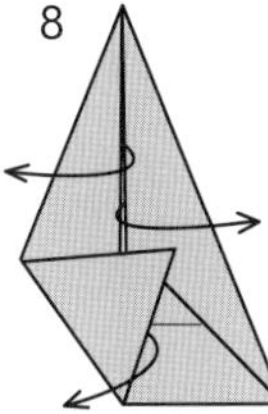

開く

9

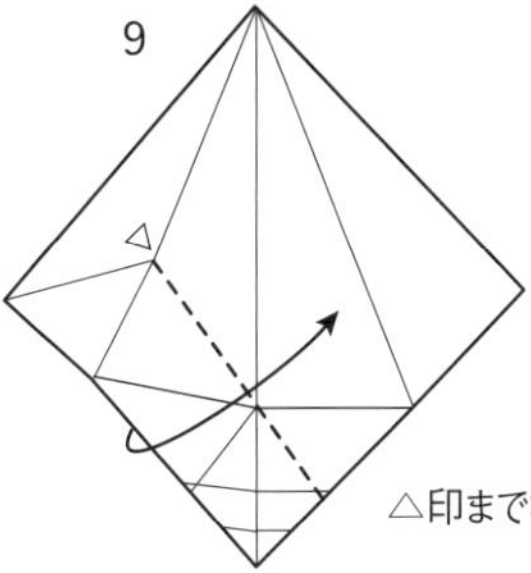

△印まで折り上げる

10

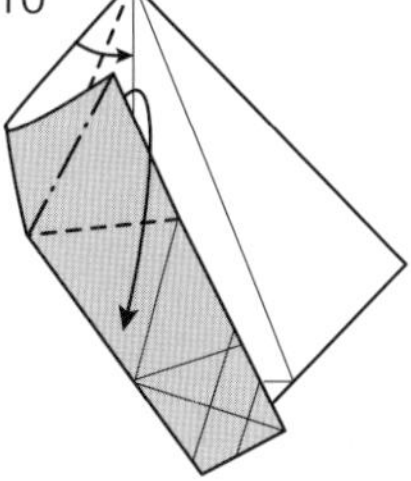

11

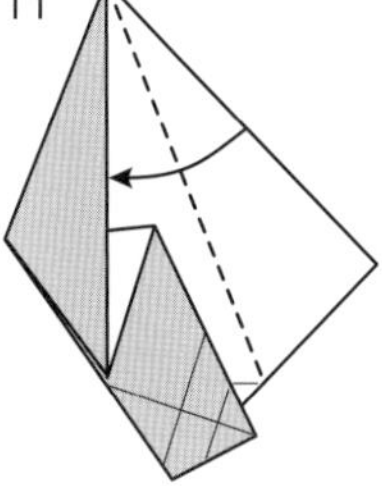

<内側>

12

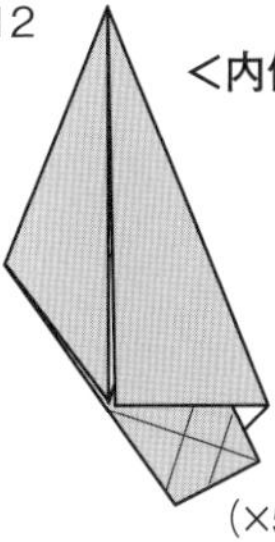

(×5)

［組み方］

（内側を見て組んでいく）

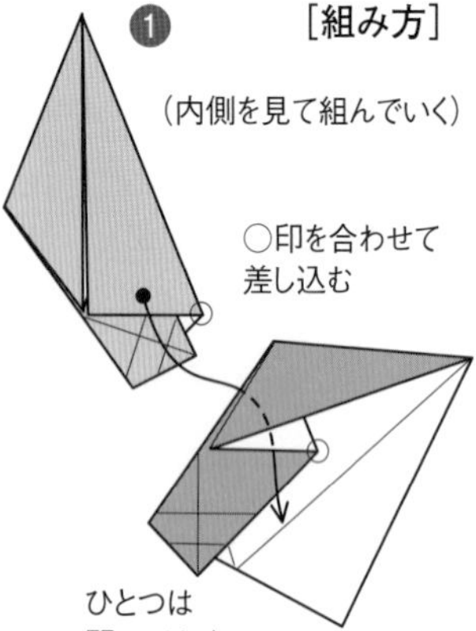

○印を合わせて
差し込む

ひとつは
開いておく

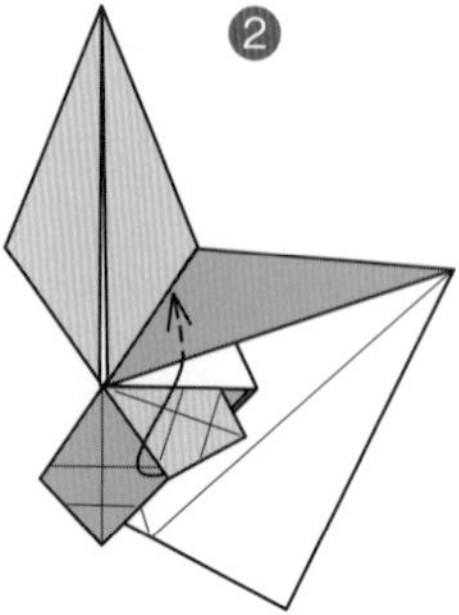

はさんでとめる

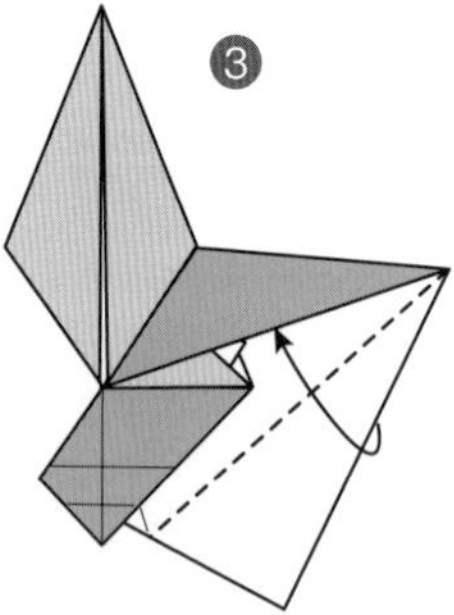

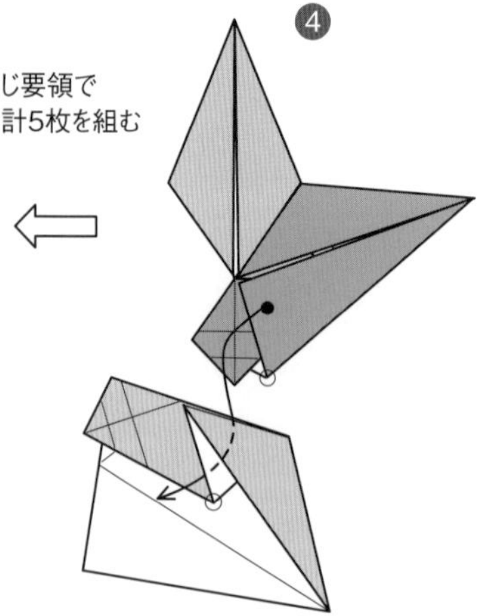

同じ要領で
合計5枚を組む

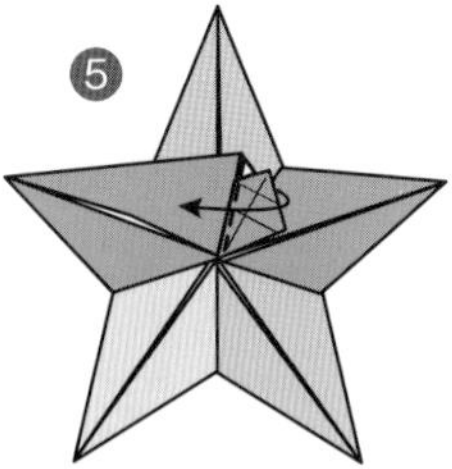

最後のユニットは
組んだら先を折る

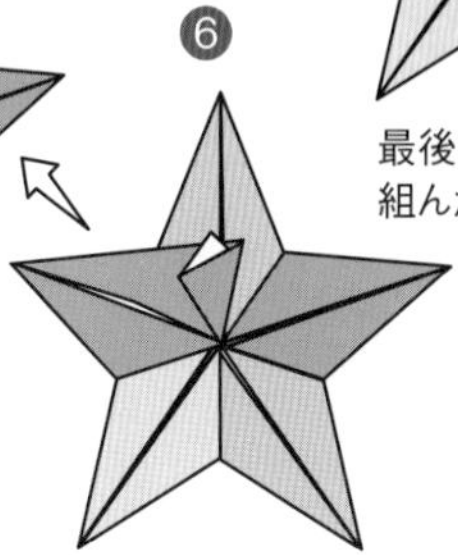

最後のユニットを少し開いて先を
引き出し、5枚めのユニットの5で
折った部分に差し込む

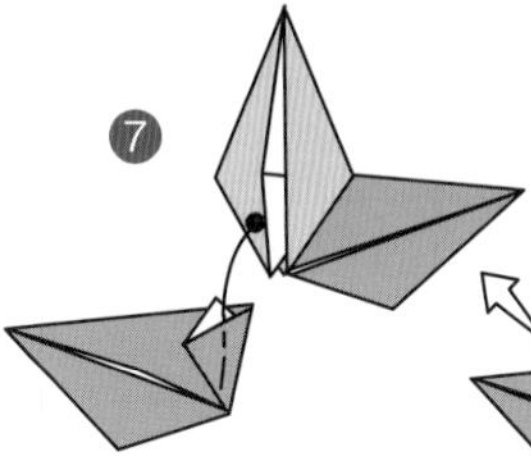

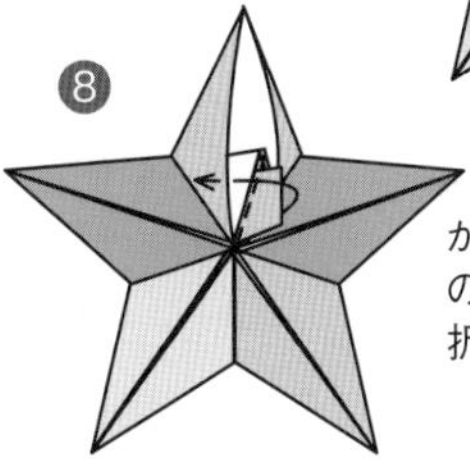

かどが合ったら、5枚め
のユニットの先を改めて
折り、はさんでとめる

<内側>

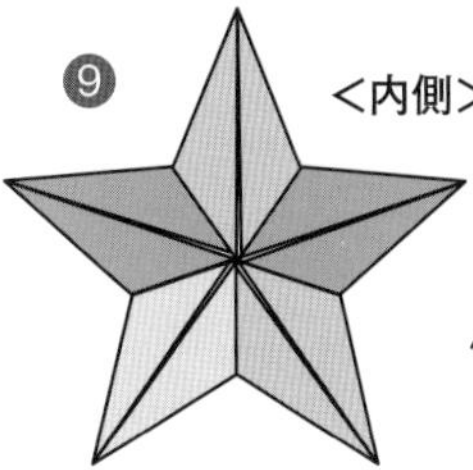

アクセサリーパーツ（66～69ページ）
は、こちら側にはめる

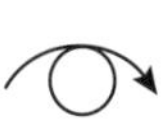

<外側>

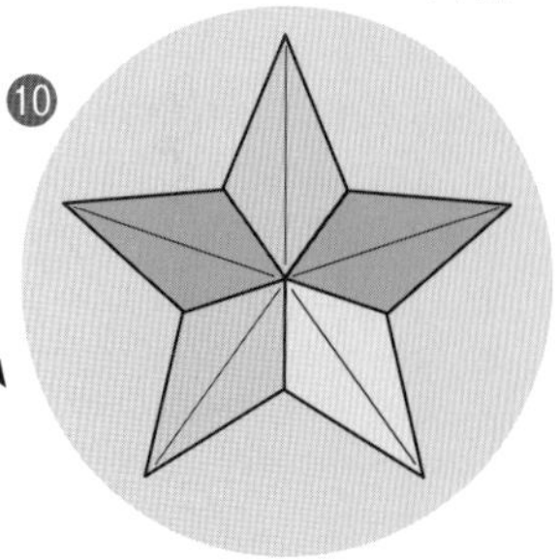

五角金星＋ターバン

★/☆7.5cm×7.5cm

「五角金星」にアクセサリーパーツをとりつけます。

▶アクセサリーパーツ：ダーバン◀

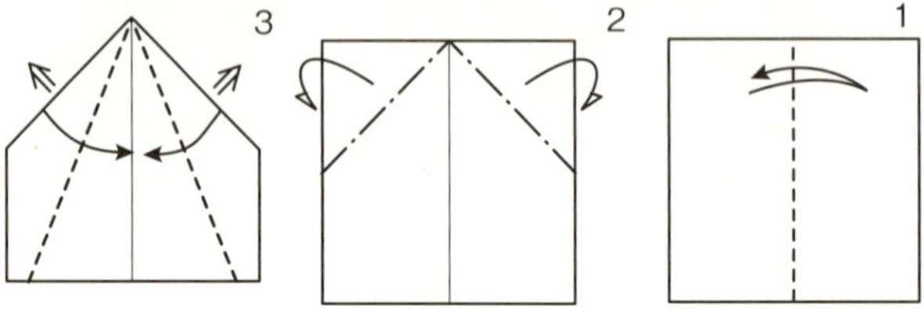

3
2
1

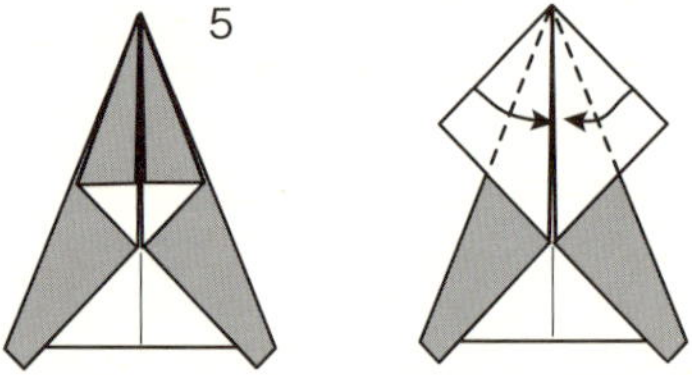

5
4

(×5)

[組み方]

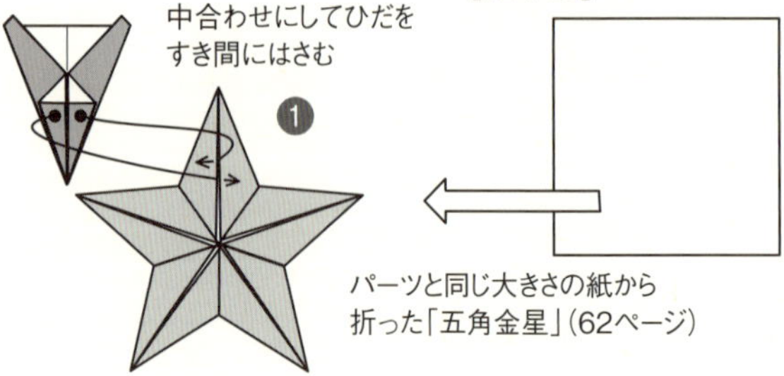

中合わせにしてひだを
すき間にはさむ
❶
パーツと同じ大きさの紙から
折った「五角金星」(62ページ)

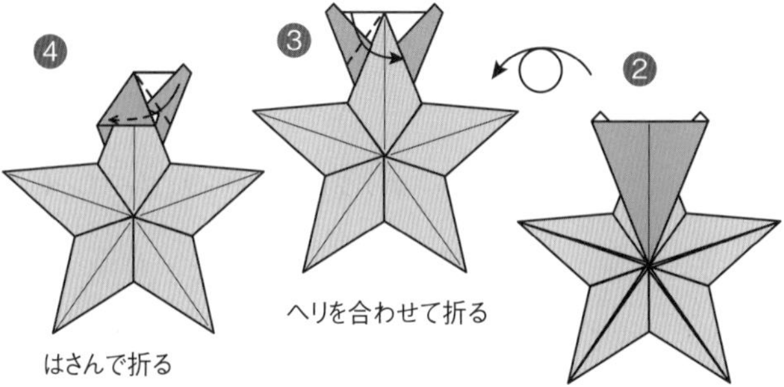
4
3
2
ヘリを合わせて折る
はさんで折る

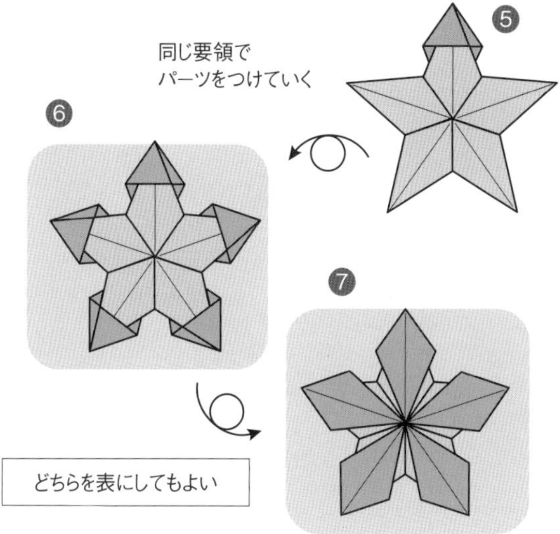
5
同じ要領で
パーツをつけていく
6
7
どちらを表にしてもよい

五角金星＋巴

★/☆☆7.5cm×7.5cm

▶アクセサリーパーツ：巴◀

66ページ5から

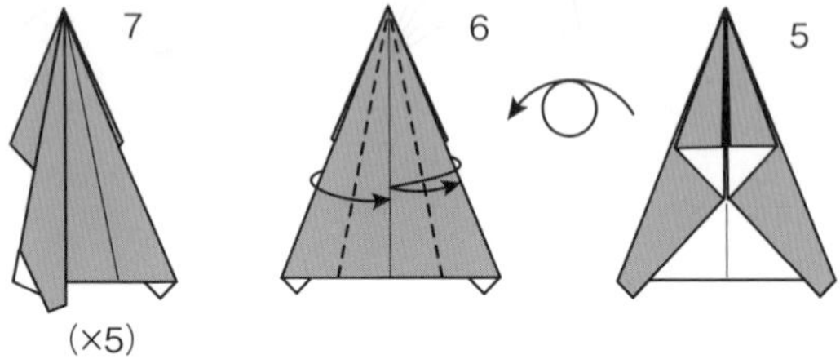
7
6
5
(×5)

[組み方]

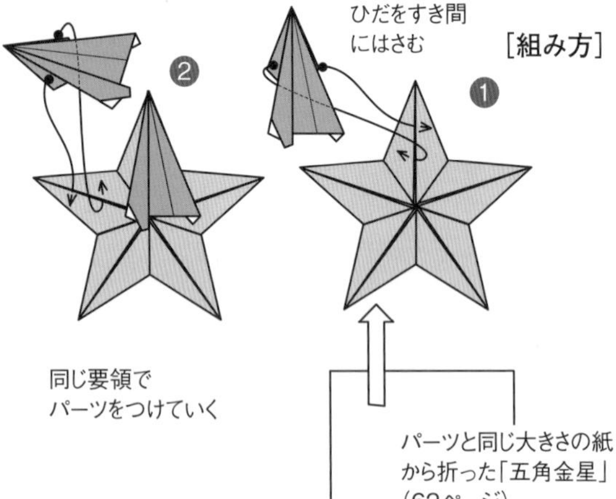
ひだをすき間
にはさむ
❶
❷
同じ要領で
パーツをつけていく
パーツと同じ大きさの紙
から折った「五角金星」
(62ページ)

❸

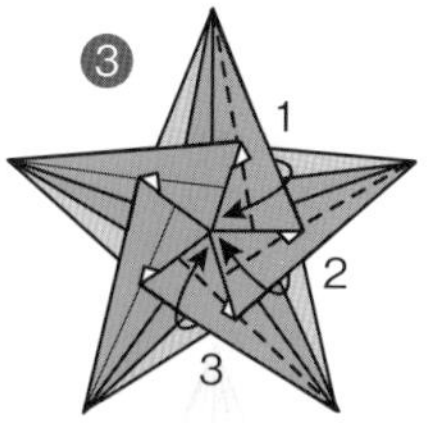

番号順に先を押さえて
折っていく

❹

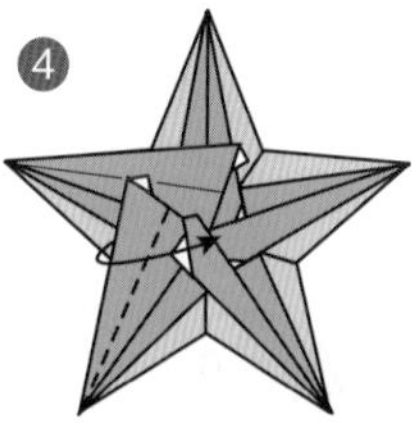

前に折ったものの
先を押さえて折る

❺

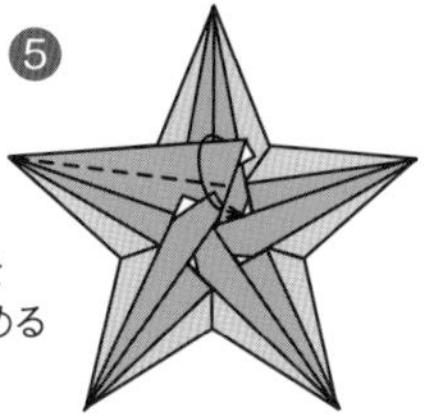

最後は先を
はさんでとめる

❻

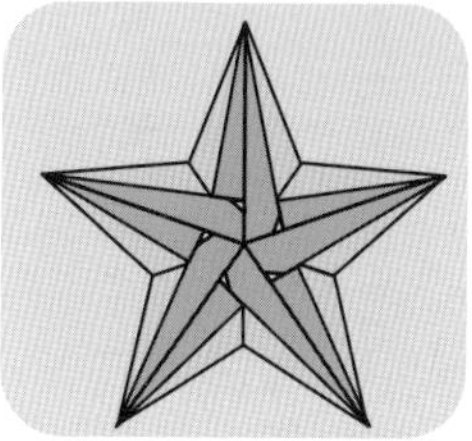

すきあらばもぐりこめ

ユニット折り紙は、すき間に差し込んで組んでいきます。そのとき「糊を使わない」というのが基本であり特徴です。そのため、多少分解しやすい作品もありますが、そこが逆に宝物で、すき間があったらどんどんもぐり込み、差し込んでいけるのです。

すき間は組むときに有効なだけでなく、この五角星のように、飾りのパーツをはさんで装飾を楽しむことができます。

essay

ユニット折り紙の楽しさ

一九八〇年、初めて折り紙の本を書いているとき、私はユニット折り紙に出会った。『図形工房』（日本ブリタニカ、一九八〇年刊）という本の中で笠原邦彦さんが受け持った部分に、パーツに分けて折り、多面体を組み立てる、というユニット折り紙があったのだ。動物を中心に創作される従来の折り紙とは全く違う幾何立体を作るもので、私はすっかり虜になった。

ユニット折り紙は、折る、組む、という二つの要素があり、全部組み上がったときに、「できた！」というはっきりした答えが得られる。また、立方体を作るにしても、どう組むか、何枚使うか、など攻め方はいくつもある。正解はひとつではない。パズルを解くようでもある。さらに原則としてノリを使わない。創作者はそこが工夫のしどころ、作り手は味わいどころ。

その頃はユニット折り紙の世界は未開発で、未知の花園の扉は少ししか開かれていなかった。私はそこにいち早く飛び込んだ。ワクワクするものがいっぱいあった。こんな花があったよ、こんな実を見つけたよ、と発見したり驚いたり、次々新しい折り方が見つかった。ユニット折り紙のとば口に立ったばかりだったが、その興奮を伝えたくて、初めての本『折り紙のたのしみ』（筑摩書房、一九八一年刊。品切れ）の後半に「新しい魅力の世界、ユニット折り紙」という章を入れた。続いて一九八三年出版の二冊目の本の題名はそのものズバリ『ユニット折り紙』（筑摩書房刊。品切れ）。この頃は私にとって、ユニット熱中時代第一期と言える。

折り紙を手に折りはじめる。折り線に導かれながらに無心に折る。そして回答が見つかったとき、つまり組みあがったとき、「見つけた！」という気持ちになる。創作というより発見。これが面白くて病みつきになった。さらにユニット折り紙には、配色の楽しみもある。同じ形でも配色によって立体や箱は豊かな表情を見せる。

ユニットで作る多面体は、道具を使って作るものに精度や強度において劣るが、それを補ってあまりある喜びがある。正四面体や立方体や立方八面体などの馴染みの薄い立体を身近に感じ、形そのものの美しさや構造を自然に体得できる。折り紙の力を借りて、図形と友だちになれる。折り紙と図形の両方が面白くてたまらない。

猫にごはん

世の折り紙愛好家にユニットを敬遠する人は多い。その要素のひとつが複数枚同じものを折らなくてはならないことだろう。三十枚、六十枚、百枚を超えるような数になることもある。たくさんの数を折ることは私も苦痛だ。時間および体力気力の無駄遣いに思えて、何とかならないものかと思う。何工程か同じ折りを流れ作業のようにしたり、一枚ずつ最後まで折ったり、「ああ、あんたが手伝ってくれたらなあ」と猫に話しかけたり、飽きてくるといろいろとリズムを変える。いつか必ずくる終わりを考えてがんばる。そう、終わりは必ず来る。

そうして、ようやく、たいへんな時間と労力をかけて目標の数を折りあげ、組み、一つの形が現れたとき、すうっと、ふうっと、何かが体を抜けて微笑みがでる。ひと仕事終えた達成感と喜び。ユニット折り紙愛好家はこの滋味を味わう。山に一歩ずつ登るのと同じで、眺望が開けたときの爽快感は、道中の苦労をすっかり忘れさせる。
猫にこばん、いや猫にごはんのように、ユニットには数がつきものと心得て、さあ美しい形を作ろう。
（「猫にごはん」という迷（名？）言は、筆者が学習塾の講師をしていたときの生徒の誤回答である）

八坂折り紙クラブ

私が住む地区は、数年前の町村合併で長野県大町市に編入された。行政的には村から市になったが、過疎化と高齢化の進む山間の小さな地区である。ここに十数年前に「八坂折り紙クラブ」ができた。

クラブを発足させたのは二〇一一年に亡くなられたSさん。仕事場で昼休みに仲間が集まって始まった折り紙は、Sさんの退職後に本格的に十人ほどのクラブとなり、現在まで増えることも減ることもあまりなく平均年齢は七十五歳あたりか。初めて講師として呼ばれたとき、正直「あれあれ。さて、どうしたものか」と思った。正方形の紙を半分の三角形にきちんと折ることができない。しっかり線をつけられない。その他すべてに関して基本からゆっくりやらなければ、と心構えをした。

このクラブでは、ユニット折り紙が中心だ。同じものをいくつも折るので、それがいいらしい。
一人が言った。
「目が悪くなってよく見えない」
「指で線を感じましょう」
「そんなもんかい」
また一人が言った。
「指がふるえてかどを合わせられない」
「指が自由に動かないと感じるだけでもめっけもんですよ。何もしなければそれも感じられない」
「そうだそうだ」
さらに誰かが続ける。
「覚えたと思ってもすぐ忘れる」
「私もすぐ忘れます。忘れたらまた一からはじめればいい。覚えなくてもいいですよ」
あははと笑いながらはじめた。

みなさんは月一回のペースで集まっているようだが、私は毎回講師を頼まれるわけではない。

そして一年後くらいだろうか、講師に行ったとき、私は目を丸くした。ユニット立体が色鮮やかにいくつもできているではないか！

「すごいなあ、きれいだなあ」。あとは言葉が見つからない。

「まだ下手だがね。これは斜方立方八面体とかいうだね」

こんな難しい言葉がみなさんの口から出ようとは！　こんなに完成度の高い作品ができようとは！

その場ではできなくても、家に帰ってゆっくり時間をかけてやったり、みなで教え合ったりして完成させるとのこと。

Sさんが亡くなられたとき、お葬式にはほぼ全員が揃った。

「次は私の番だ」「いや私が先」「どうせ行くんだからゆっくり行きましょ」ということで落ち着いた。

ほとんどの人が運転免許をもってない。大町市にある葬儀場にバスとタクシーを乗り継いできたという。帰りのバスまで二時間ちかくあるというので、帰りは私ともう一人の車に分乗した。

みんなのおしゃべりが始まった。大町市にもめったに出かけない、折り紙用紙は家族にたのんで買って来てもらうが、なかなかいい柄のものがない、孫に折り紙を教えようと思うがそのときはみんな忘れている、などなど。

Sさんは勉強家だった。本はSさんが買って、みんなに教えていた。これからどうなるずら、などと話しながら帰った。

クラブのみなさんを見ていると、折り紙の力と人間の能力の両方を感じる。作りたいという気持ち、これが一番の推進力だ。ユニットひとつを折るための集中、その短い集中が数を折ることで連続して起こる。それから組むおもしろさが始まる。どこがどうなって、どんな完成形になるのか。知りたいと思う心は年齢に関係ない。そして手の中で形が完結する。すばらしい笑顔。

折る、その時間が宝。仲間がいる、それも宝。

相変わらず覚えたことはすぐ忘れる「八坂折り紙クラブ」だが、その後、メンバーの中で一番の若手がリーダーとなって、現在もめでたく続いている。

第二章　箱

ユニット折り紙の大きなたのしみのひとつが「箱」です。組むと、ふたの上部や内側に模様が現れます。実用にもなるし、配色も工夫できます。

ドッキング箱・正方形から

★/☆15cm×15cm

「ちりとり」を2つ作ってドッキングさせます。

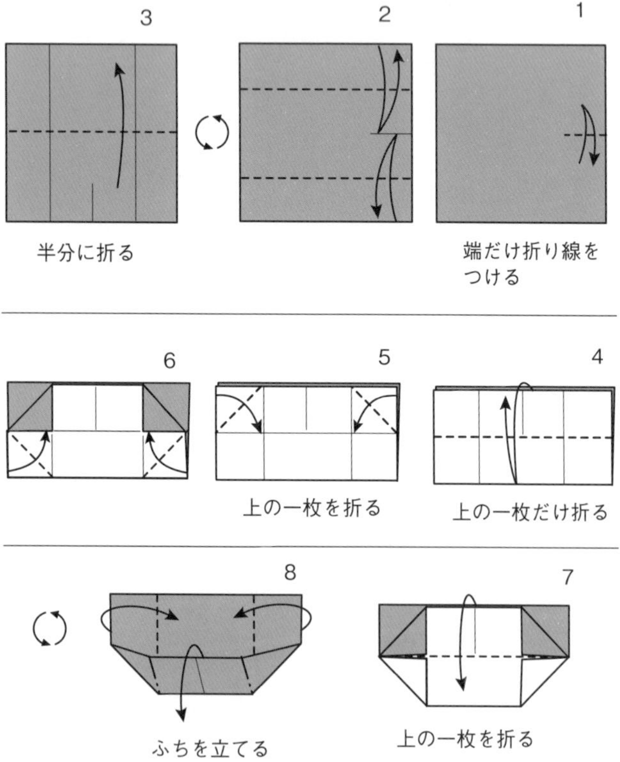

1
端だけ折り線をつける
2
3
半分に折る
4
上の一枚だけ折る
5
上の一枚を折る
6
7
上の一枚を折る
8
ふちを立てる

ちりとり

10

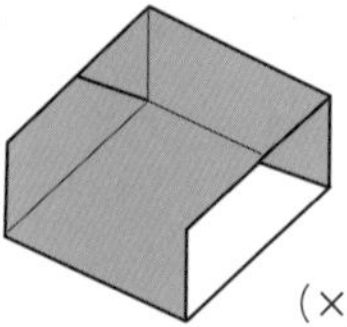

(×2)

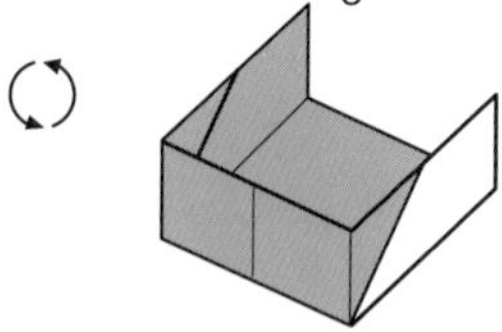

9

[組み方]

❶

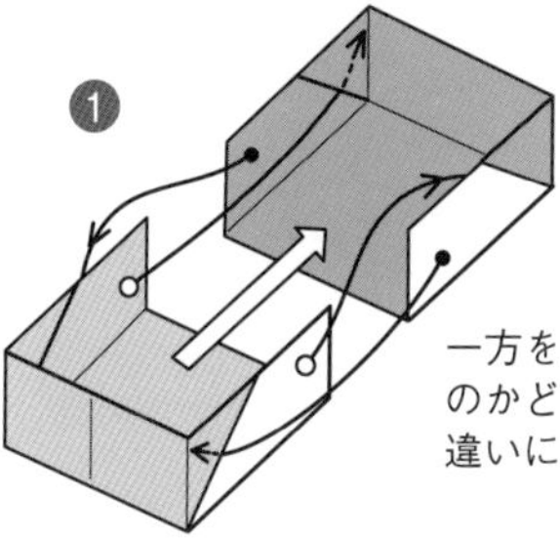

一方を上にして重ねて、ふちのかどを、内側も外側も互い違いにはさむ

❷ （途中）

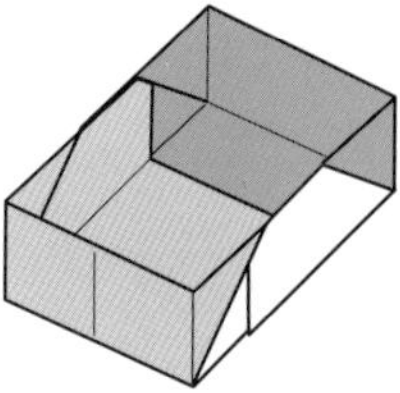

❸

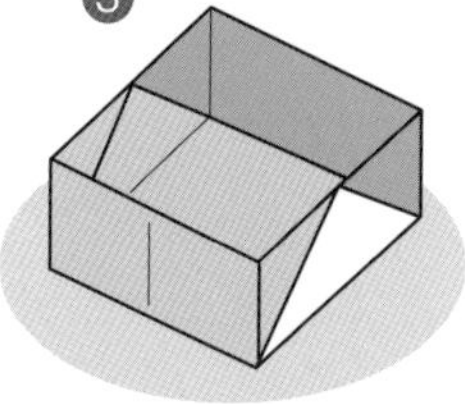

ドッキング箱・長方形から

★/☆　A4判(210×297mm)を四つ切り

ドッキング箱は長方形の紙から折ることもできます。そして、横長縦長どちらの方から折るかで、できあがりが違います。A4判だけでなく、どんな比率の紙からも折ることができます。また、A4判を切らずにそのまま使って大きい箱にしてもいいですね。

▶縦長に使う◀

1

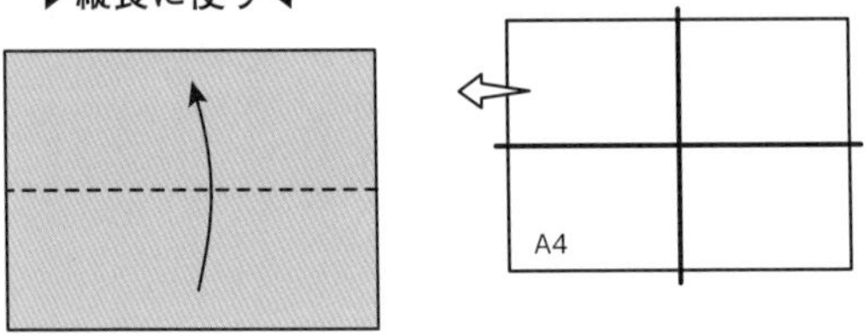

2

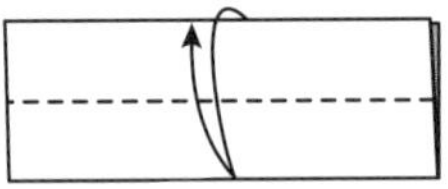

上の一枚だけ折る

3

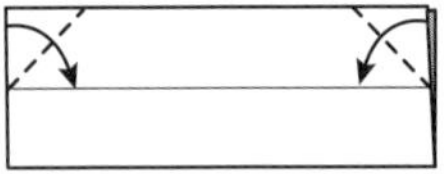

上の一枚を折る

4

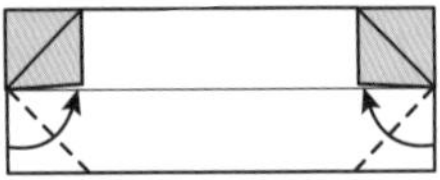

5

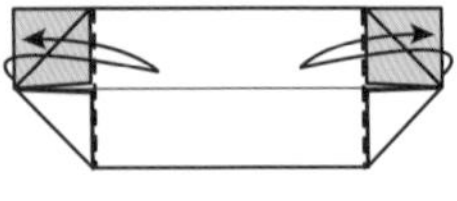

6

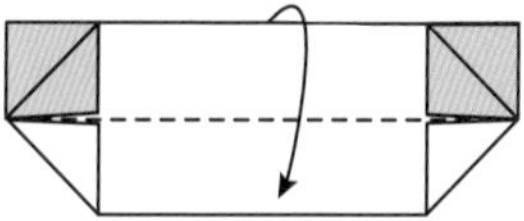

7

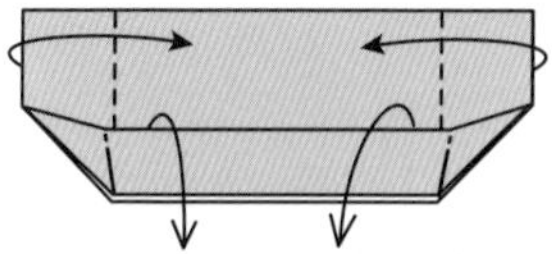

ふちを立てる

8

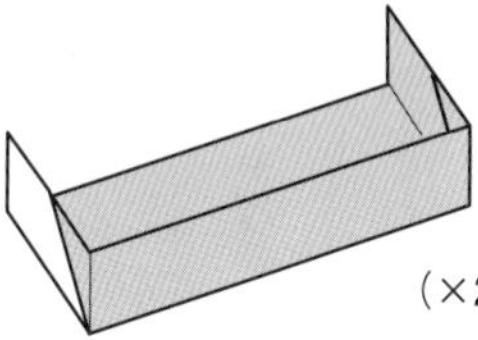

(×2)

[組み方]

❶

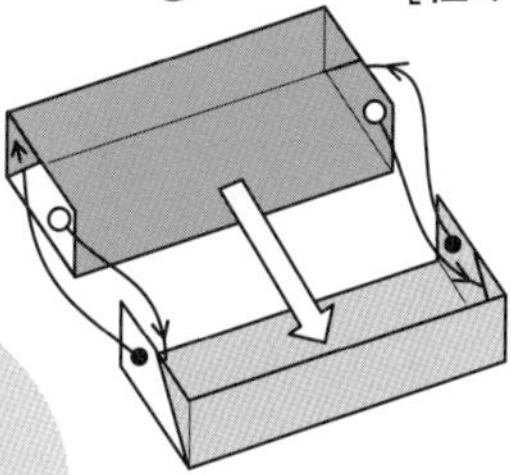

互い違い
にはさむ

❷

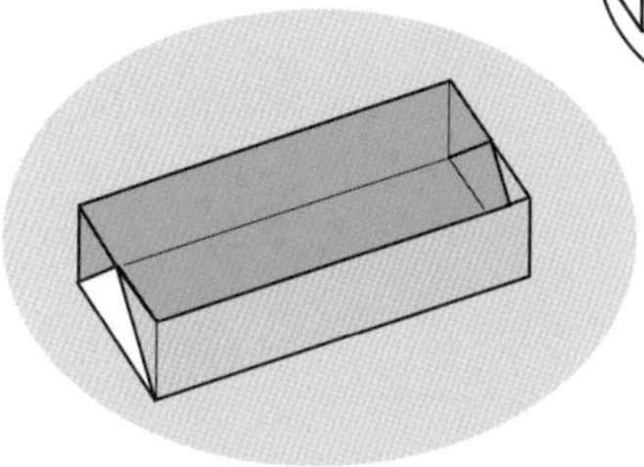

▶横長に使う◀

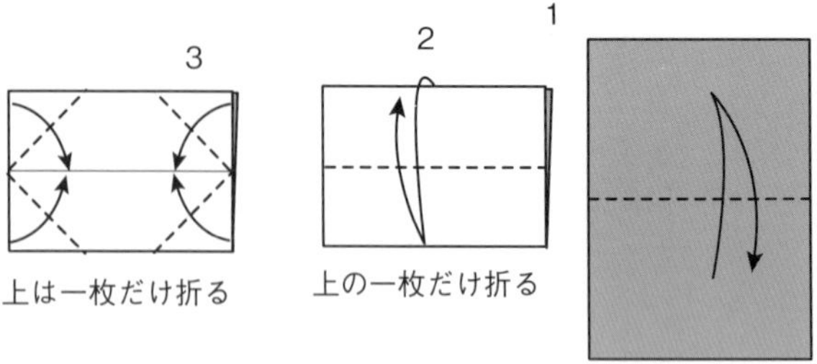

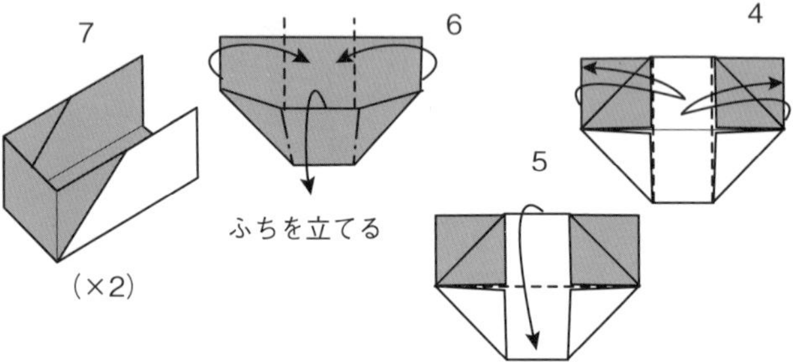

[組み方]

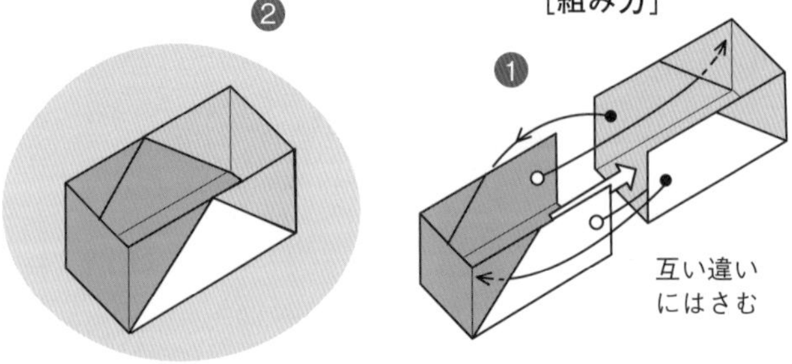

いろいろな比率の長方形から折ってみよう

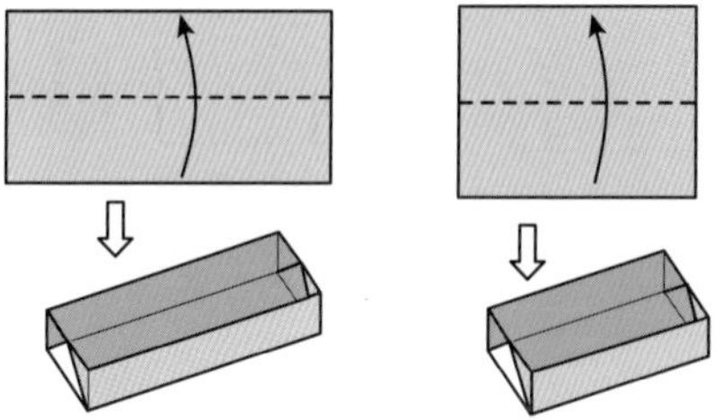

正方形と長方形

折り紙は正方形から折るのが正統で、これはだれも異存のないところでしょう。しかしあるものは、同じ折り方をそのまま長方形に当てはめることができます。ここが折り紙のおもしろいところのひとつです。長方形はさまざまな比率にできますが、その中で4つの辺が同じ長さのものが正方形だ、と考えることができます。正方形は対称性も高く、それ自身が精巧な物差しのような特別な形なのです。そのため折り紙に適しているとされていますが、ときには正方形にこだわらず、自由な比率の紙から折ってみると、案外ちがった地平が開けるものです。

四角箱4枚組・本体

★★/☆☆15cm×15cm

いよいよここからが、ユニットの箱の本番です。
同じパーツ（ユニット）を4つ作って組み合わせます。簡単な組み方ですが、紙の摩擦で思いのほかしっかりしたできあがりになります。
組むたのしさと、すっきり納まって形になるおもしろさを味わってください。

1

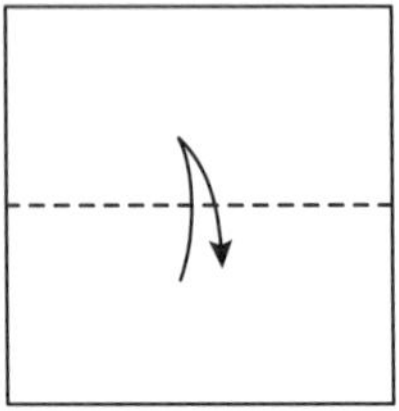

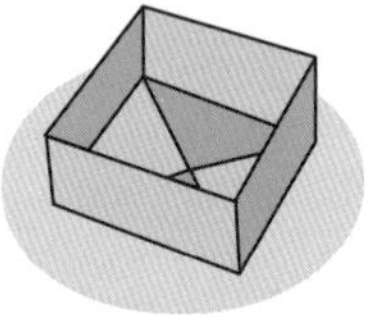

2

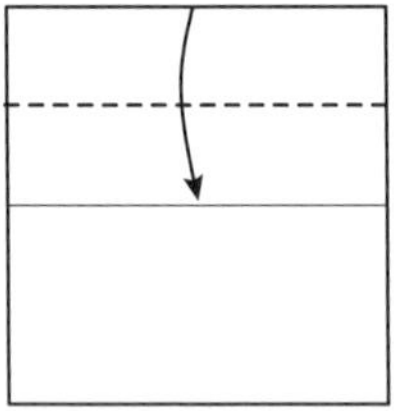

3

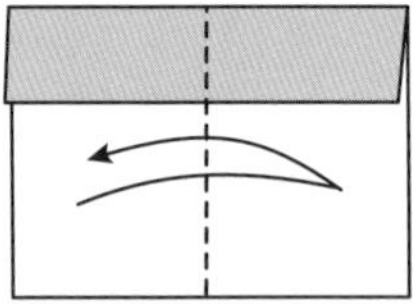

半分の折り線をつける

4

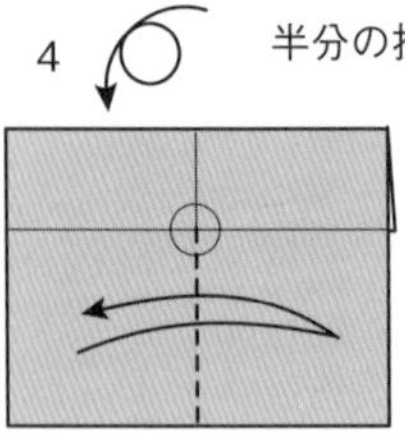

○印まで谷線をつける。
7で折りやすくなる。
（慣れてきたらこの折りは省略してもよい）

5

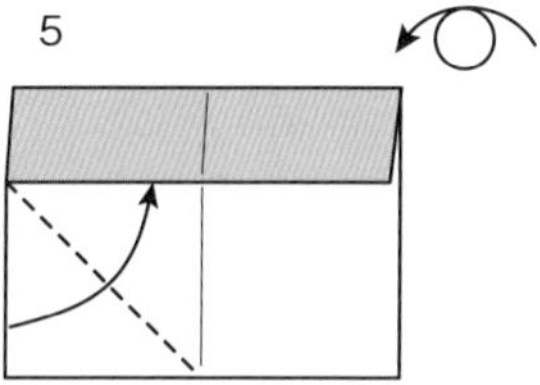

6

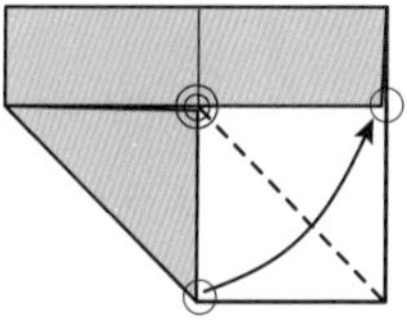

○印を合せて
◎印の交点まで折る

7

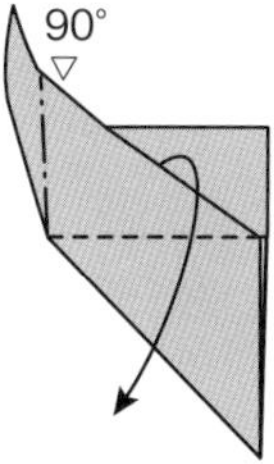

ふちを起こし
かどを90°にする

8

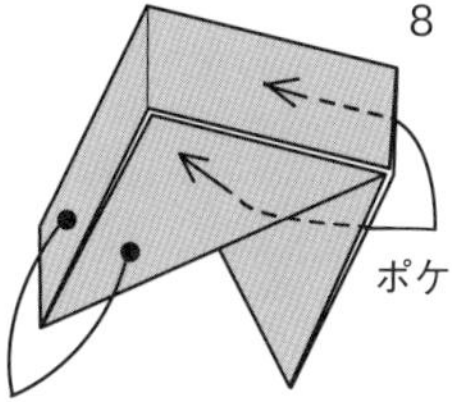

=組むときのアドバイス=

点線の部分が、一続きと
思って組んでいく

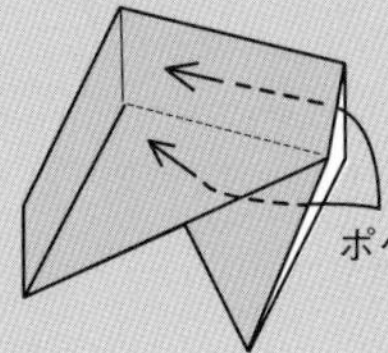

実際のユニットは紙が
分かれている

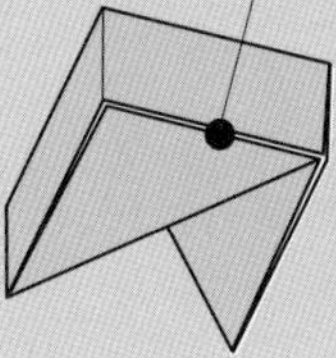

[組み方]

❶

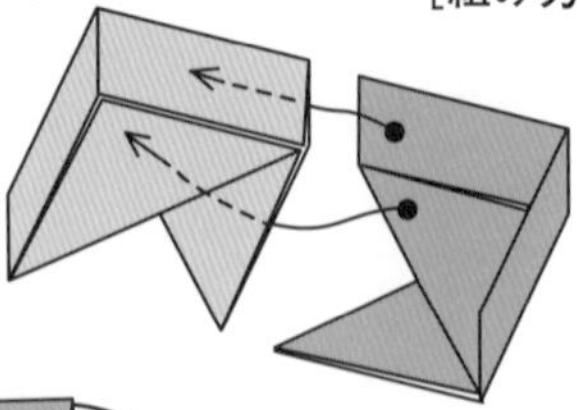

❷

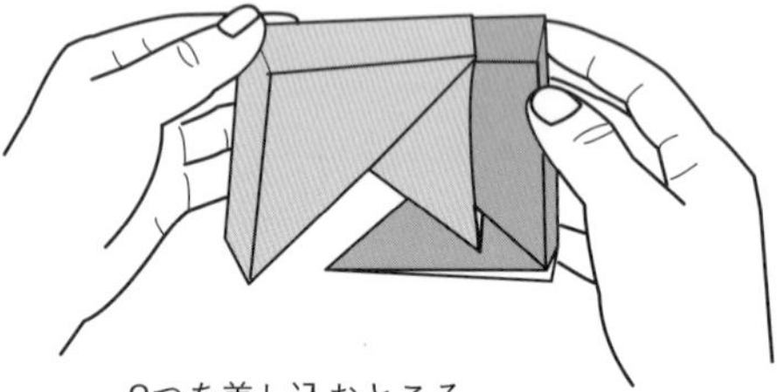

2つを差し込むところ

❸

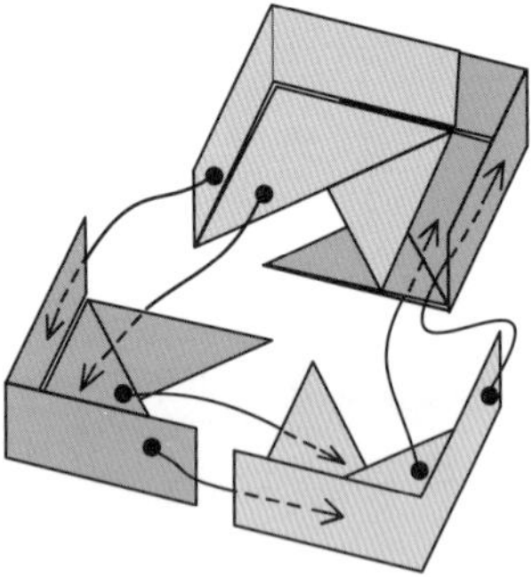

4つをゆるく差し込む

❹

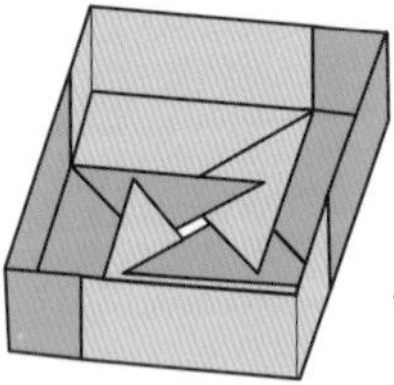

4つを差し込んだところ
ゆるゆるに組む

⑤

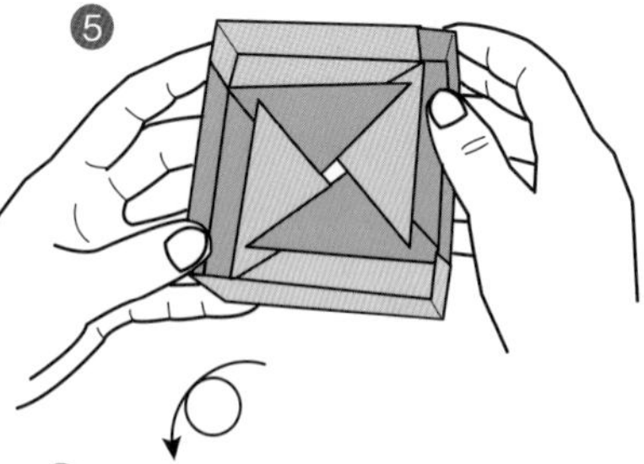

⑥

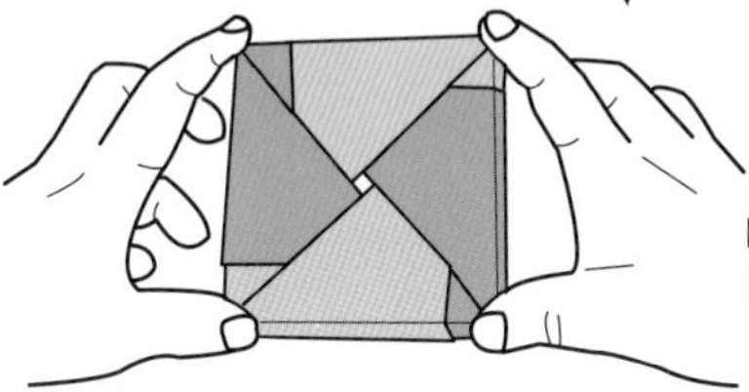

四すみを押して、かどまできちんと入れる

⑦

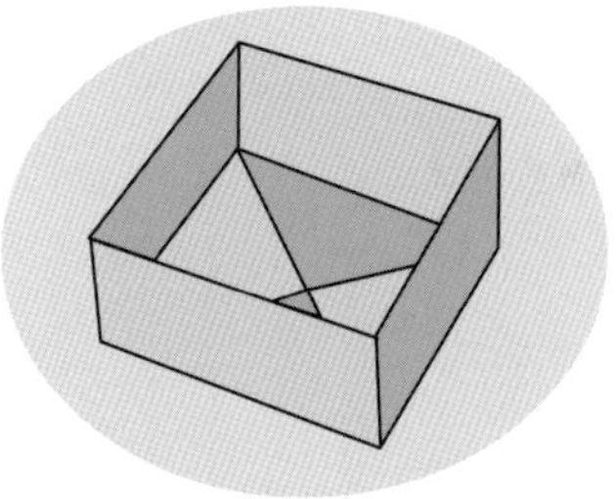

ぴたり

ハコさんは　四つ子
色ちがいの　ふくをきて
うでをくみあい　うたいだす
役目役目に　きちんとはまり
ひとつになって　ぴたりときまる

四角箱4枚組ふた・風車　★★/☆☆15cm×15cm

ひとつのユニットから何通りかの組み方ができます。
組み方を変えると模様が変わります。

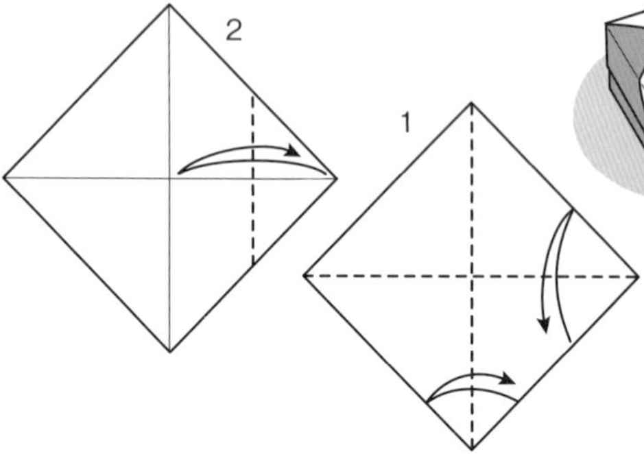

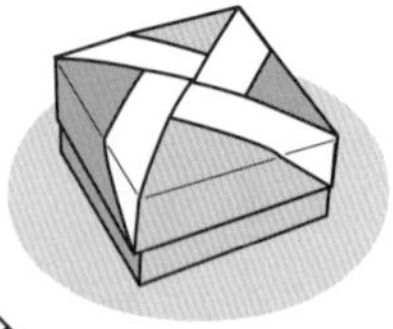

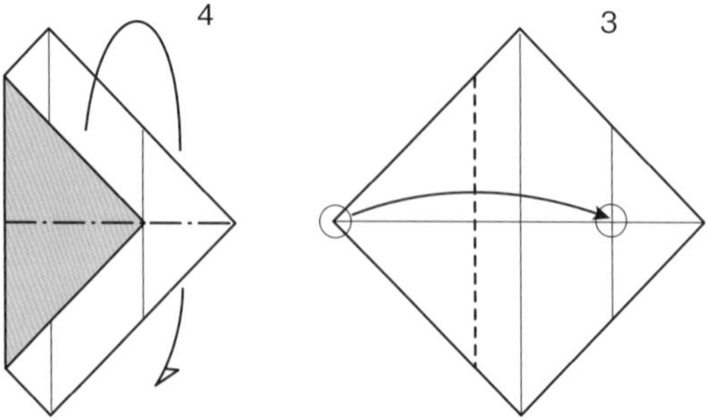

5

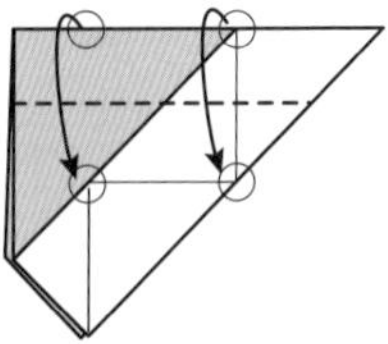

○印を合わせて折る

6

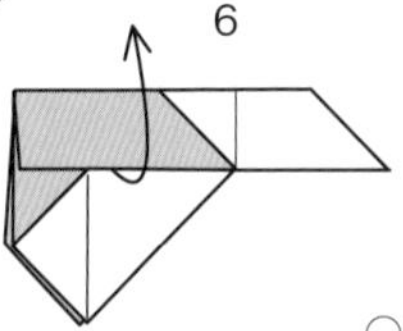

7

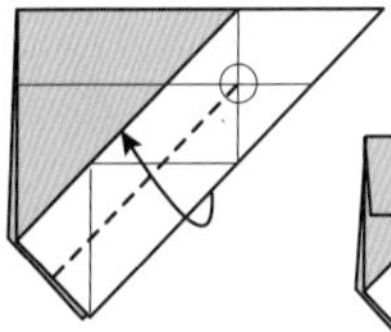

○印の交点まで折る

8

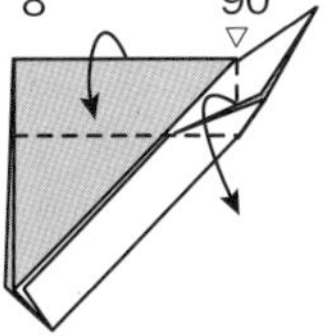

ふちを立て、
かどを90°にする
ここで立体化する

<内側>

9

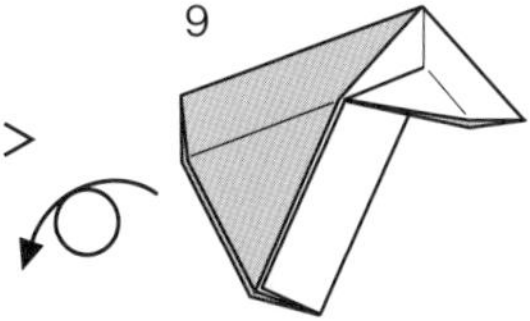

<外側>

10

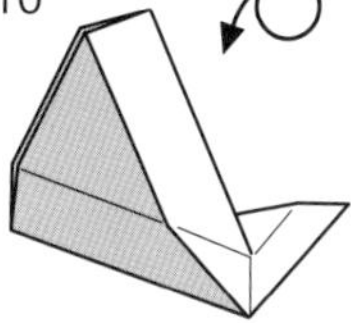

(×4)

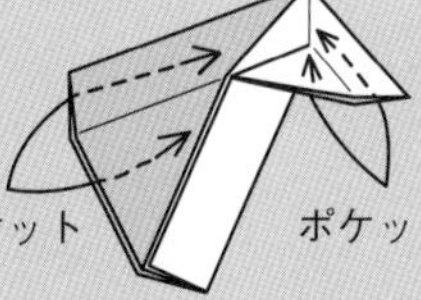

このユニットには、左右両方にポケットがあります。どちらに差し込むかで、基本の組み方は2通りあります。またそれらを混合して組むこともできます。

=組み方ー1=

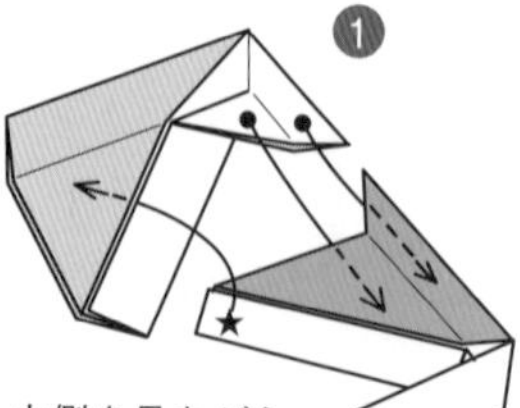

内側を見ながら
組んでいく

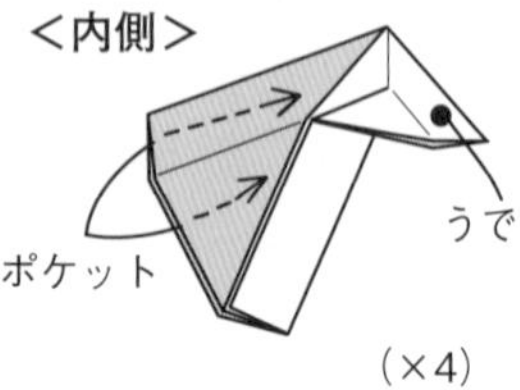

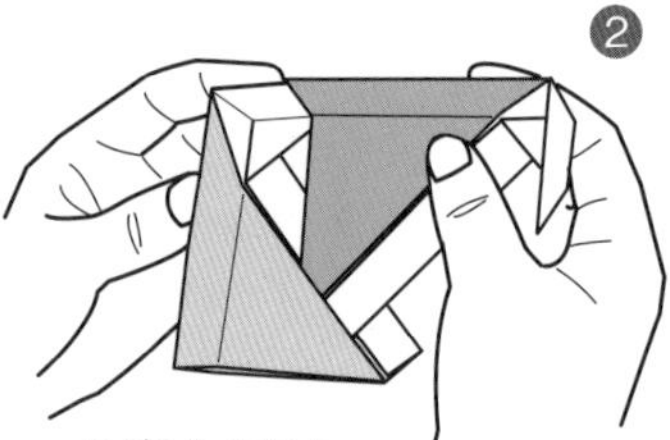

まず2枚を組む
きちんと差し込まない
方が後で組みやすい

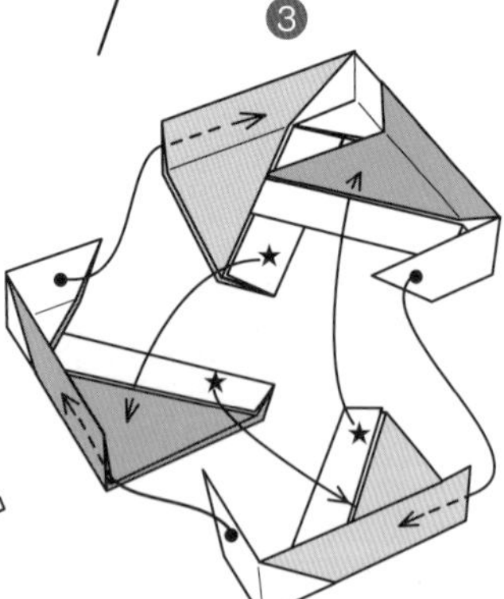

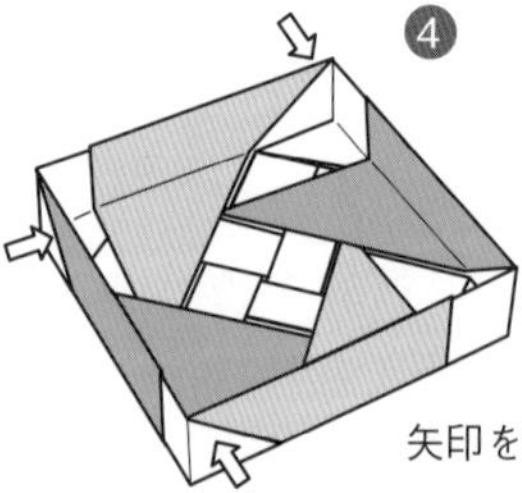

矢印を押す

5

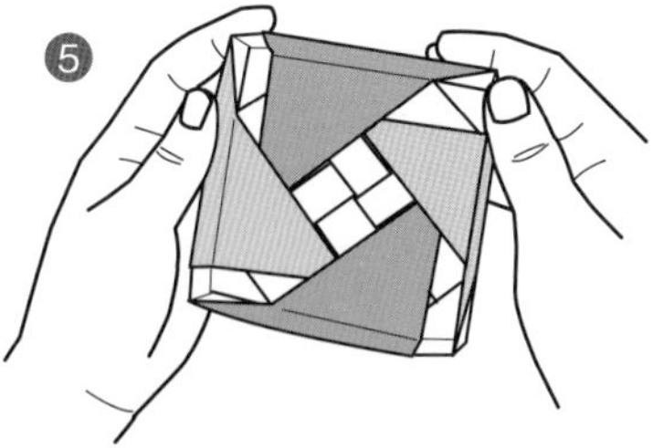

かどを押してじょじょに
きちんと差し込んでいく

6

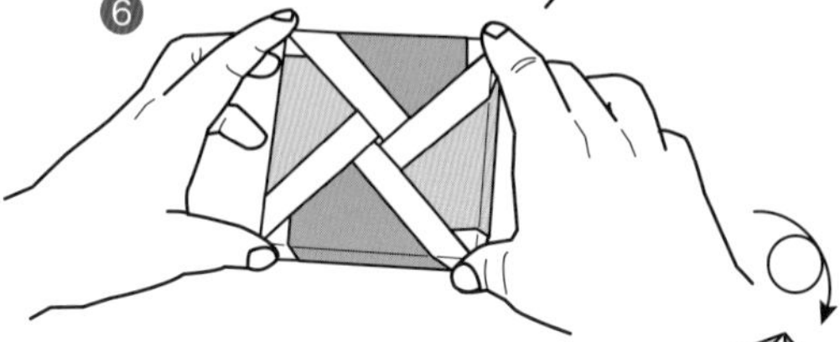

7

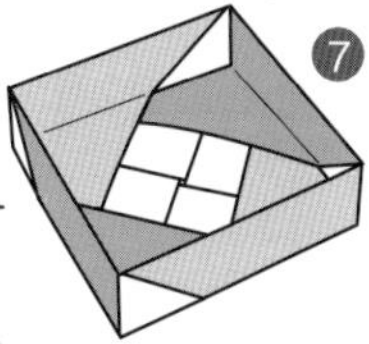

8

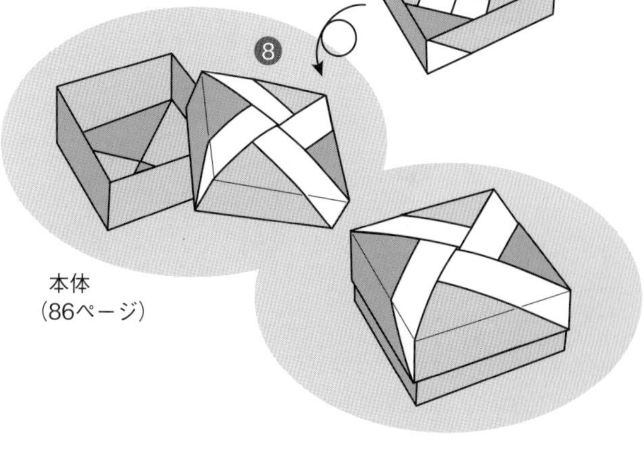

=組み方−2=

①

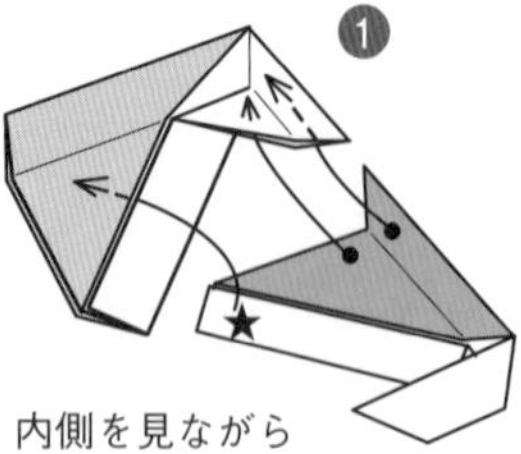

＜内側＞

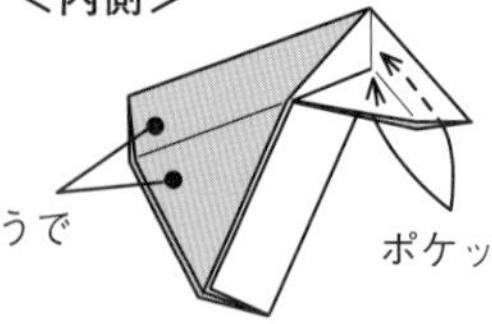

内側を見ながら
組んでいく

（×4）

②

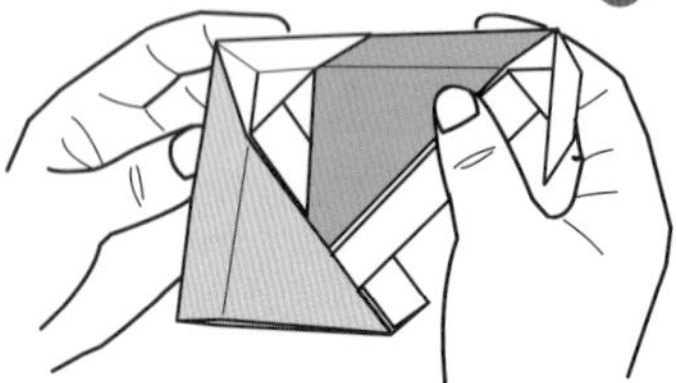

まず2枚を組む
きちんと差し込まない
方が後で組みやすい

③

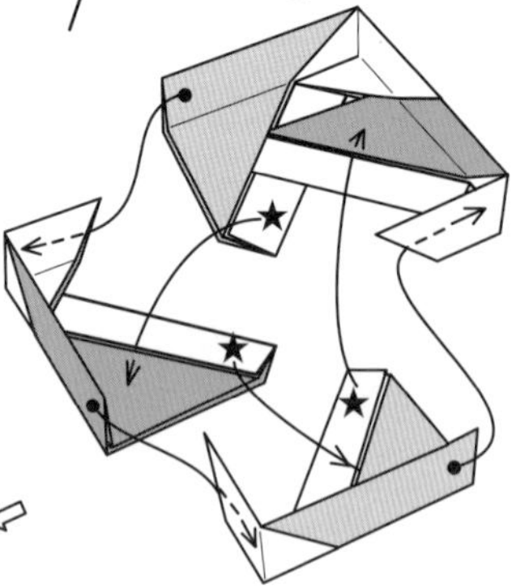

④

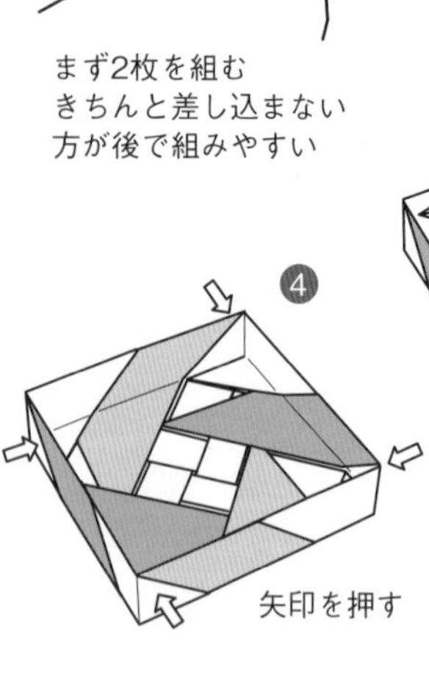

矢印を押す

5

かどを押してじょじょに
きちんと差し込んでいく

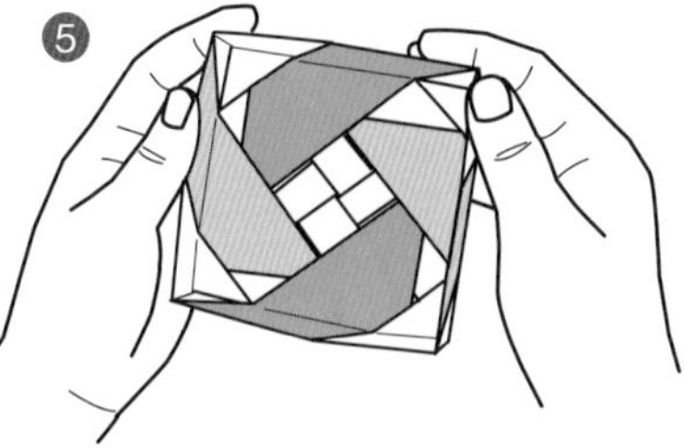

6

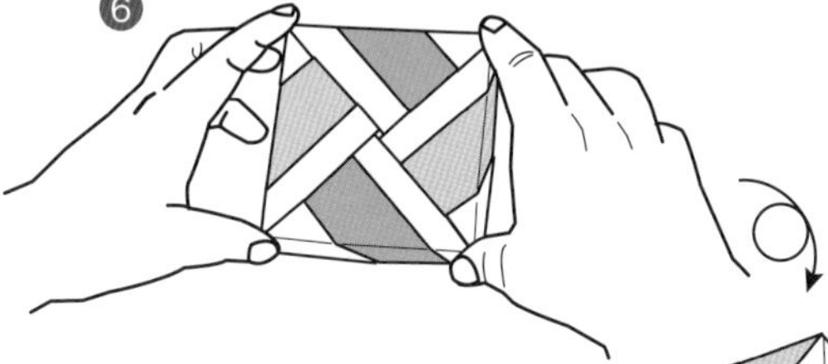

7

8

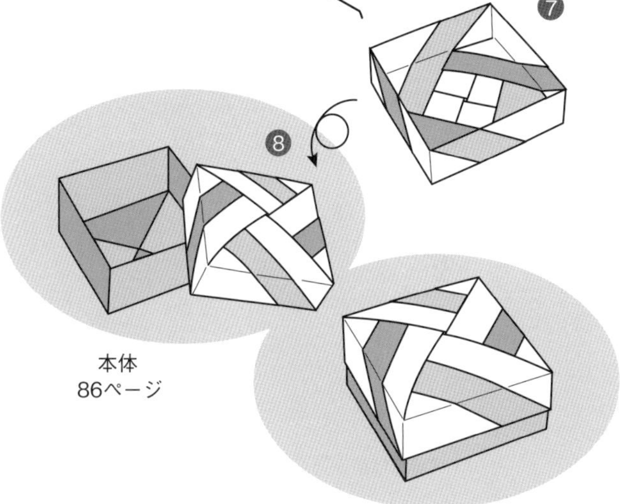

本体
86ページ

=混合組み例=

<内側>

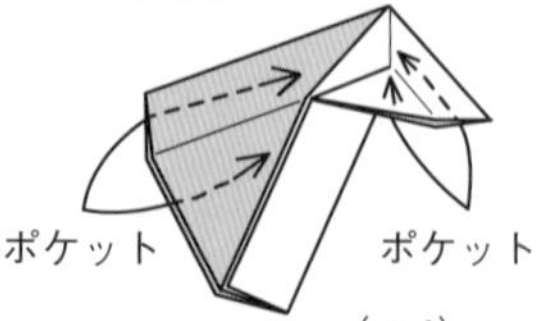

(×4)

ユニットには左右両方にポケットがあるので、どのように差し込んでもよい。

差し込むユニットと
差し込まれるユニットを
ひとつおきにした場合

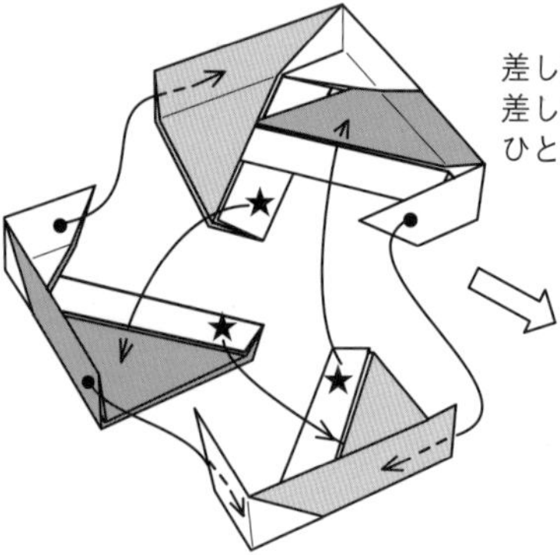

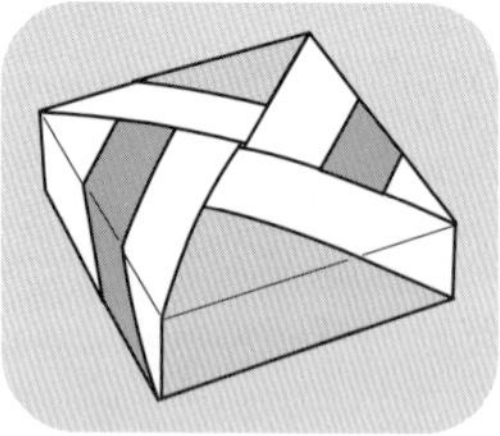

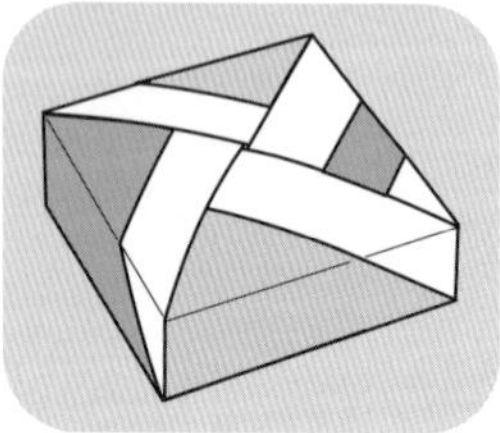

1か所だけ組み方ー2

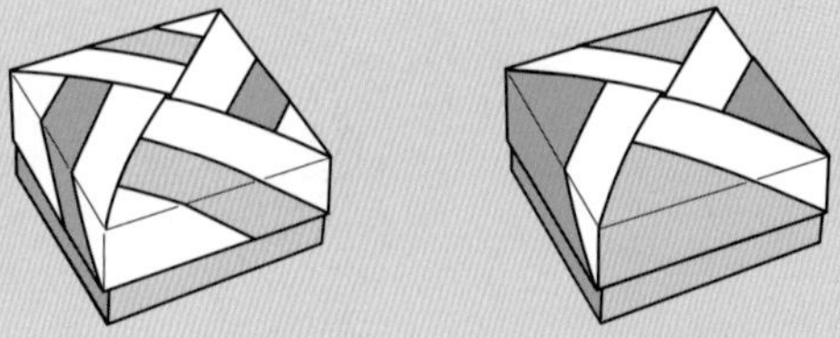

組み方ー1　組み方ー2

おもかげ

おなじ　おなじ　おなじ
みなおなじ
おなじみの　おなじかたち
　おまじない　ぷい！
あれれ　みんなおなじだったのに
あれはだれ？
だけど　どこかに　おもかげあるよ
おさななじみの　おなじみの

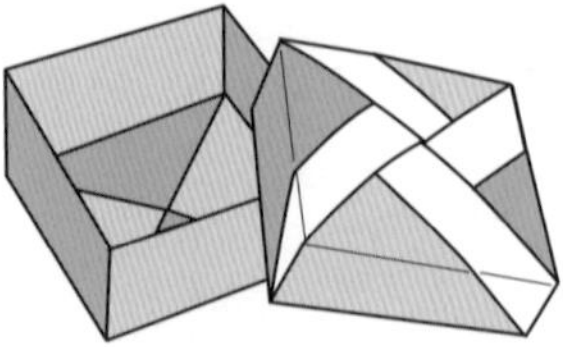

同じ大きさの紙から一組ができる！

本書の箱はすべて、本体とふたの一組の箱が、同じ大きさの紙からできます。

四角箱と六角箱についていうと、基本線が、本体は正方形の辺に平行な線であるのに対し、ふたは正方形の対角線になっています。この違いが一組の箱としてほどよい寸法になるのですね。たったこれだけのことですが、「へえー、なるほど」。ちょっとうれしいじゃありませんか。

本体

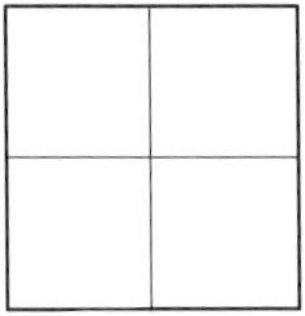

ふた

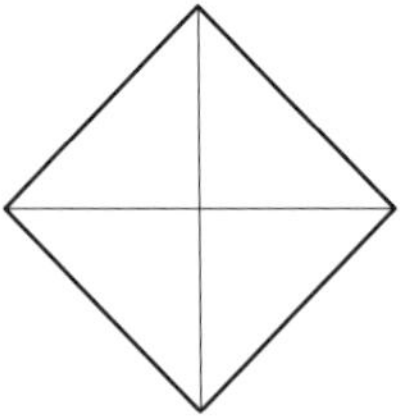

五角箱5枚組ふた・内星　★★/☆☆15cm×15cm

五角の箱なんてどうかな、と思いますが作ってみるとなかなかかわいらしい形です。
四角箱と同様に模様変わりもできます。五角形の角度の折り出しに誤差があります。

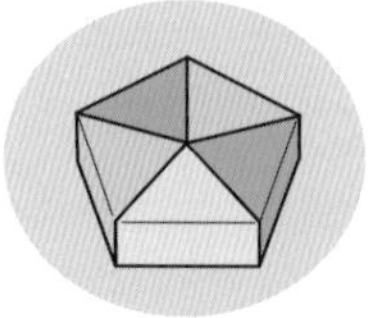

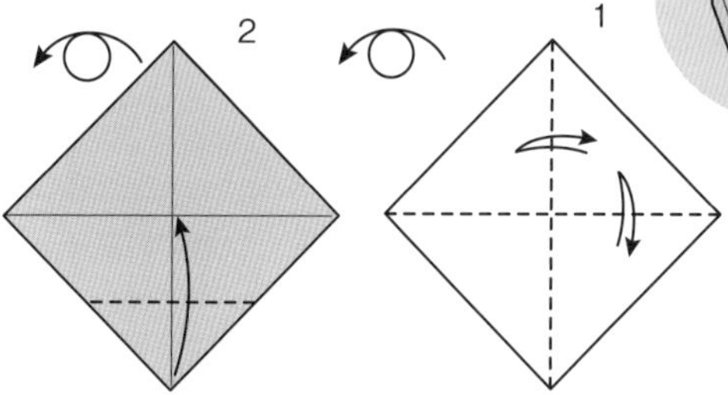

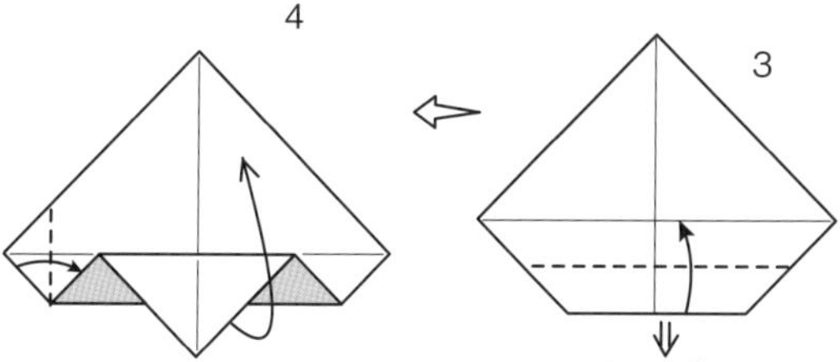

5

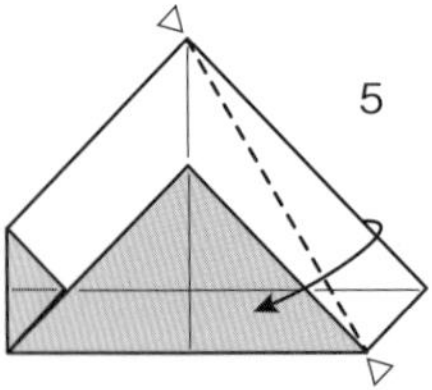

△印を結んだ線で折る

6

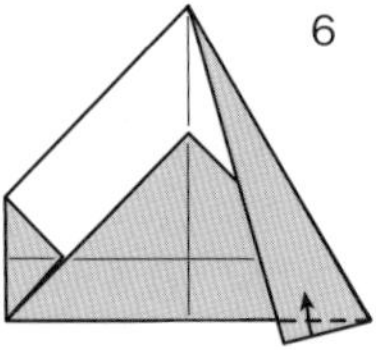

下の辺に合わせて折る

7

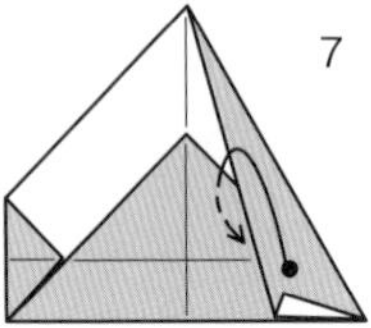

●印の部分を
中にしまう

8

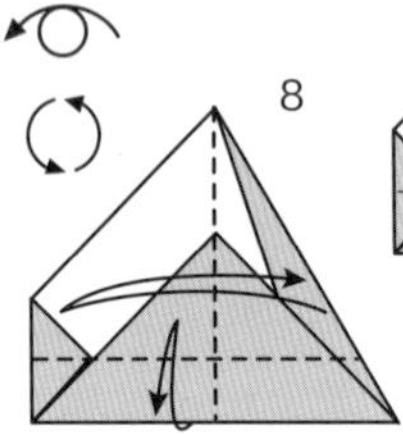

9

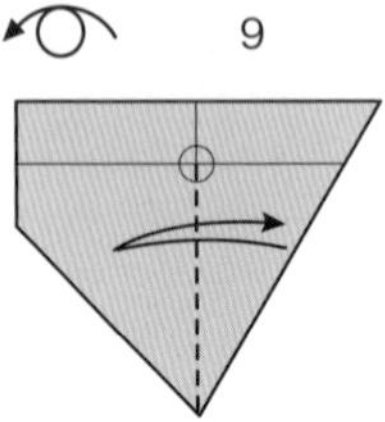

○印の交点まで
折り線をつける

10

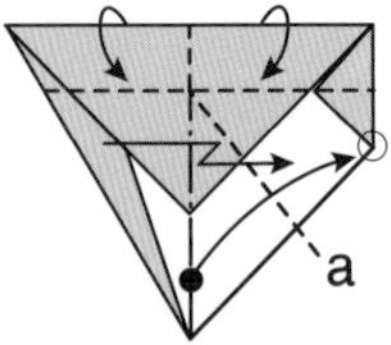

a の線ができるように、
●印をつまんで、○印の
かどに合わせて折る

ここが五角形の角度を
決める大事なところ

11　（途中の図－1）

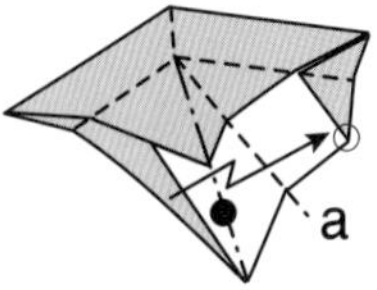

●印をつまんで、○印のかどに合わせる

12　（途中の図－2）

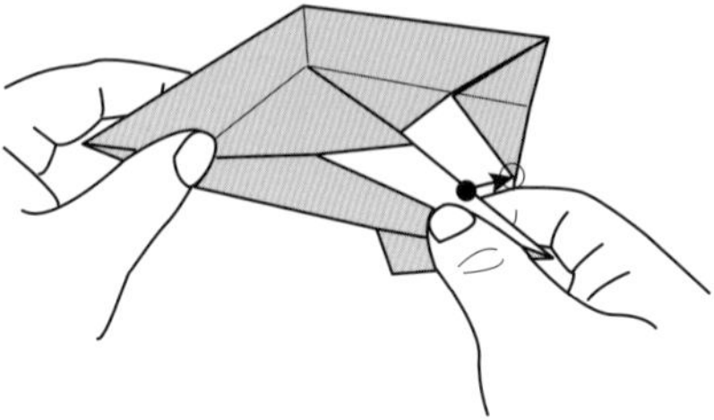

＜内側＞

13

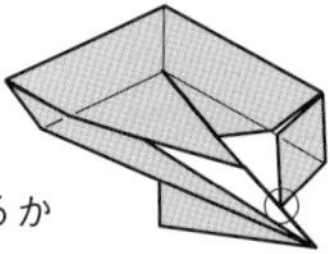

＜外側＞

14

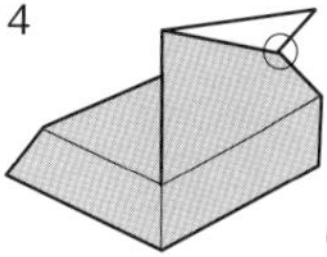

○印が合っているかチェックする

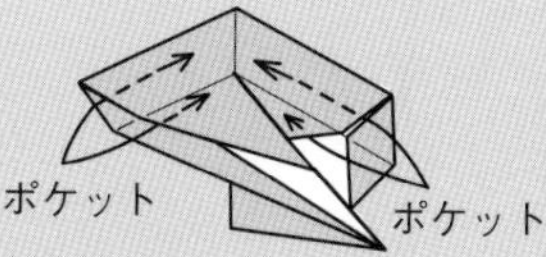

このユニットには、左右両方にポケットがあります。どちらに差し込むかで、基本の組み方は2通りあります。またそれらを混合して組むこともできます。

=組み方ー1=

❶

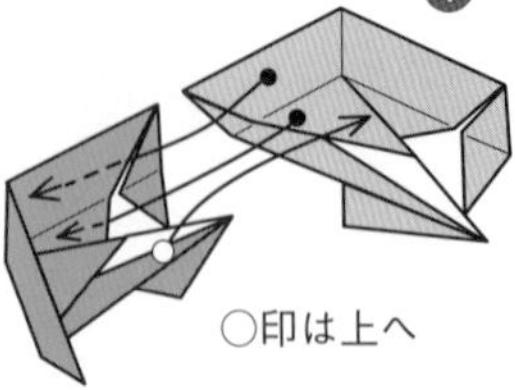

＜内側＞

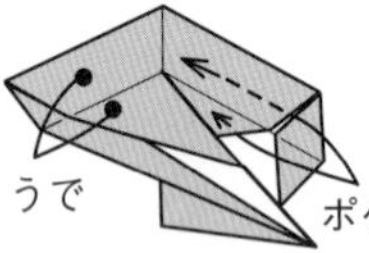

(×5)

❷

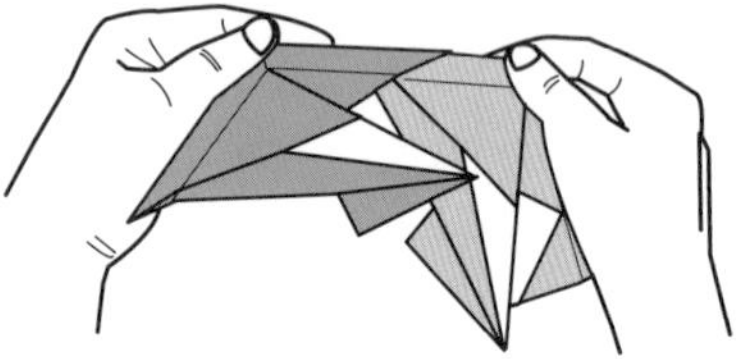

2つめを差し
込むところ

❸

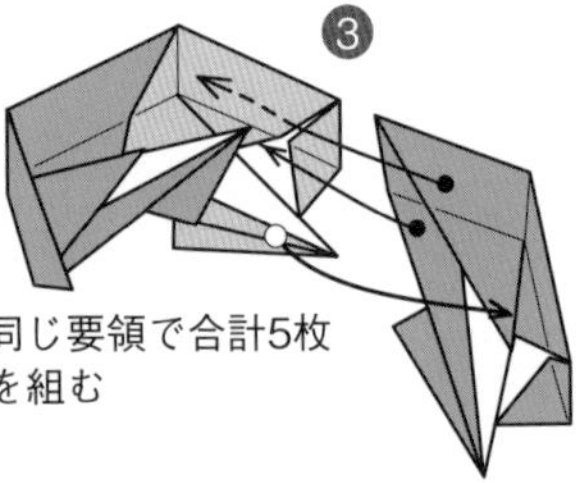

同じ要領で合計5枚
を組む

❹

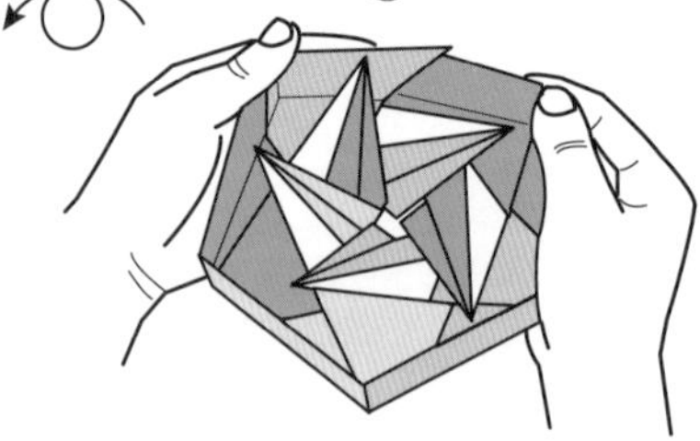

5つめを差し
込むところ

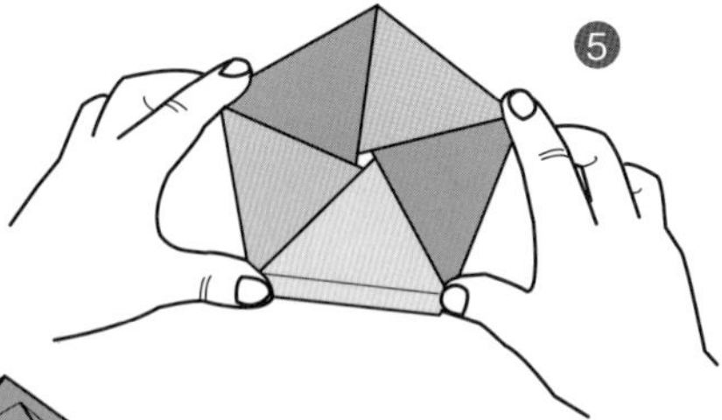

かどを押してじょじょに
きちんと差し込んでいく

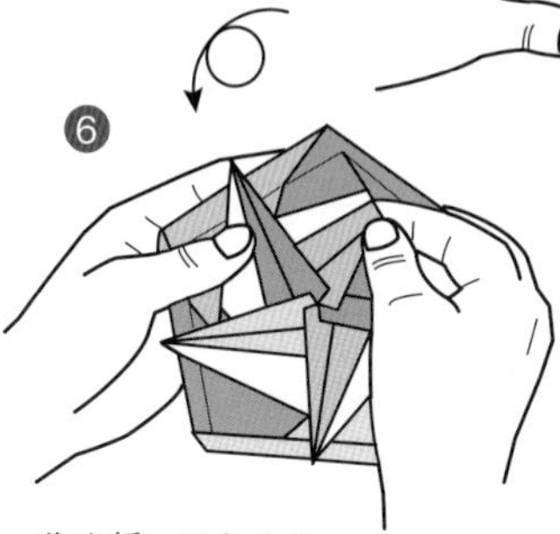

先を折ってとめる

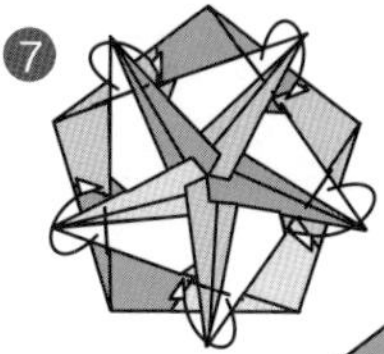

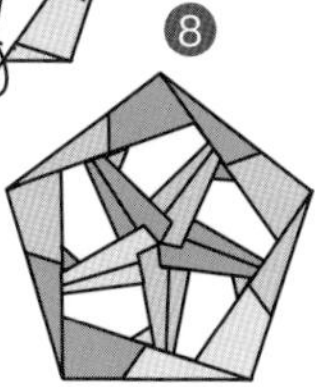

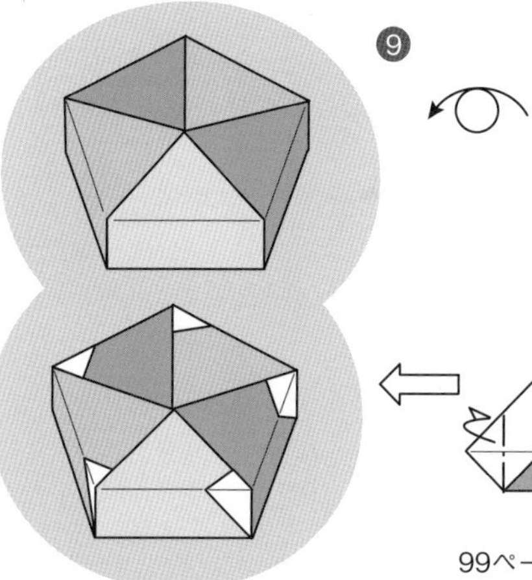

=模様変わり=

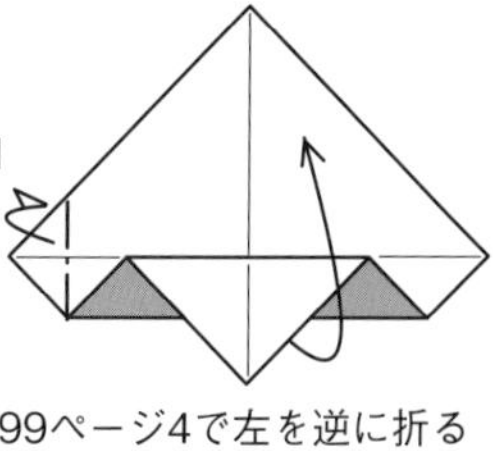

99ページ4で左を逆に折る

=組み方−2=

①

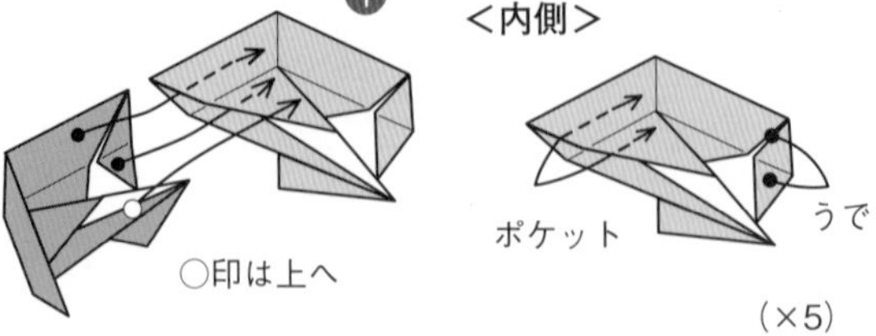

②

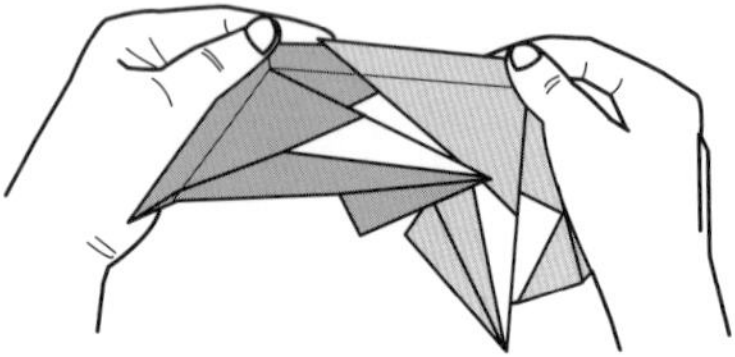

2つめを差し
込むところ

③

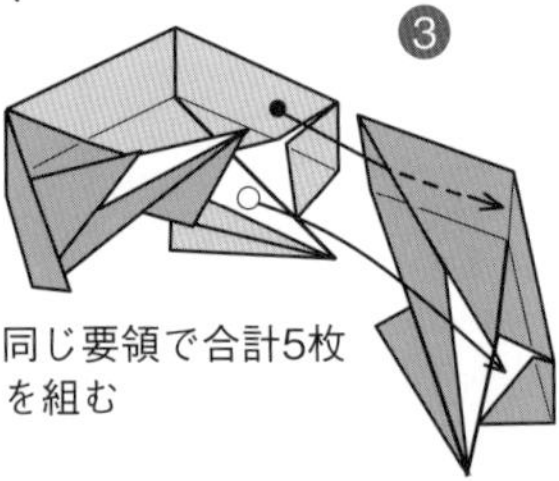

同じ要領で合計5枚
を組む

④

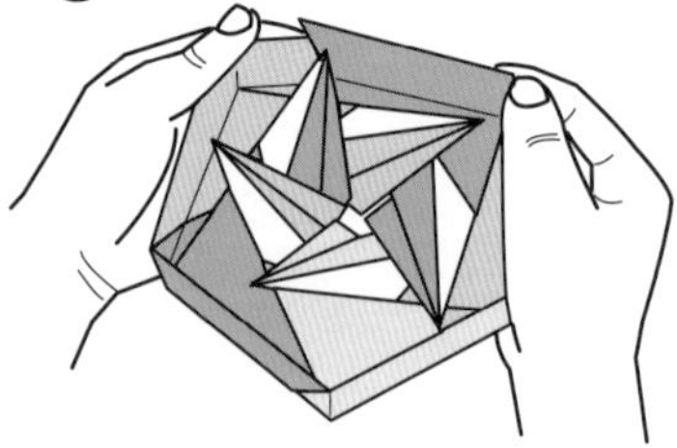

5つめを差し
込むところ

5

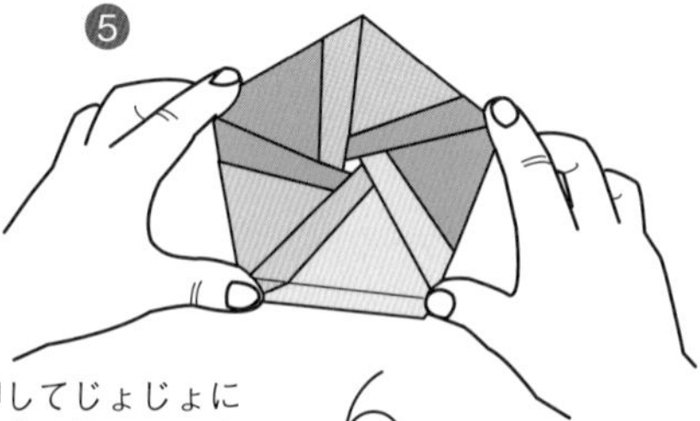

かどを押してじょじょに
きちんと差し込んでいく

6

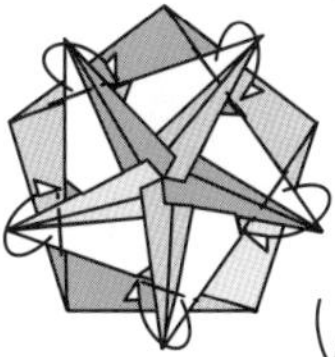

先を折って
とめる

7

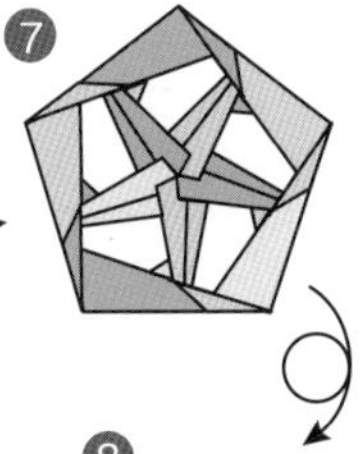

8

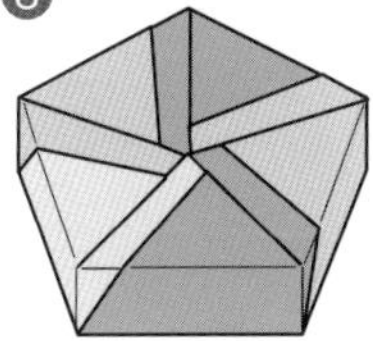

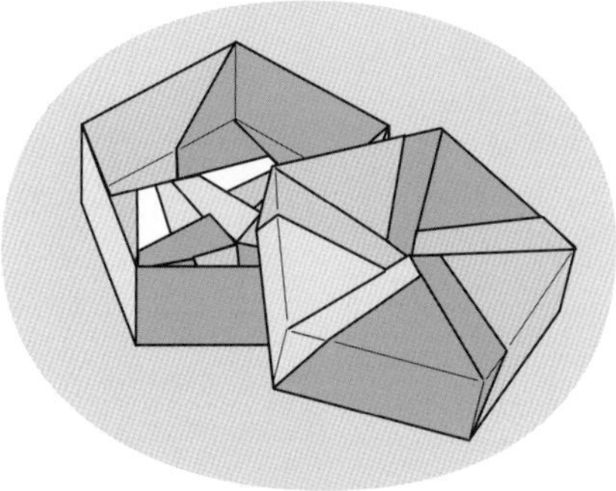

本体の折り方は108ページ

=混合組み例=

<内側>

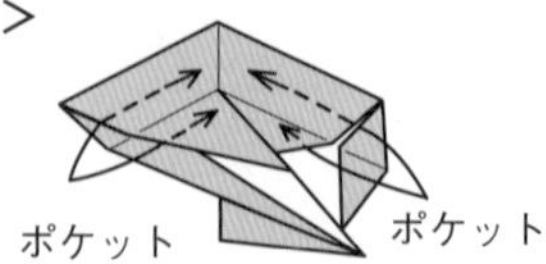

1か所だけを「組み方－2」
にする場合

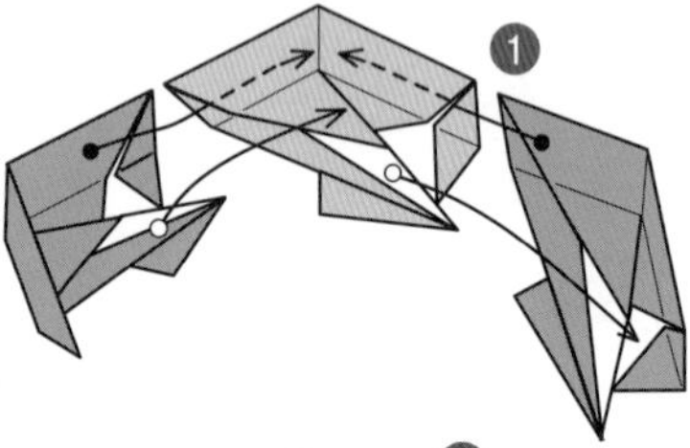

左右両方にポケットがあるのでどのように差し込んでもよい

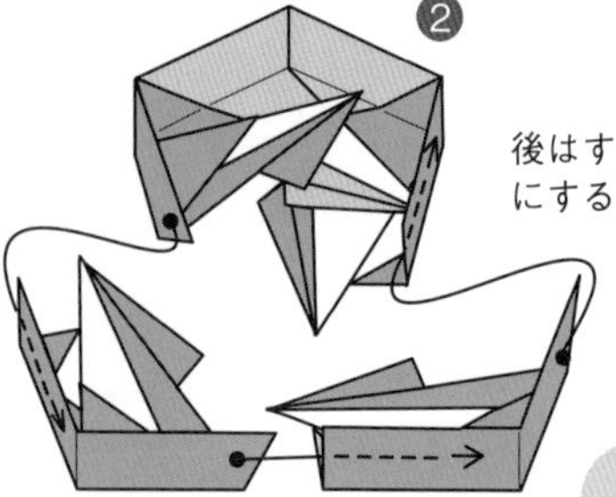

後はすべて「組み方－1」
にする

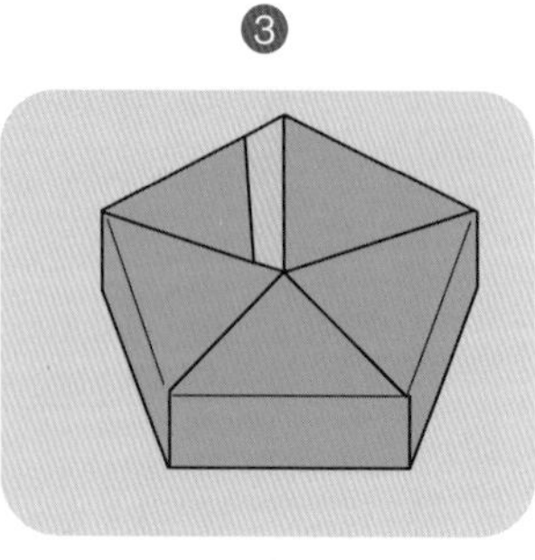

1か所を「組み方－2」

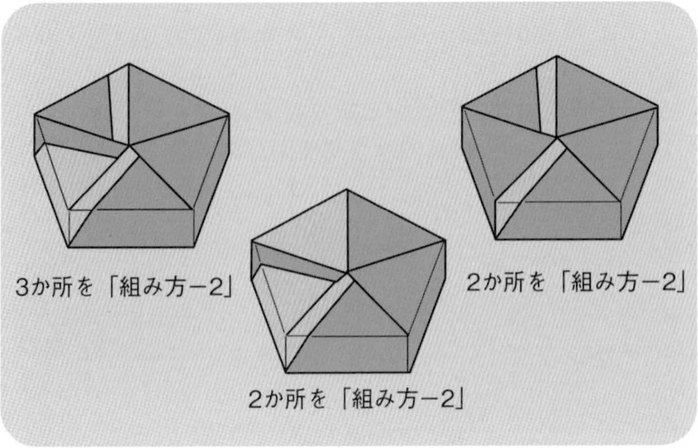

もようがえ

どくしんネコの　マリーさん
おりおりしている　もようがえ
もようがかわれば　きぶんもかわる
すっかりちがって　みちがえる

カメレオンの　レオナルドくん
おりおりしている　もようがえ
きぶんがかわれば　もようもかわる
いつかかわった　そらもよう

五角箱5枚組・**本体**

★★★/☆☆15cm×15cm

ふたと同じ大きさの紙から折ります。
9を型紙にして、残りの4枚はそれに寸法を合わせます。

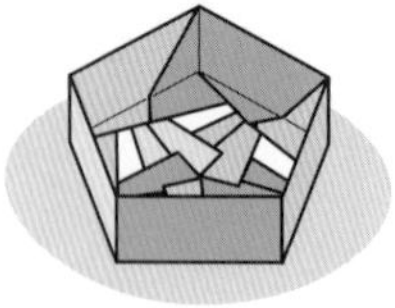

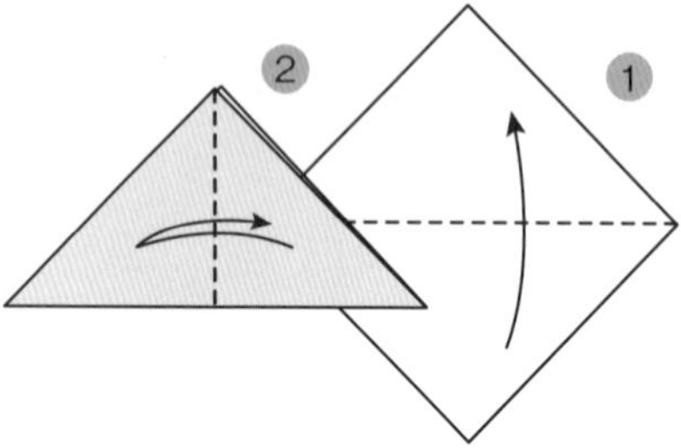

1
2

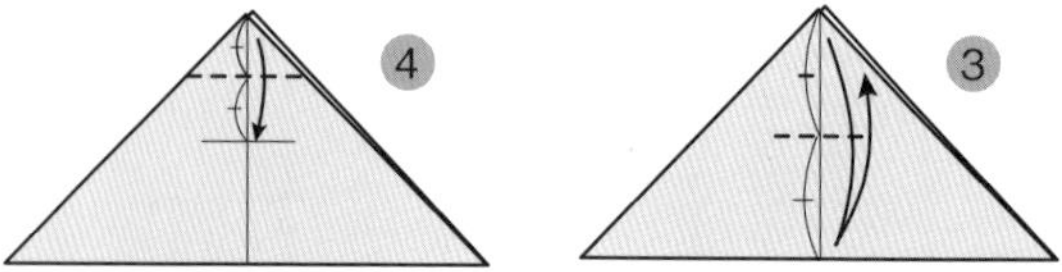

3
4

上の一枚だけ折る

上の一枚だけ折る

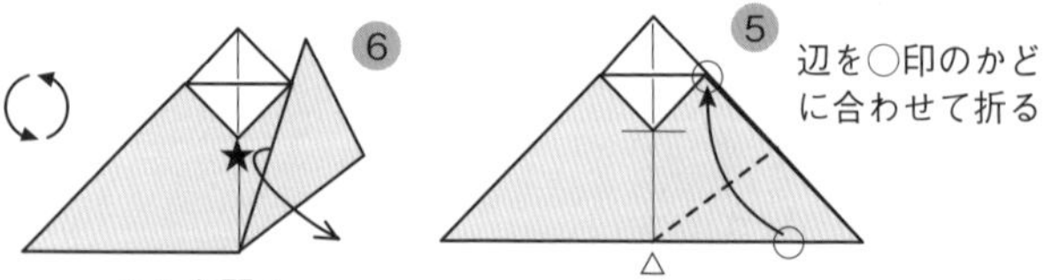

5
辺を○印のかどに合わせて折る
6

みんな開く

ここが五角形の角度を決める大事なところ

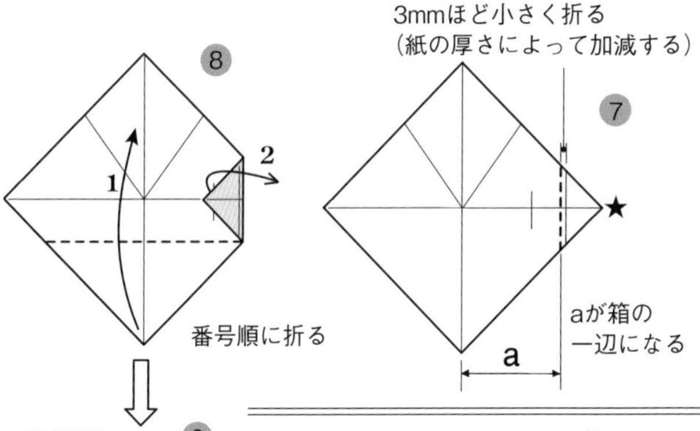

3mmほど小さく折る
(紙の厚さによって加減する)
7
★
aが箱の
一辺になる
a
8
2
1
番号順に折る

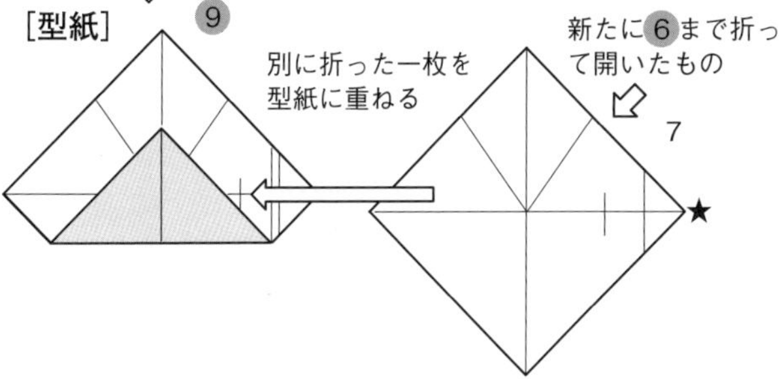

新たに6まで折って開いたもの
7
★
[型紙]
9
別に折った一枚を
型紙に重ねる

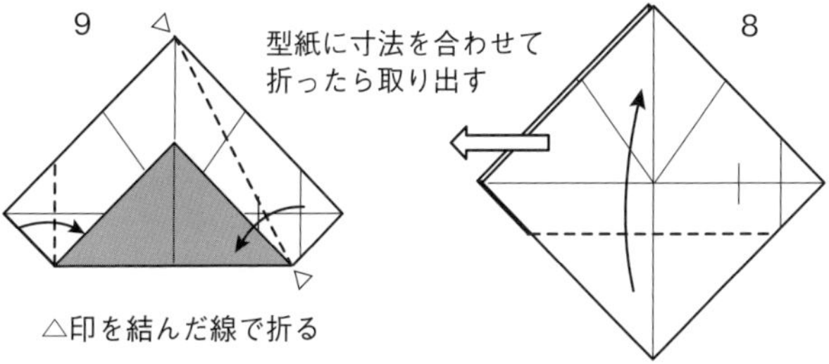

8
型紙に寸法を合わせて
折ったら取り出す
9
△印を結んだ線で折る

10

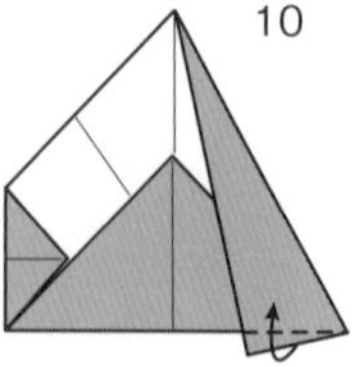

11

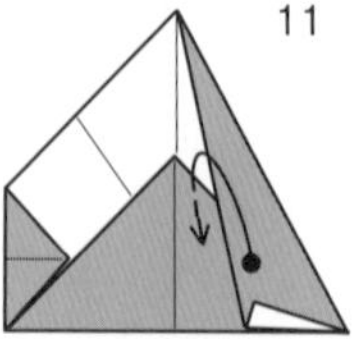

●印の部分を
中にしまう

12

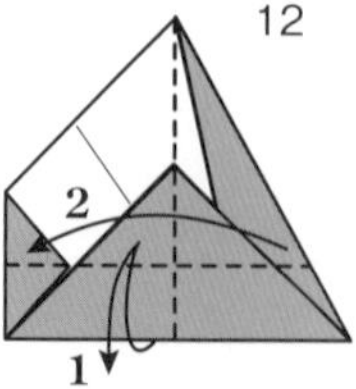

番号順に折る

13

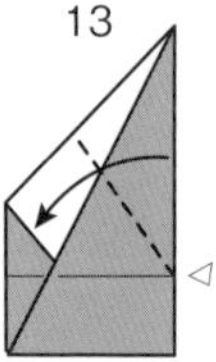

ついている
折り線で折る

14

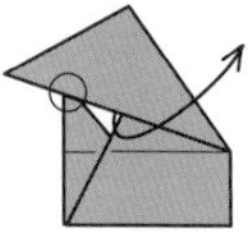

○印のかどを少しはみ
出していることを確認
したら、15まで開く

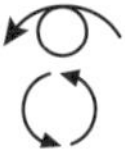

15

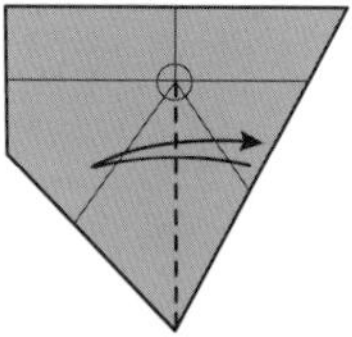

○印の交点まで
折り線をつける

16

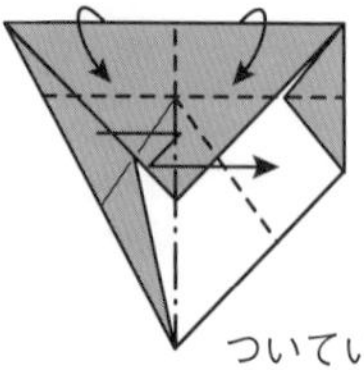

ついている折り線で
ひだをよせて折る

17

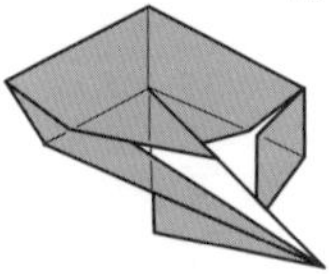

(×5)

本体も「組み方－1､2」「混合組み」ができます。106～107ページを参考にしてください。ここでは「組み方－1」を図解しました。

[組み方]

❶ <内側>

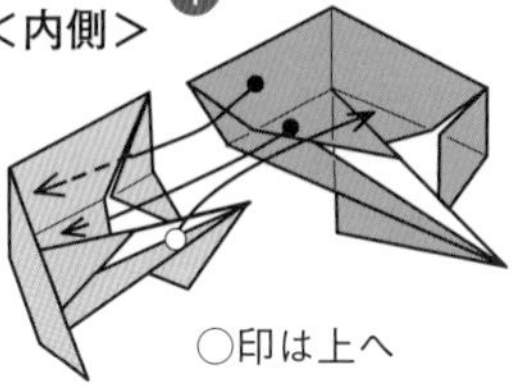

○印は上へ

❷

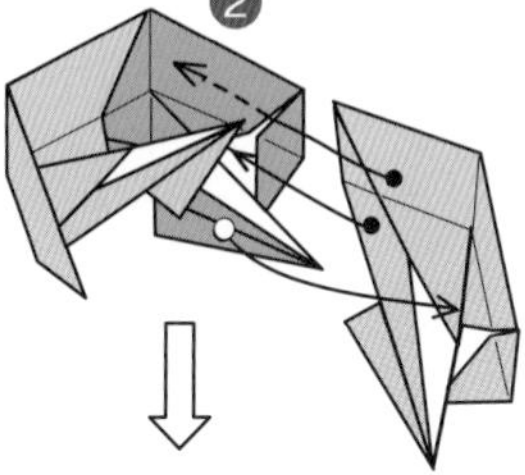

以下、102～103ページ
「組み方－1」と同じ要領で組む

❸

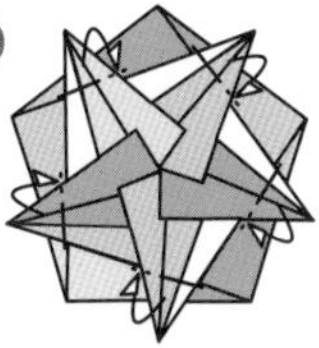

先を折って
とめる

❹

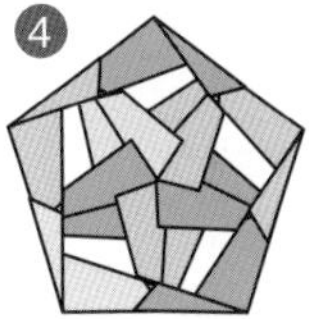

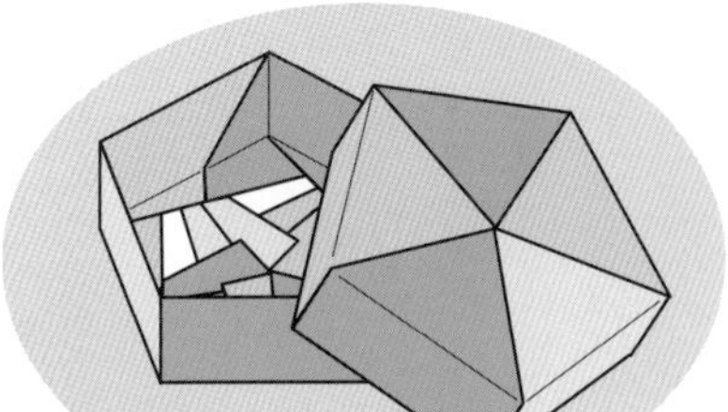

ふた
99～103ページ

❺

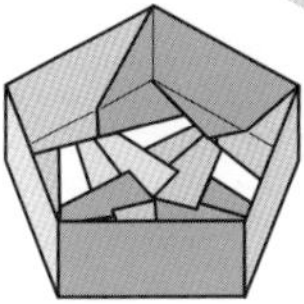

八角箱4枚組ふた・小花 ★★/☆☆12cm×12cm

用紙は12×12cmくらいで折った方が、箱としてほどよい強度になります。しかしまあ、大きさはご自由にどうぞ。この箱もたくさんの模様変わりができます。

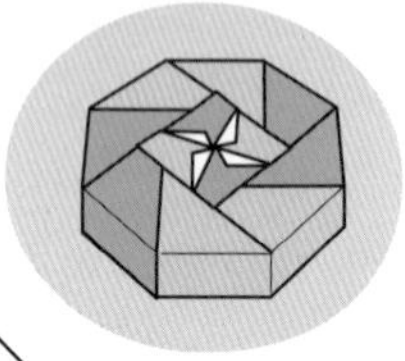

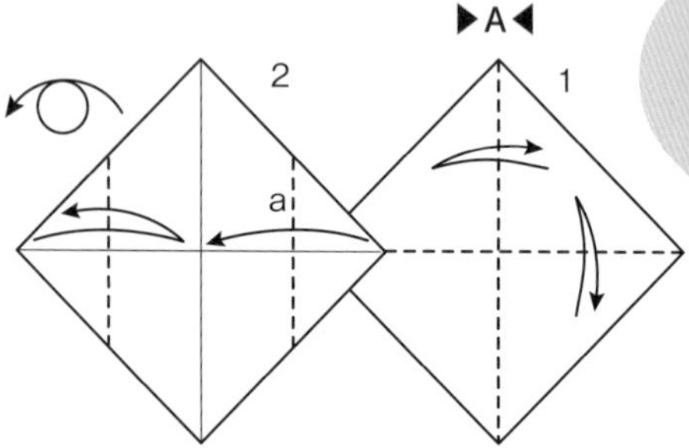

aを山線に変えると
模様変わりができる
115ページ参照

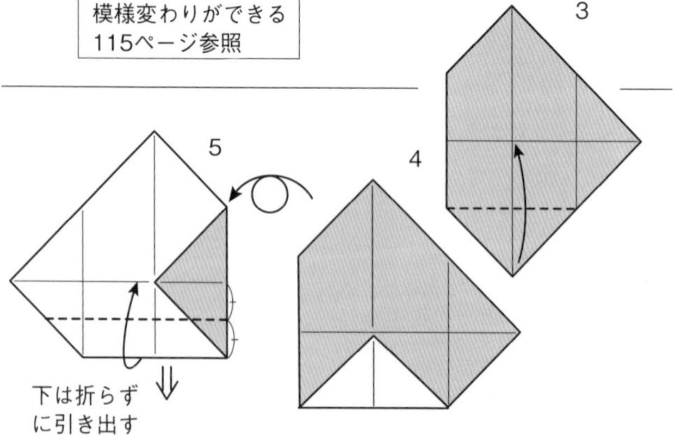

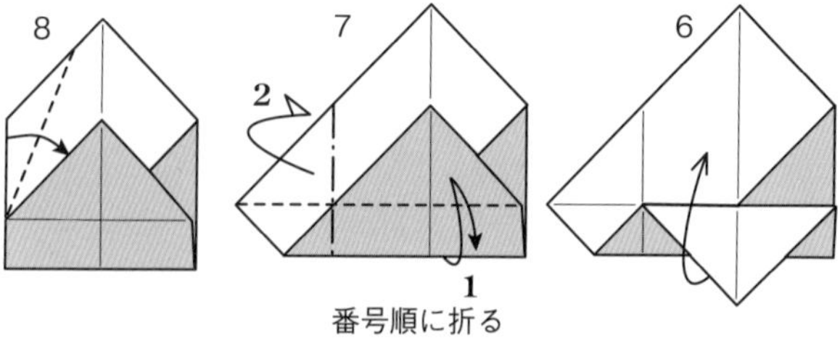
8
7
6
2
1
番号順に折る

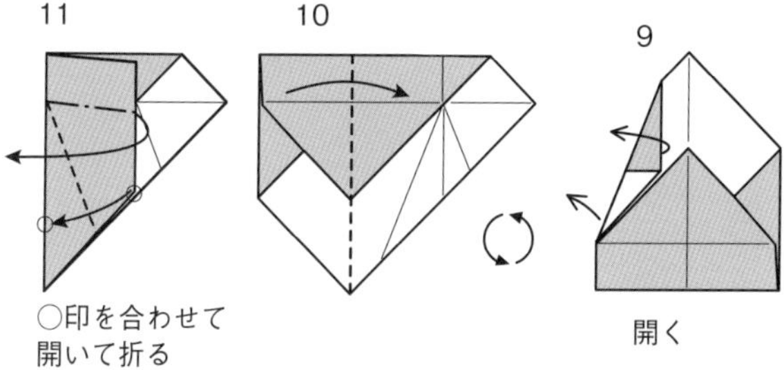
11
10
9
○印を合わせて
開いて折る
開く

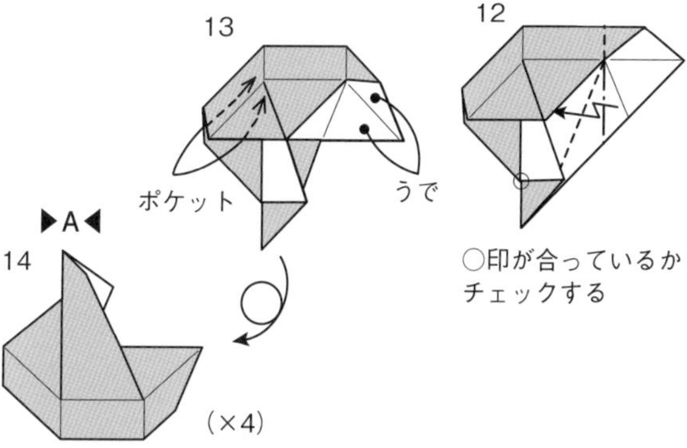
13
12
ポケット
うで
○印が合っているか
チェックする
▶A◀
14
(×4)

[組み方]

＜外側＞

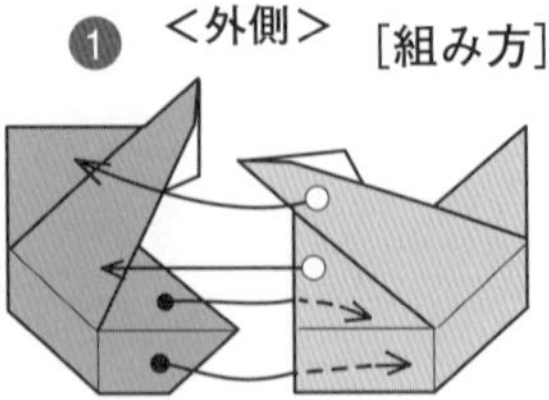

○印は上へ

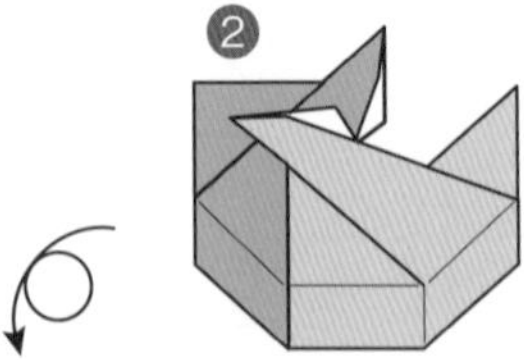

＜内側＞

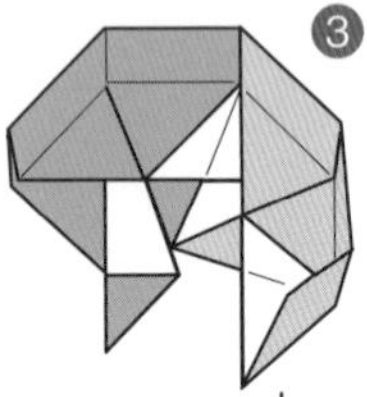

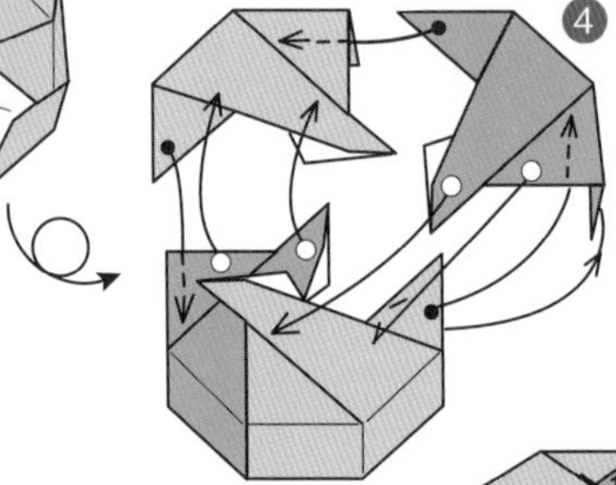

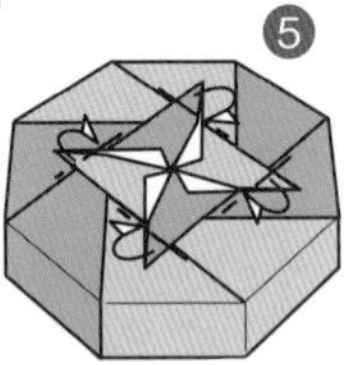

先を折ってとめる

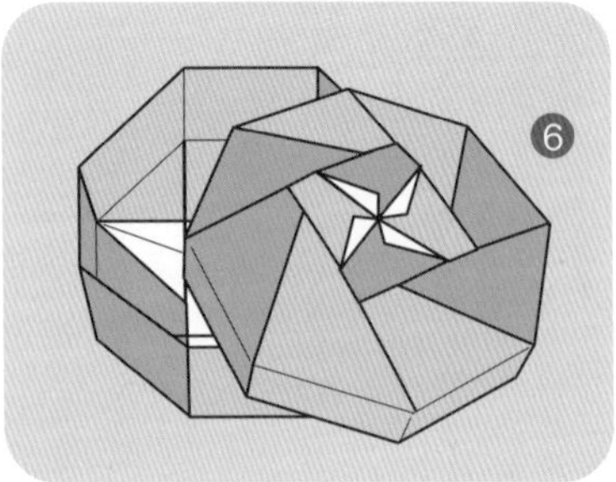

本体は120ページ

=小花模様変わり=

▶C◀

112ページ2でaを山線にして
3まで折ったもの

▶B◀

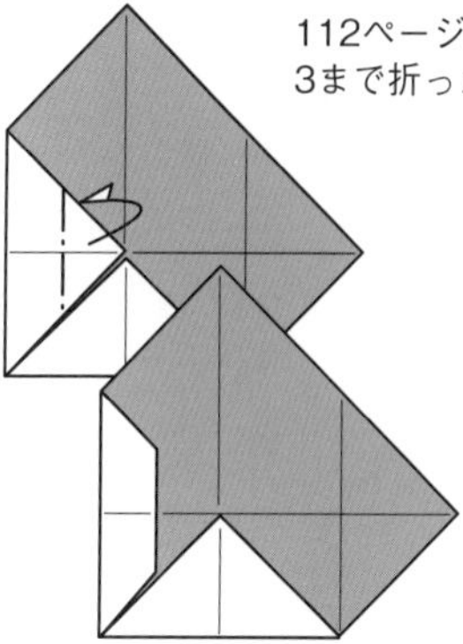

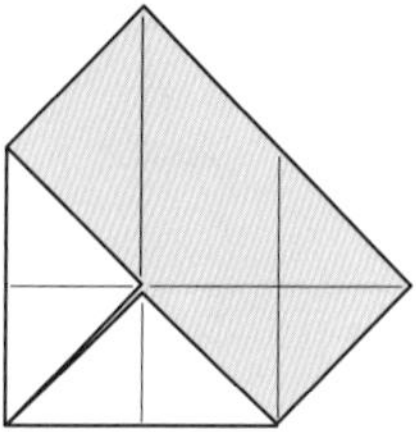

以下、Aの5からと
同じように折る

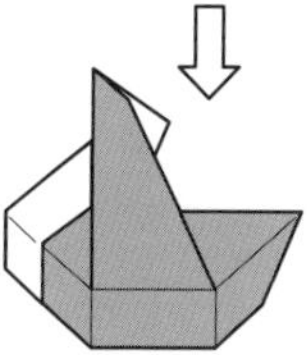

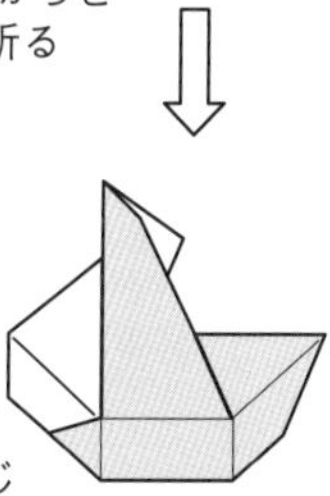

組み方はAと同じ

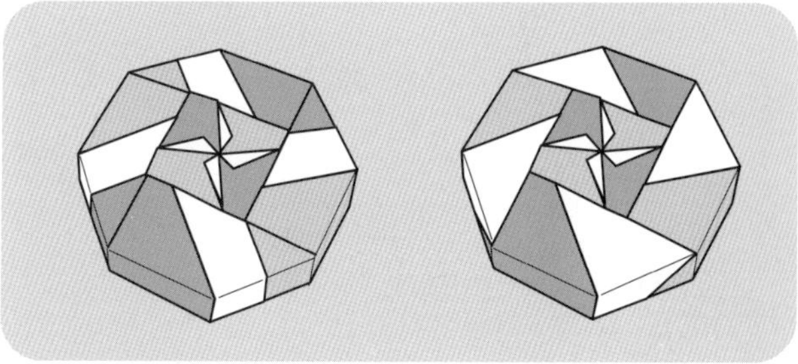

八角箱4枚組ふた・双子星

★★/☆☆12cm×12cm

星がふたつ重なった模様が出ます。

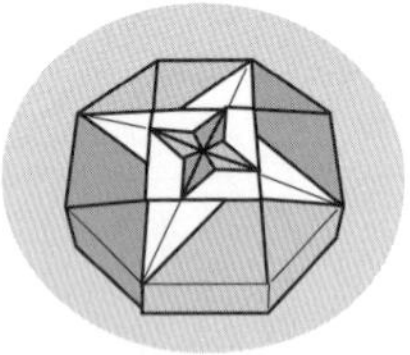

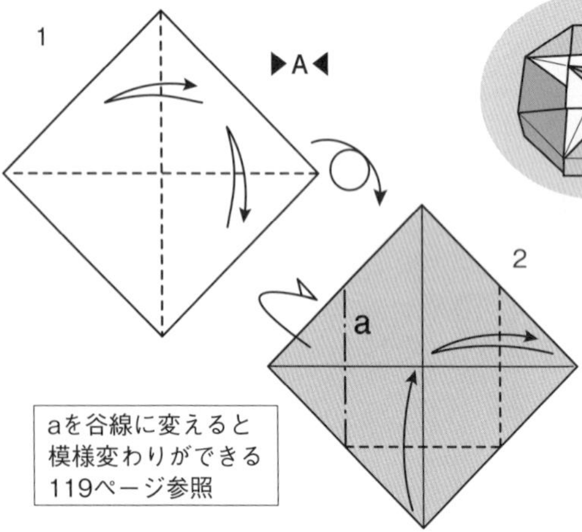

aを谷線に変えると
模様変わりができる
119ページ参照

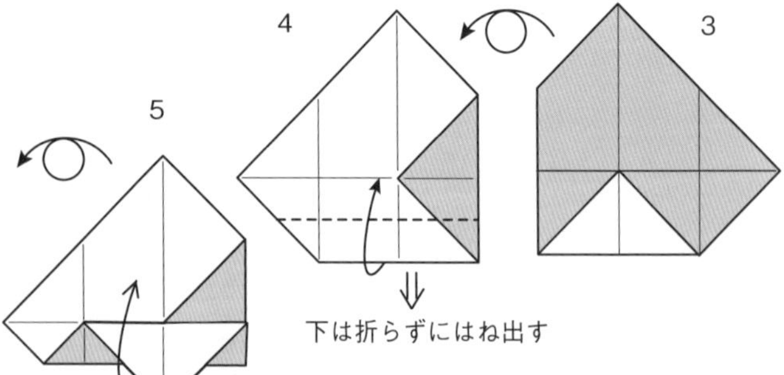

6

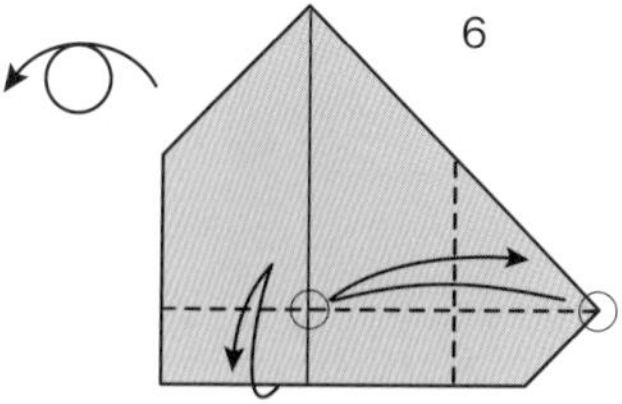

7

この折り線は
注意深くつける

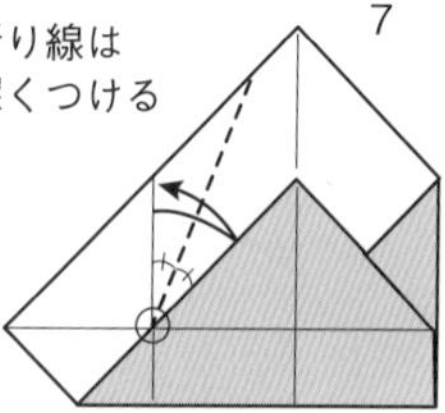

8

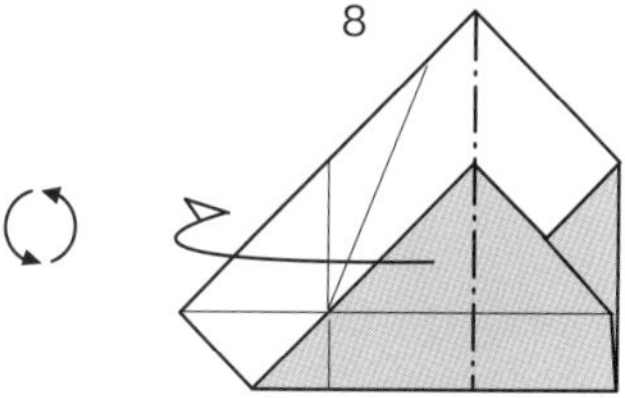

9

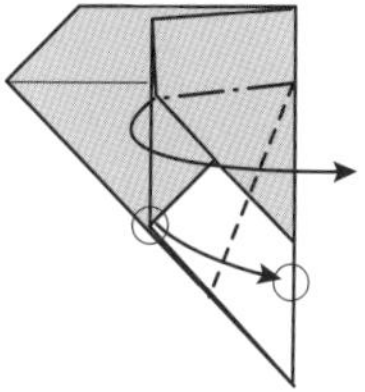

○印を合せて開いて折る

10

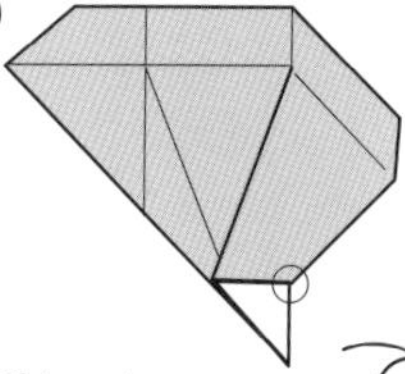

○印が合っているか
チェックする

11

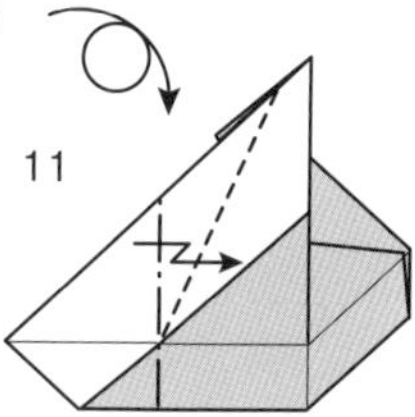

12

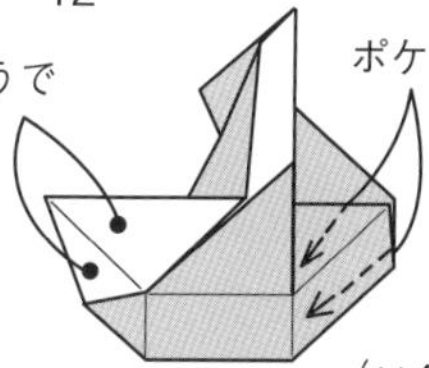

（×4）

[組み方]

①

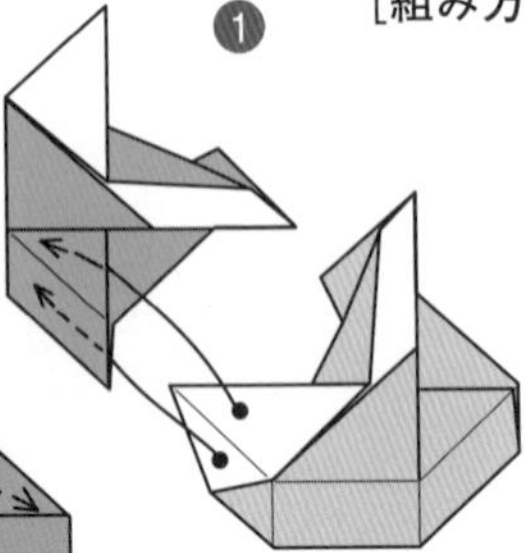

②

③

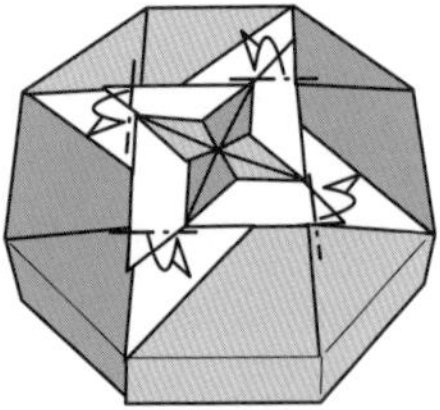

先を折ってとめる

④

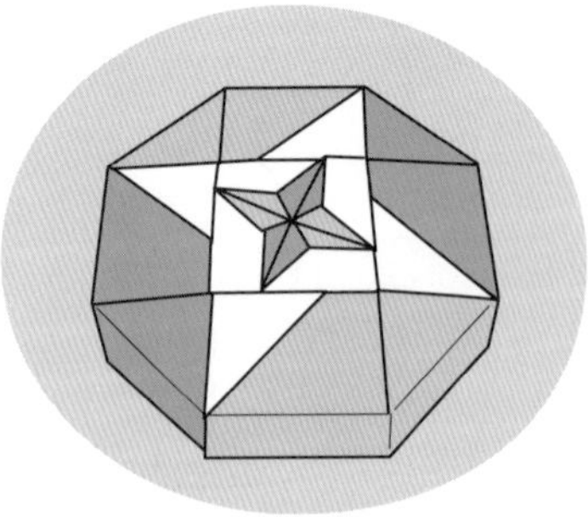

=双子星色変わり=

▶B◀

116ページ2から

2

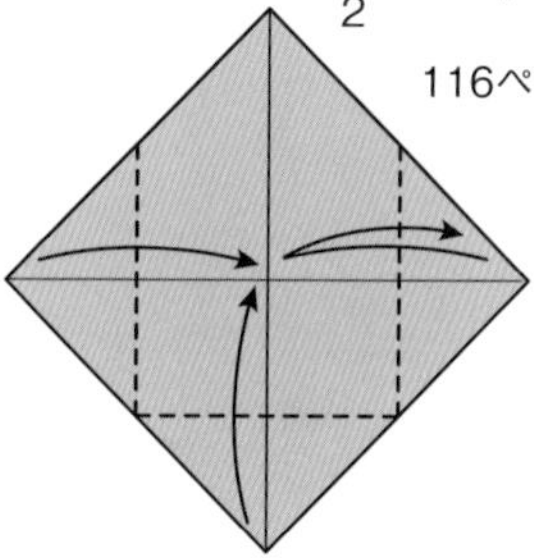

3

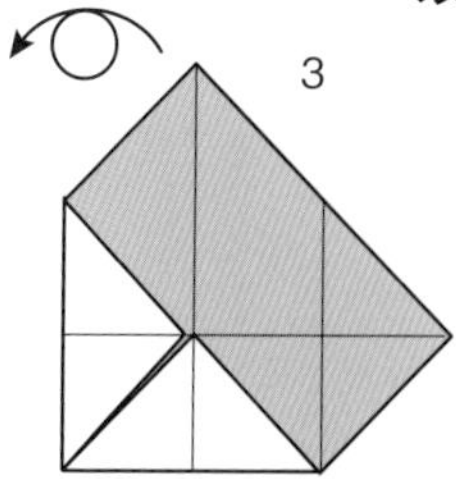

4

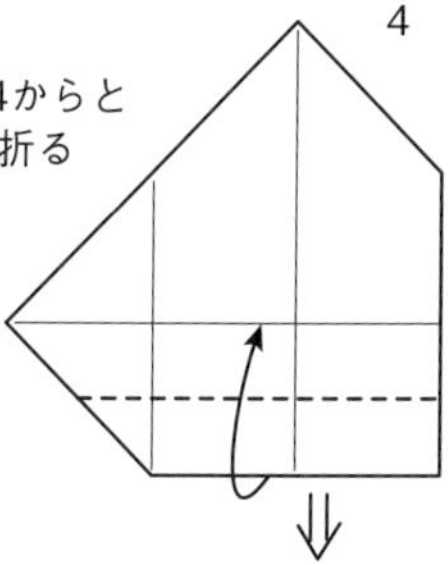

以下、Aの4からと
同じように折る

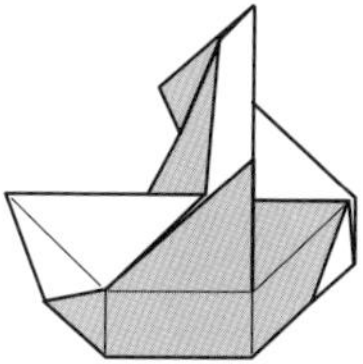

組み方はAと同じ

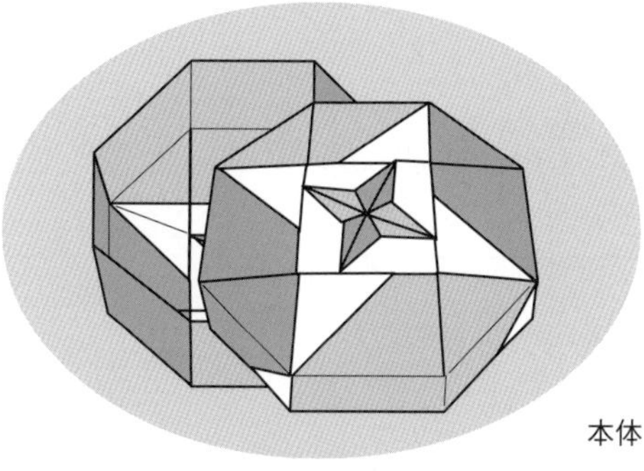

本体120ページ

八角箱4枚組・本体　★★★/☆☆12cm×12cm

まず「型紙」を折り、その上に新しい一枚をあてて寸法を合わせていきます。

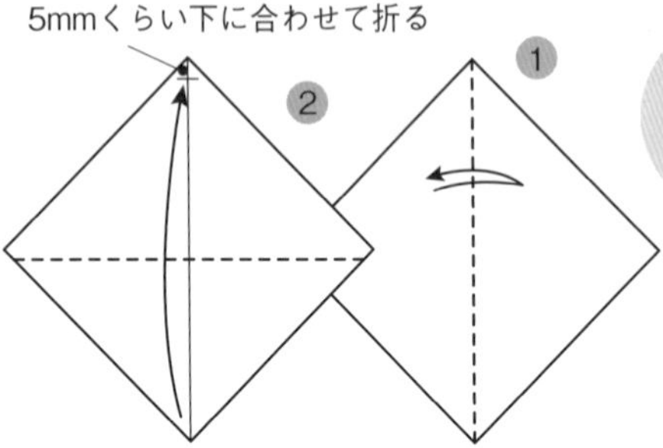
5mmくらい下に合わせて折る
2
1

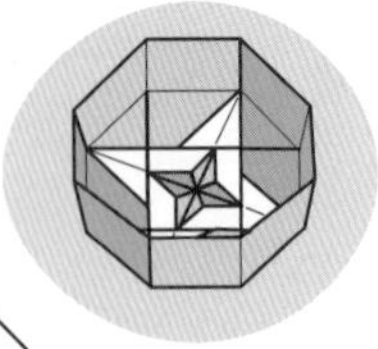

［型紙］

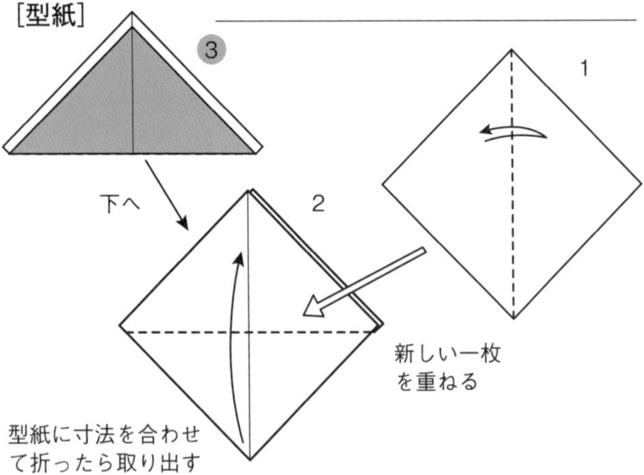
3
1
下へ
2
新しい一枚
を重ねる
型紙に寸法を合わせ
て折ったら取り出す

3

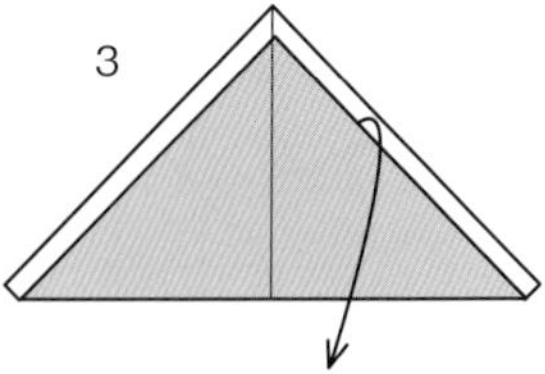

4

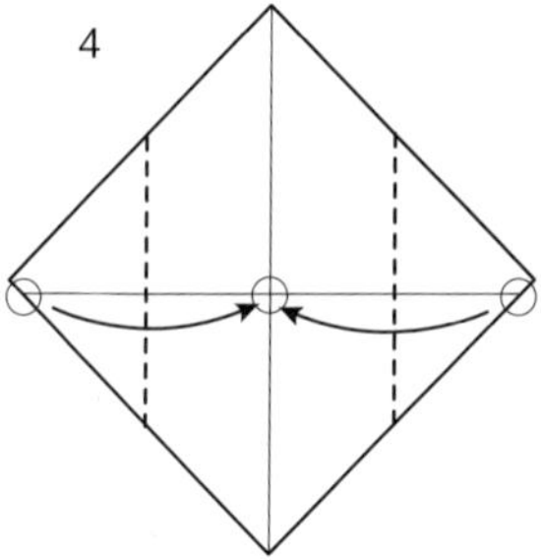

5

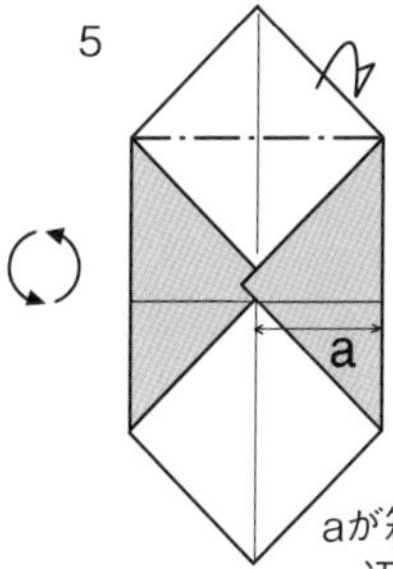

aが箱の
一辺になる

6

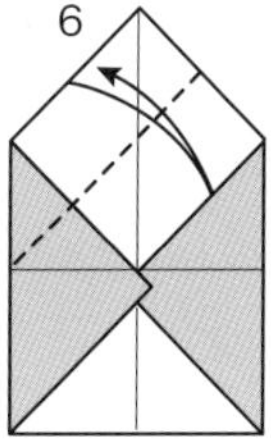

7

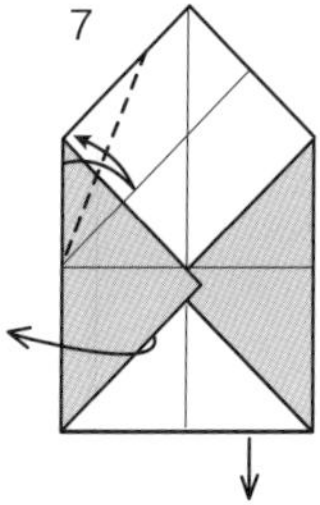

折り線をつけたら開く

8

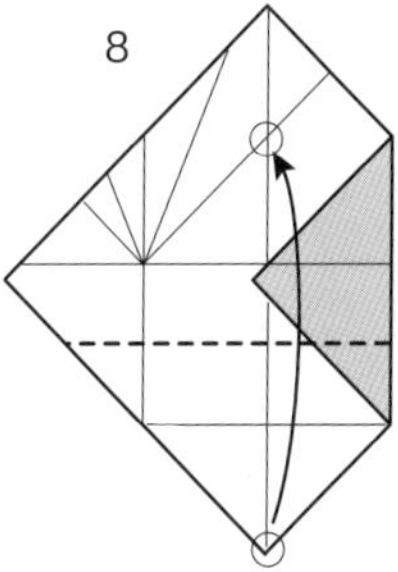

9

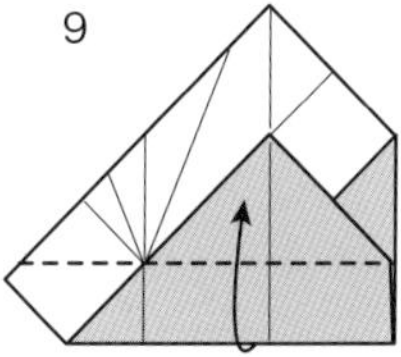

10

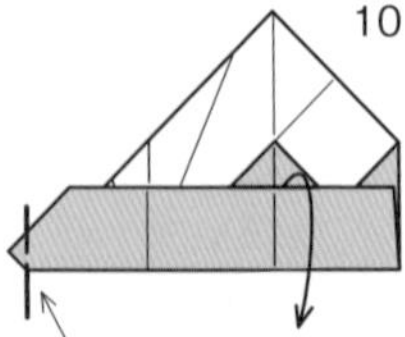

はじの小さい三角に
山線をつけてもどす

11

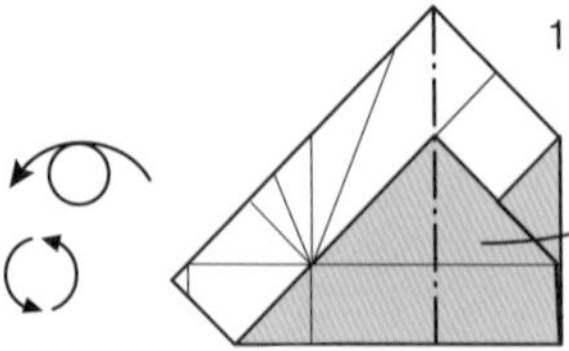

12

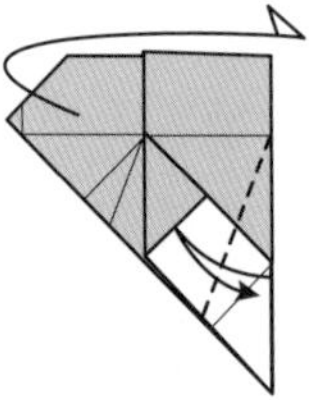

折り線をつけ
たら開く

13

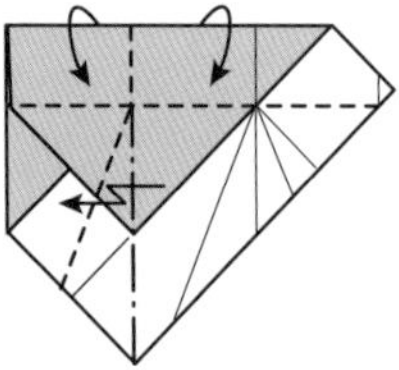

ふちを立て、ついている
折り線でひだをよせて折る

14

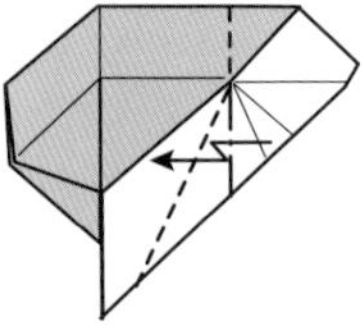

<内側>

15

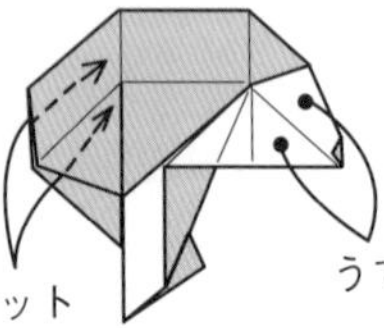

(×4)

<外側>

16

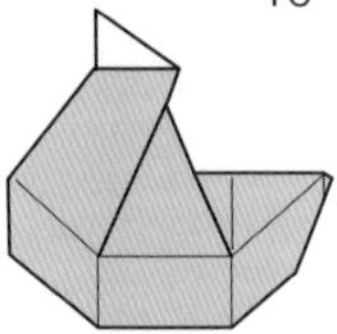

[組み方]

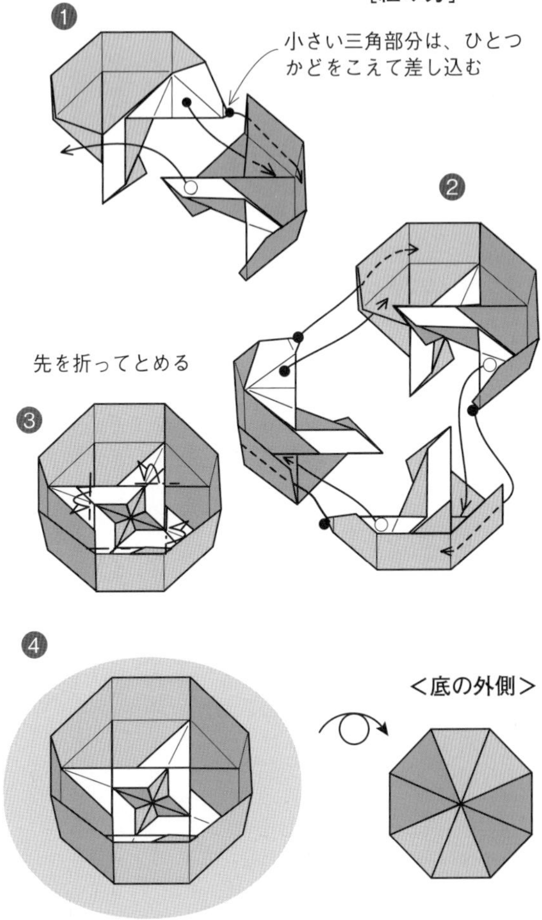
小さい三角部分は、ひとつかどをこえて差し込む
先を折ってとめる
<底の外側>

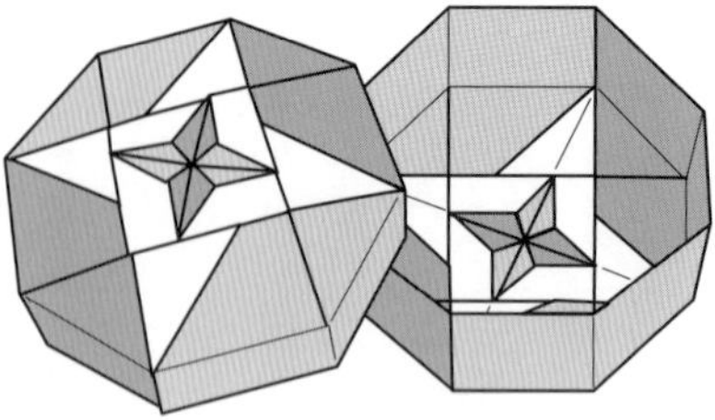

箱をあけたら

箱をあけるとき、何が入っているか、中身が一番気になるのはいうまでもありません。そして箱はふつう、ふたの内側や、ものを入れる底には何の飾りもありません。ところがユニット折り紙で作る箱には、この外から見えないところにもすてきな模様ができます。

まず、箱を手にしてふたの模様をながめ、ふたを開けて気になる中身を確認します。それをとりだしたりながめたりして楽しみます。さて、その次です。

箱の底の模様を見てびっくり、ふたの内側を見て二度びっくり、思いがけないところに思いがけない模様が！というわけです。これは箱をもらう人だけでなく、作る人も味わう喜びと驚きです。

ユニットの箱は「びっくり箱」ですね。

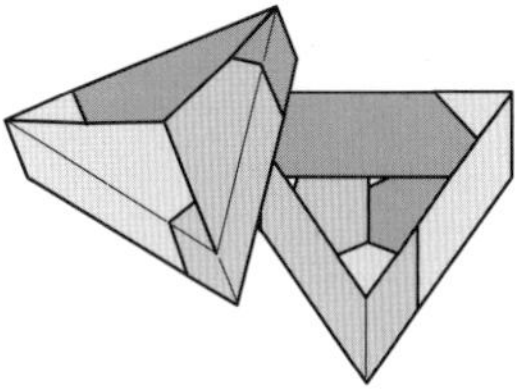

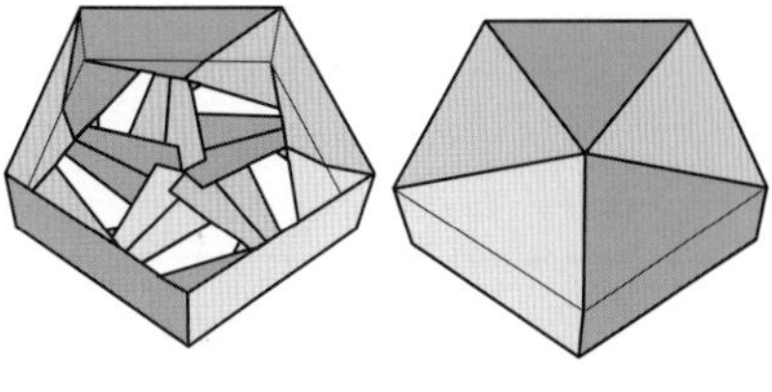

三角箱3枚組・本体

★★★/☆☆☆15cm×15cm

三角箱は角度の出し方がポイントです。同じ大きさの紙から本体とふたを作ります。

1

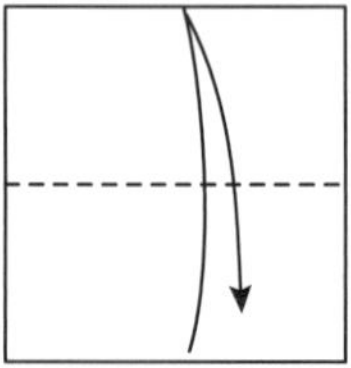

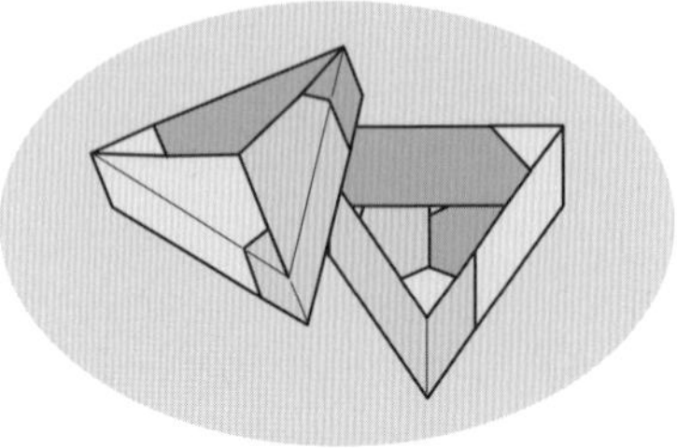

2

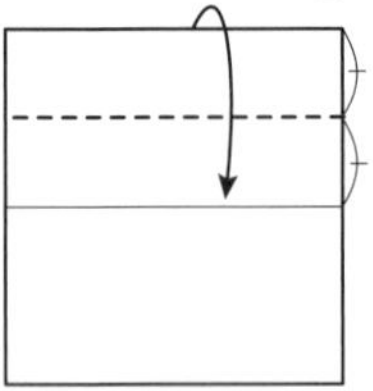

3

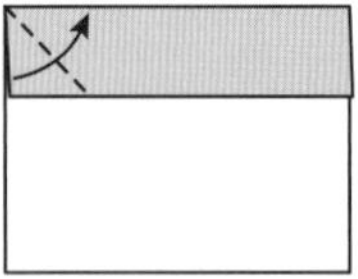

4

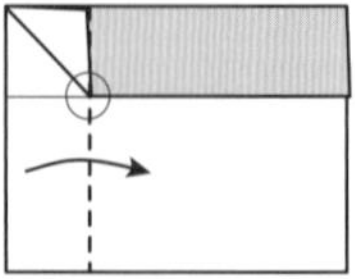

5

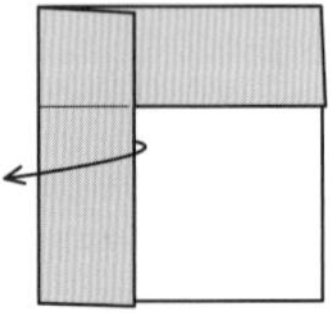

6

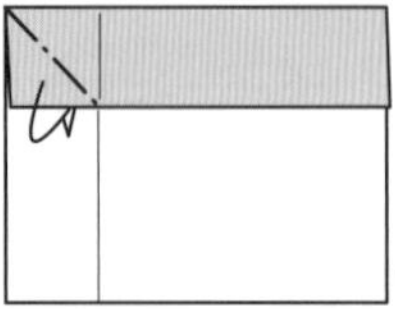

三角を内側に折る

7

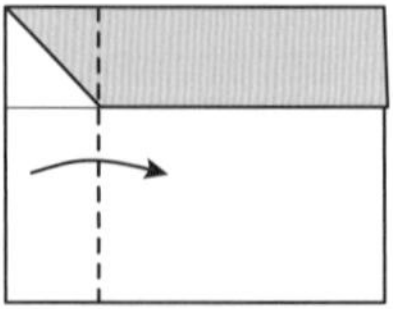

8

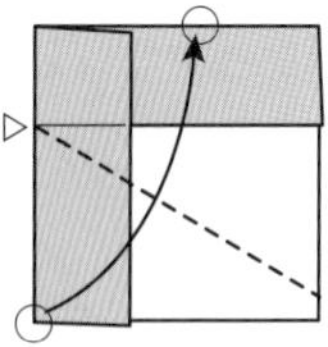

ここが三角形の角度を決める大事なところ

△印を軸に
○印を合わせて折る

9

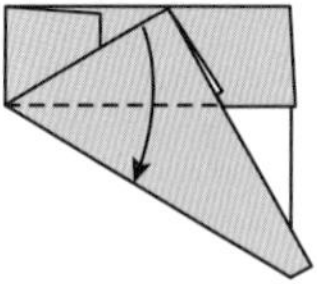

10

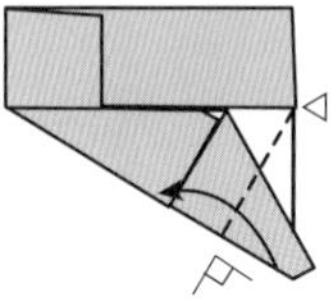

△印を軸に辺を合わせて折る

11

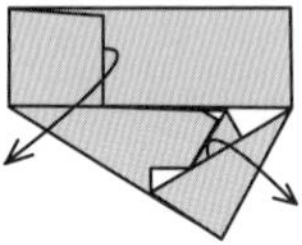

開く

12

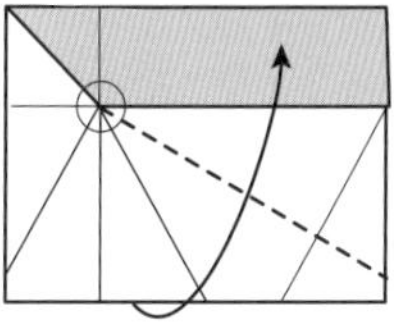

○印まで折る

13

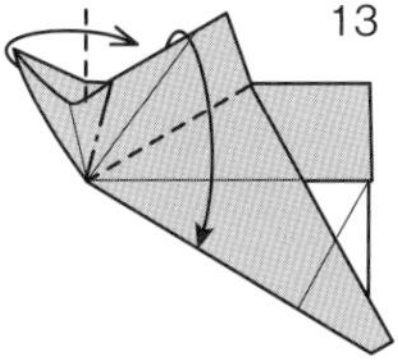

12、13は連動して折るとよい

14

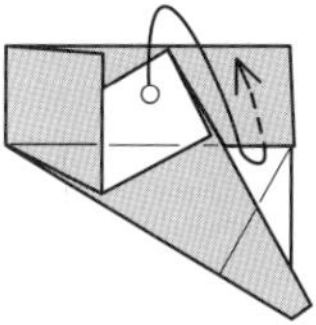

○印を中にしまう

15

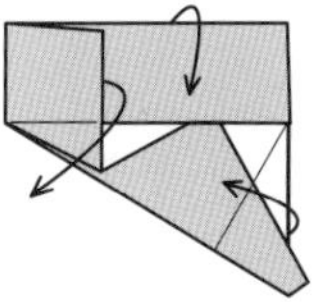

左を開きながら
ふちを立て
右は軽く起こす

16

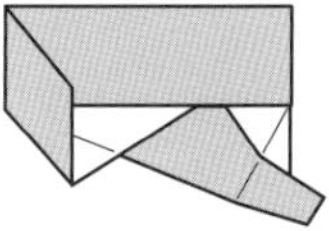

(×3)

[組み方]

<内側>

まず2つを組む

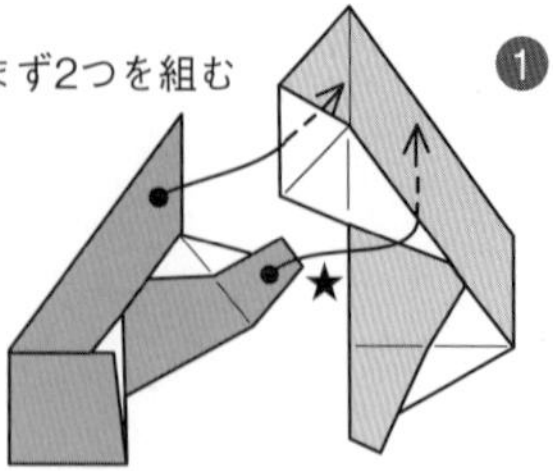

★印は下から差し込み
フックのようにひっかける

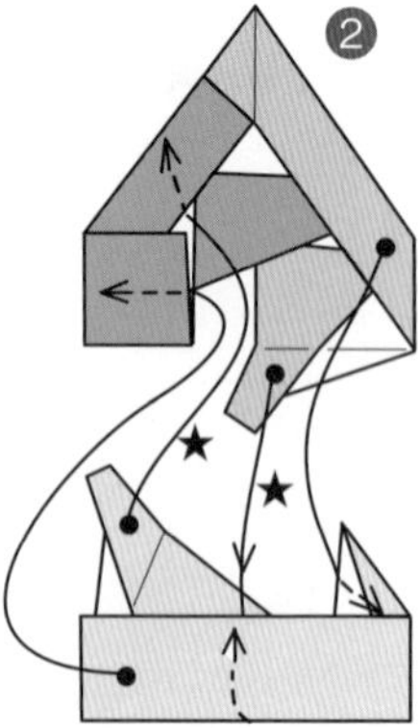

3つめ

なにいれる?

三角の箱　なに入れる?
三角のもの　あつめて入れる
そういうかたちの　チョコ　クッキー
そういうかたちの　くさのみ　花びら
海でひろったガラスのかけら
トライアングルのひびき
ピラミッド
それなら富士山　はいるかな?

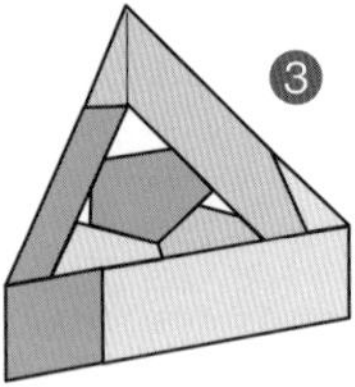

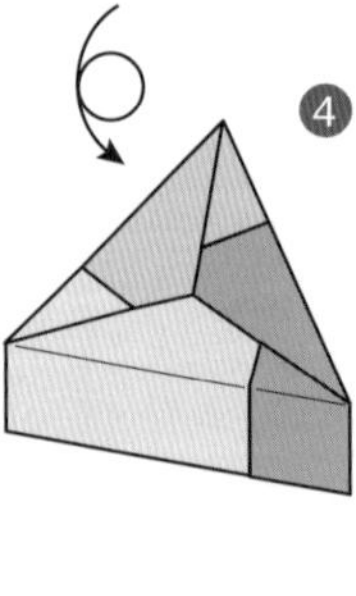

三角箱3枚組・ふた

★★★/☆☆☆15cm×15cm

ふたは本体と同じ大きさの紙から作ります。本体より、深さは浅く、広く作ります。

1

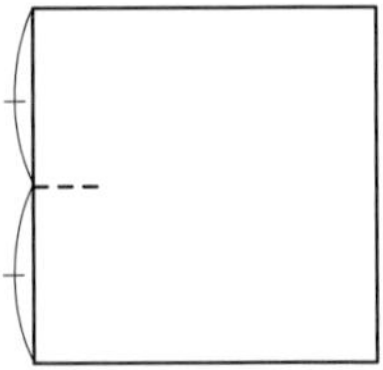

はしを少し折る

2

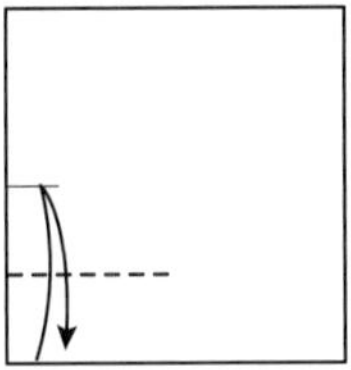

真ん中くらいまで折る

3

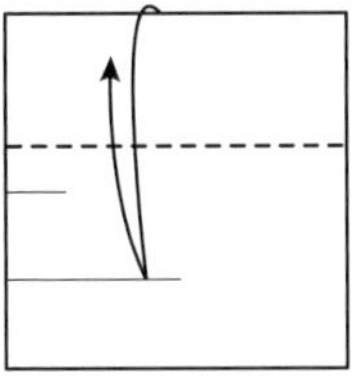

4

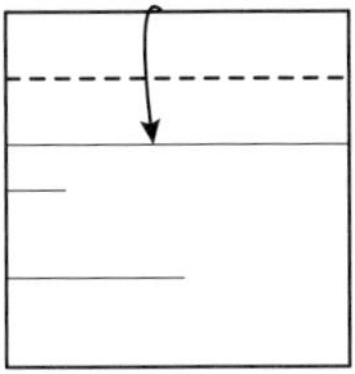

5

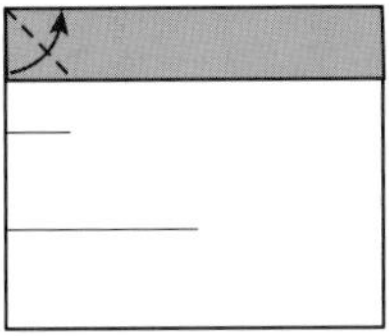

6

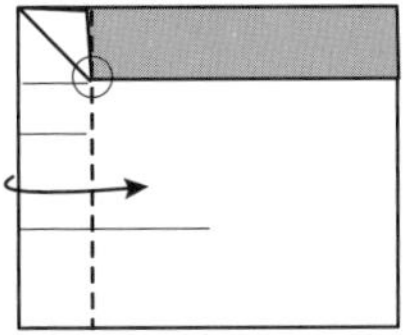

7

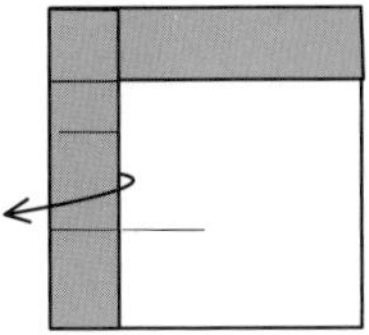

8

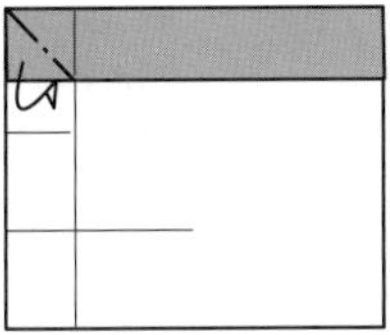

三角を内側に折る

9

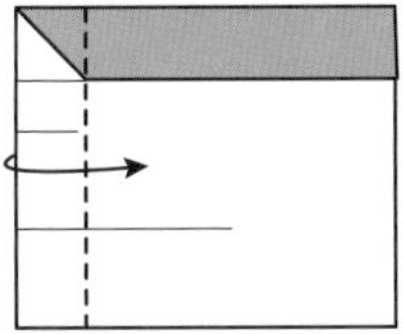

10

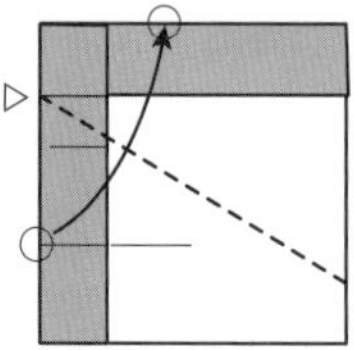

△印を軸に
○印を合わせて折る

11

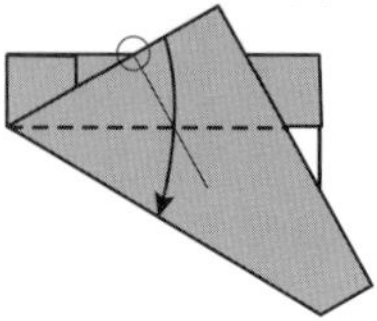

12

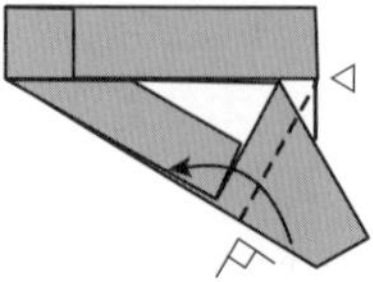

△印を軸に辺を合わせて折る

13

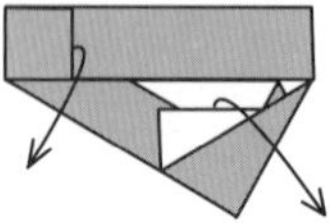

14

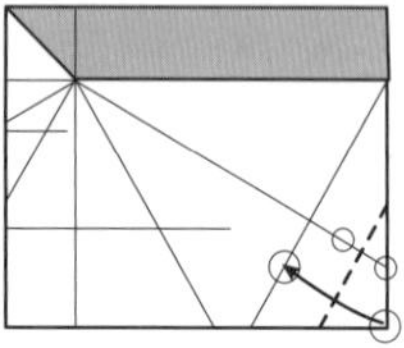

○印を合わせて折る

15

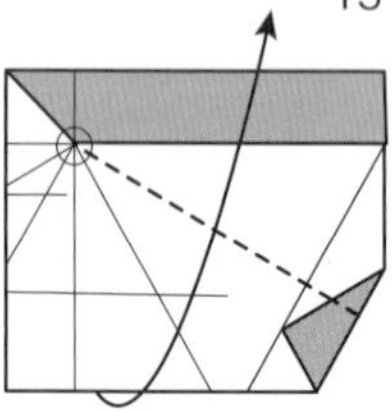

○印まで折る

16

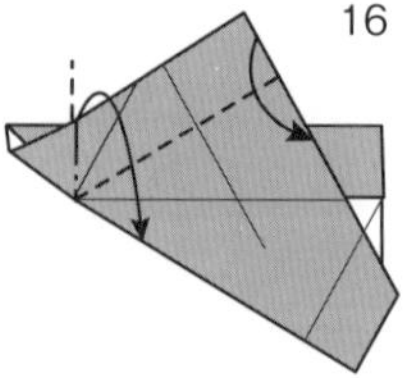

17

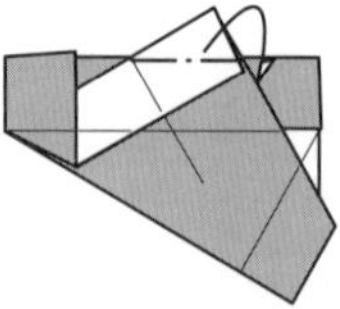

辺より少し下で折る
(18で、中にしまうので、
はみでないようにするため)

18

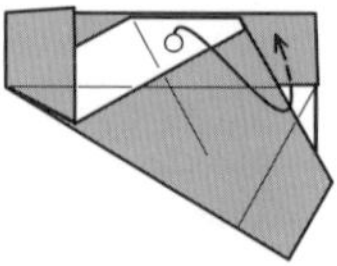

○印を中にしまう

19

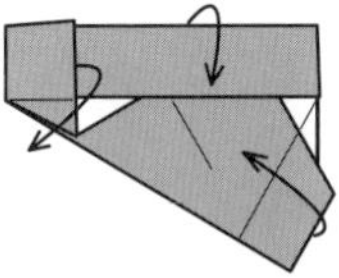

左を開きながらふちを立て
右は軽く起こす

20

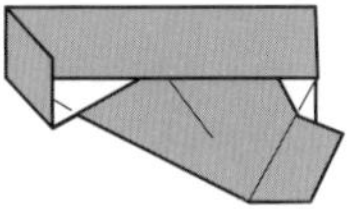

(×3)

[組み方]

<内側>

❶

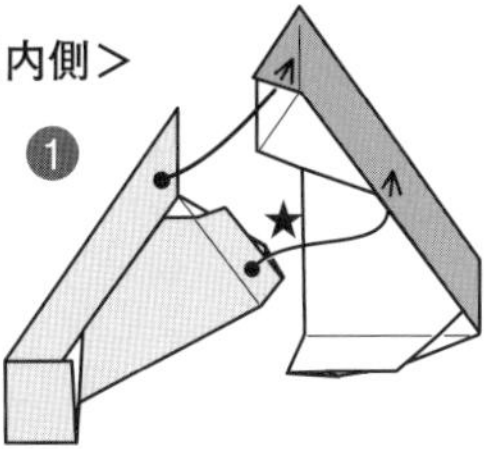

★印は下から差し込み
フックのようにひっかける

❷

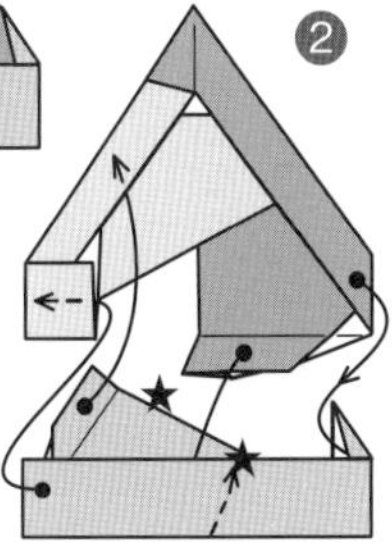

❸

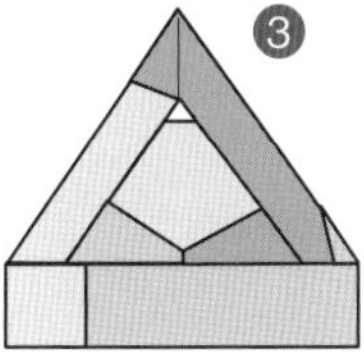

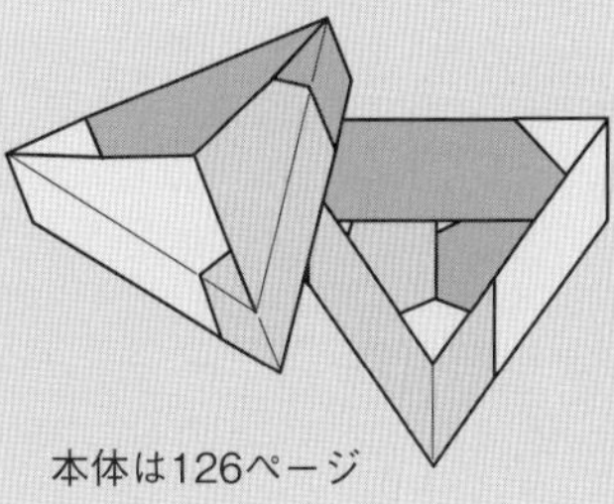

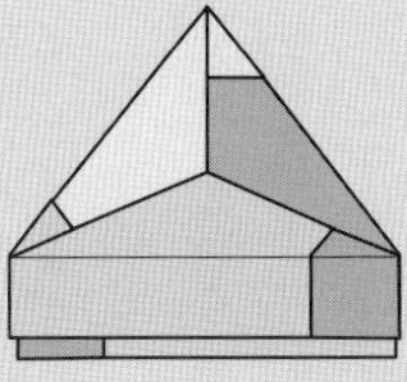

本体は126ページ

essay
折る人々

紙を折っているとき、人は無口になる。集中して無口になる。ユニットの場合、同じものを折るので、おしゃべりが始まることもある。しかしそれも息抜き程度で、また一心に折る。

年齢性別を問わず、なぜこうも集中できるのか。それが「好き」ということなのだろう。

折り紙教室で何人かで折っているとき、紙を折る音だけが、さながら幾千の蚕が桑の葉を食むように、落ち葉の上を体重の軽い小動物がたくさん走るように、また得体の知れない生命体が乾いた巣の中で動いているように響いて、そのことに気づいた誰かが「すごい紙の音」といって、みんなで笑いあう。

できあがりが同じになる折り紙なんてどこが楽しいのか、と思われるかもしれないが、折る人は完成形だけでなく工程にも興味がある。

あるひとつのものを作るとして、どんな折り線が選ばれるのか、それがどこで生きてくるのか。手順がどう重なってまとまっていくのか、考えたり想像したりしながら折る。

ときどき生徒になって折り方を教わる。もちろんわざわざ教室にいかなくても本を見ればひとりで折ることができる。だけど、教室で教わるのは楽しい。動物など、ちょっとしたタッチやバランスが違うと、それぞれ違う出来上がりになり、お互いに見せ合って「ほう！」となる。またユニットも配色の違いを比べ合って「ほう！」。雑多な人々が肩を並べて折り紙をするのはなかなか愉快で、心身が軽くなる。

折り紙のほめ言葉に「きれい」「すごい」「面白い」がある。「きれい」は言葉通りに、折り方がていねいで色使いや紙の選択が対象に合っているもの。「すごい」は理論やテクニックが研ぎすまされているもので、想像を超えた領域に入っているもの。「面白い」はアイディアや捉え方に虚をつかれる感じで、ユニークなもの。完成形だけが評価されるわけではない。

平面の紙を折るため、どうにも自由にならないことがある一方、折ることで自然にひとつの完成へと導かれる。その感覚は折り紙ならではのもので、それを追体験しながら折る、組む。

紙を折る人は、一心に折る。ここがこうなって、ああなって、と、ぴたりぴたりと決まる折り手順に導かれながら、無口に一心に折る。

紙を折っているとき、人はどこか浮世離れしている。

一束の折り紙

母親からお金をもらって文房具屋へ折り紙用紙を買いに走る。うれしさに胸を膨らませて走る。買ってきて、封を開けて、色とりどりの紙を眺める。ふたたびワクワク。一枚を選び取って本を見ながら折りはじめる。胸は期待で一杯。それから、時間は止まり、折り紙に没頭する。

一枚の紙がもたらす幸せの時間。

今は折り紙作家となり、それこそお店屋さんのように、いやそれ以上に、仕事部屋には折り紙用紙が列をなして並んでいる。赤なら赤だけ、青なら青だけの同じ色が一束になった折り紙を買うことが多い。いろいろな色が入った一束数百円の折り紙用紙は買う機会がほとんどなくなった。しかし折り紙の集まりがあると、種々の印刷物に混じって必ず一束の折り紙用紙が入っている。そのポリ袋をぺりぺりとはがし、紙の手触りと色を見るとき、心がふっと跳ねる。さあ、どんな折り紙が始まるか。

子供も大人も、男も女も、一束の折り紙用紙を買うために、財布を開けたりポケットに手を入れたりするとき、何かしら胸がはずむ。

折り紙用紙の一束は、値段はそれほど高くないが、たくさんの充実した時間と頭脳への刺激をもたらしてくれる。

くす玉

ユニット折り紙の立体、特に三十枚組はくす玉のようになるものが多い。
私にとってはじめてのユニット作品は、伝承のゆりをくす玉にしたものだ。小学二年生のとき、長期入院をした病院で、年配の男性入院患者に教わった。花の根元をひとつひとつ針に通した糸でつないでいき、すべてつないだらひと結び、ぐっと絞める。すると、むうっと玉ができて、その美しさに心の中で声をあげた。その頃は牛乳瓶のふたに青やピンクのナイロンのカバーがかぶせてあって、それを集めて丸くしたくす玉も、病院で見た。捨ててしまうもので作ったくす玉。「ふたのカバーが、こんなになった!」。意外性と彩りの妙に驚いた。
折り紙に関する強烈な思い出は、小学生の時が多い。出会うものすべてが初めての頃だ。七夕にはクラスごとに飾り付けをし、くす玉も作った。正方形の中央部を残して田の字に切れ込みを入れ、ひらひらになった両脇をのりづけして四つのじょうごを作る。それを単体として中央に糸を通し、順に重ねてくす玉にする。周りをピンキングばさみで切ってぎざぎざをつけたりした。小さい手にははさみが重く、おまけに私は左ききなので、うまく切れずに悲しかった。単体をのりづけするとき、色を中にする、というのが驚きだった。単純な単体が玉になると、がぜん妖しい魅力を放ち、私は口を開けて見入った。世の中の形の成り立ちのひとつを垣間見た気がした。群体は新しい生命を宿す。

多面体は、それ自体は硬質の美のイメージだが、ユニット折り紙で作る多面体には、華やかでありながらどこか脆い、可愛らしさを感じる。いつの日か折り紙の色がさめて、形が崩れる運命を見通せるからだろうか。

折り紙のくす玉。作り手の掌《てのひら》にあざやかで儚《はかな》い紙の玉が乗ったとき、とてもいとおしい気持ちになる。

第三章　立体

ユニット折り紙の本流は立体です。
ユニットの形、それをどう組むか。どんな形になるか。
最後の一枚を組み、手のひらに立体がのったとき、きっと大きな充足感にみたされることでしょう。

ひだ折りオーナメント

★/☆7.5cm×15cm

ひだが飾りだけでなくポケットの役目をします。ひだ折りをきちんと折り、うでとポケットの位置を確認して組みましょう。

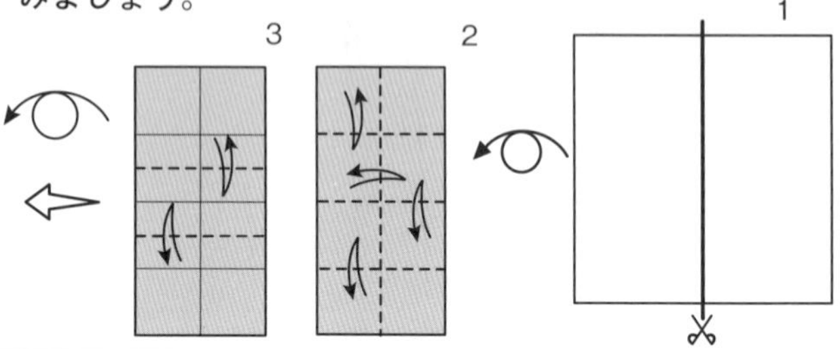
1
2
3

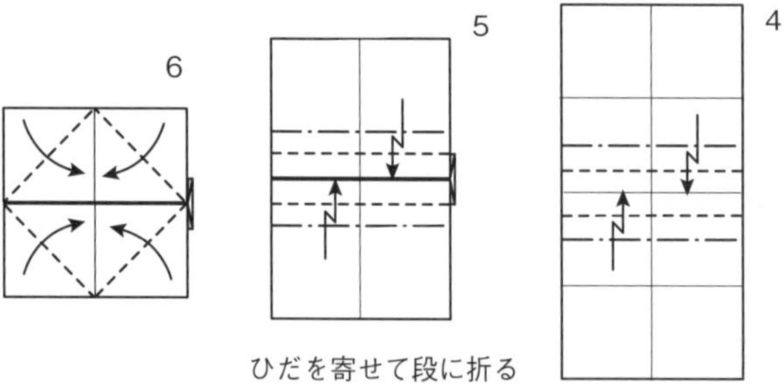
4
5
ひだを寄せて段に折る
6

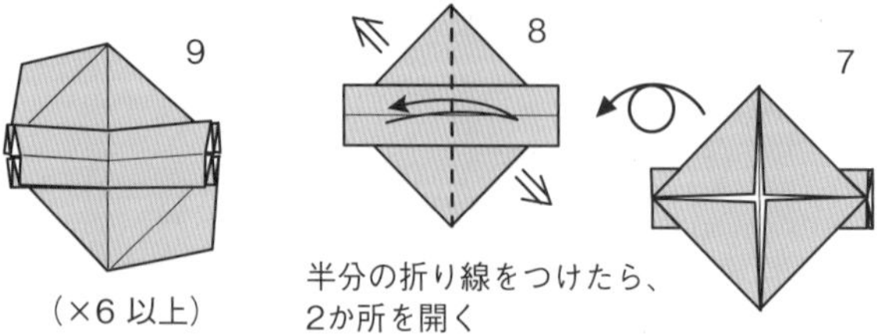
7
8
半分の折り線をつけたら、
2か所を開く
9
(×6 以上)

[組み方]

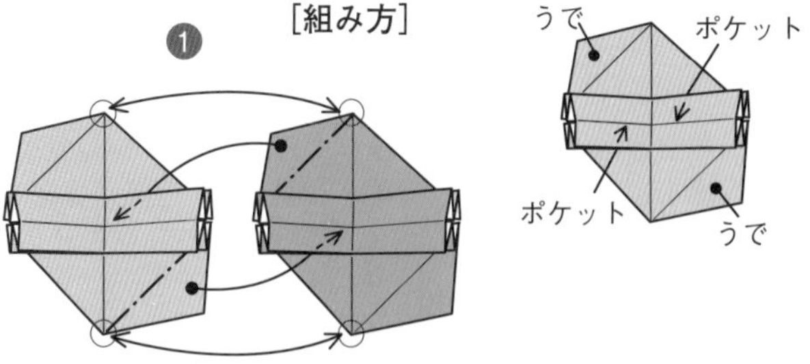
うで
ポケット
ポケット
うで

○印を合わせて、互い違いにうでをひだに差し込む

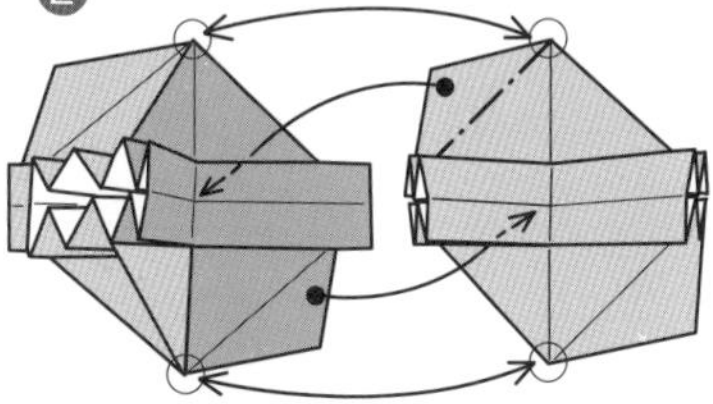

差し込んだら畳んで
次を同じように組む

何枚かを組んで輪にする

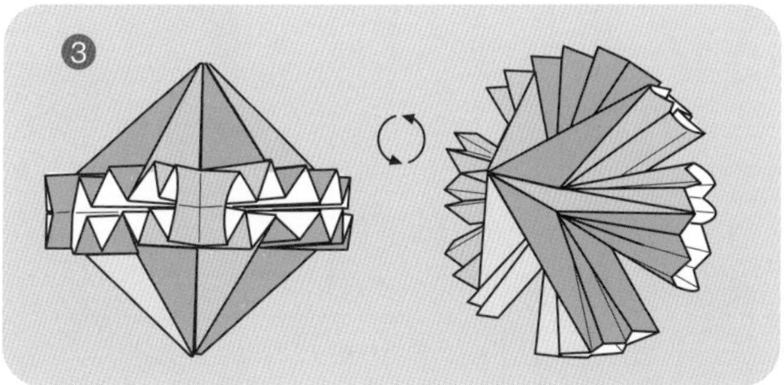

正八面体6枚組・床屋さん

★★/☆☆15cm×15cm

名前の由来は、ストライプ模様が床屋さんのねじり模様の看板を連想させたからです。「鏡折り」を使います。

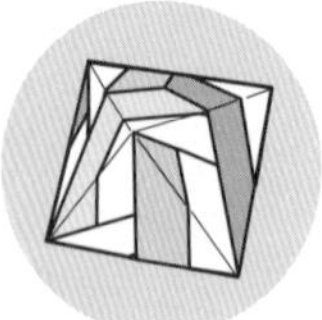

1

▶正◀

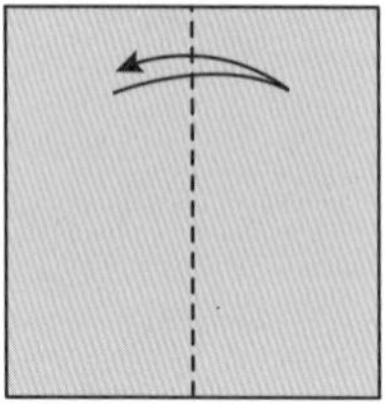

2

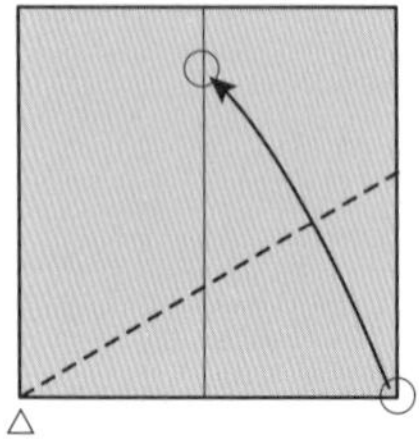

△印を軸に○印を合わせて折る

3

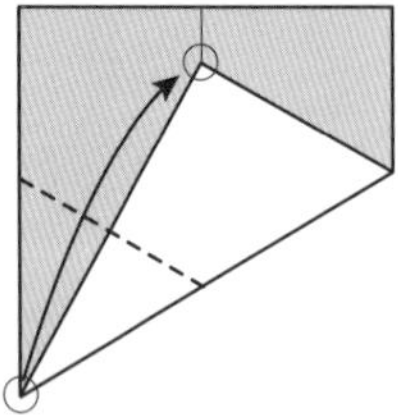

○印を合わせて折る

4

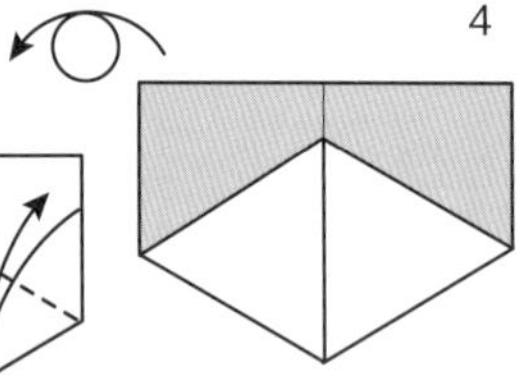

5

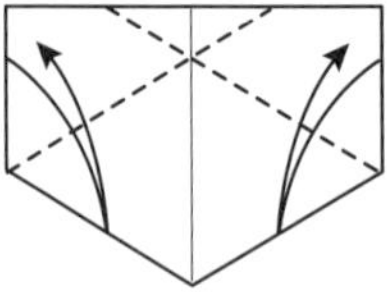

6

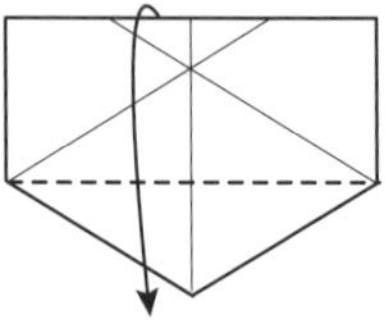

7

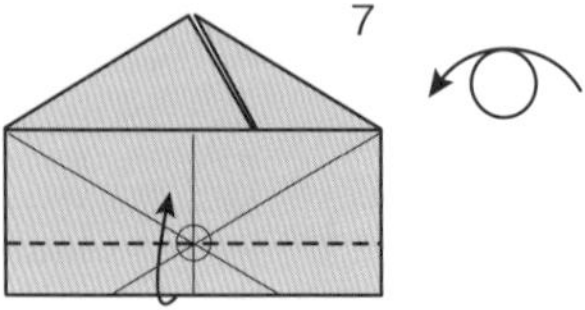

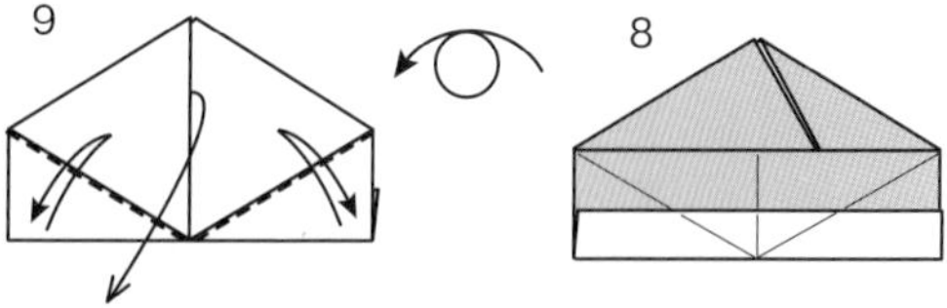

正

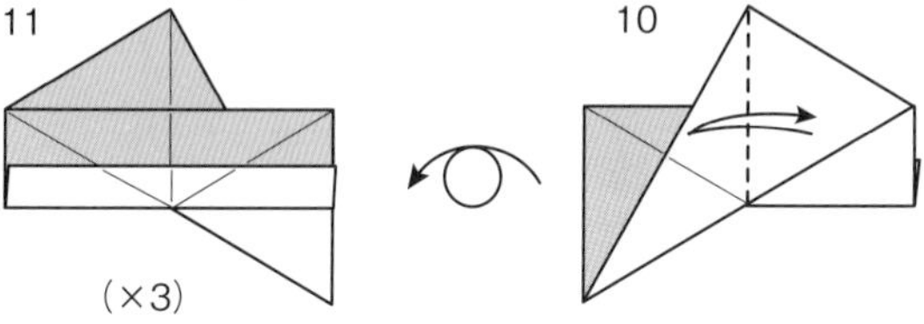

▶鏡折り◀

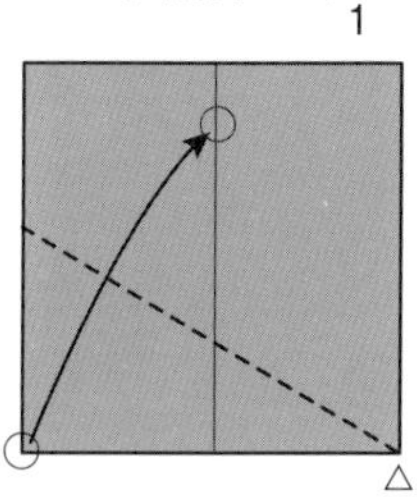

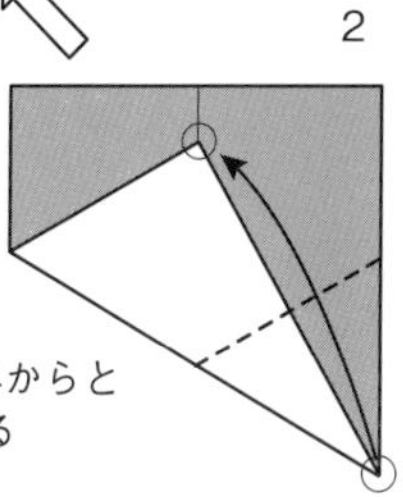

以下「正」の4からと
左右対称に折る

鏡折り

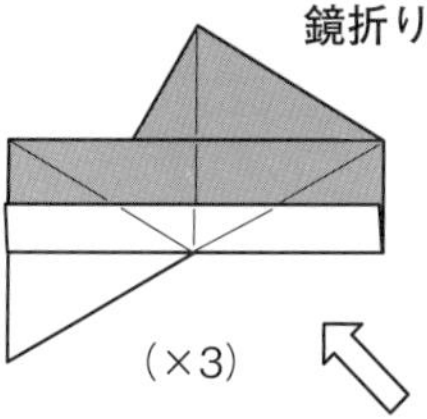

1

まず、3枚を図のような位置におく

(外側)

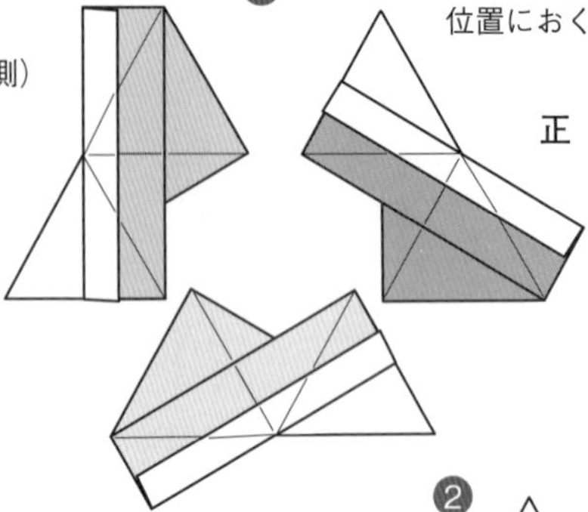

2

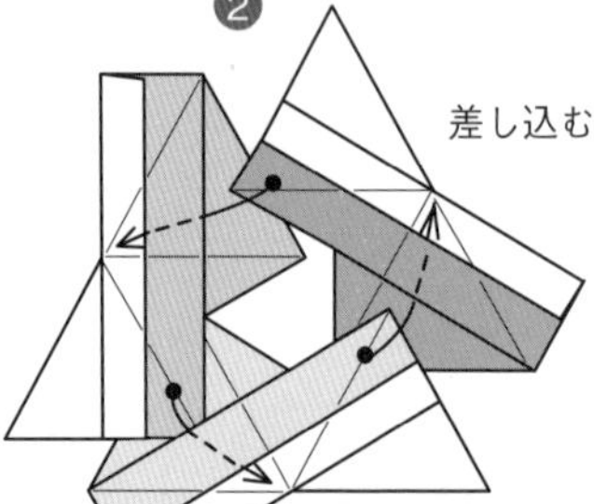

[3枚組]

3

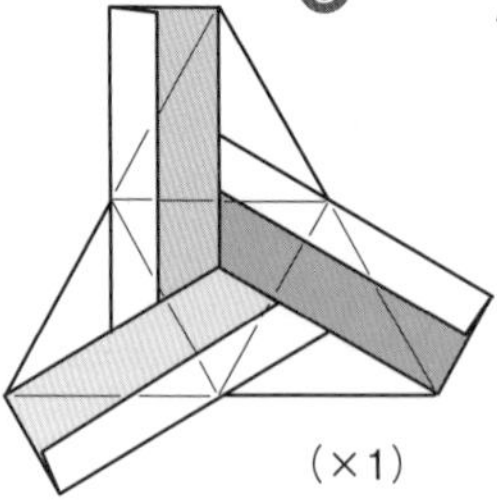

(×1)

4

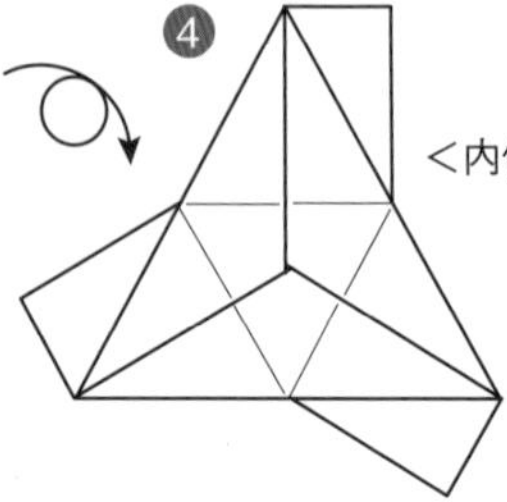

<内側>

鏡折り

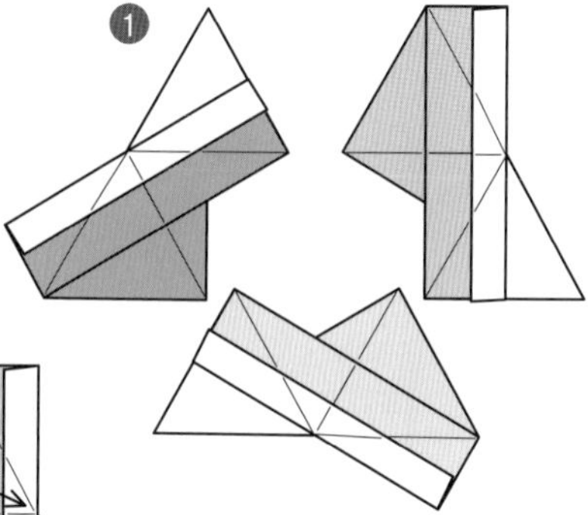
1

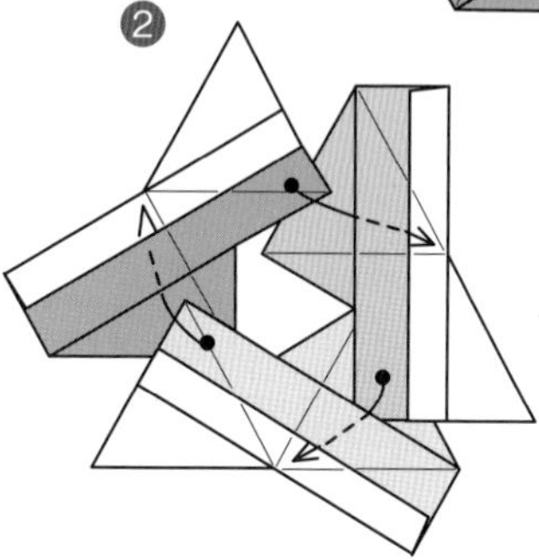
2

[3枚組]

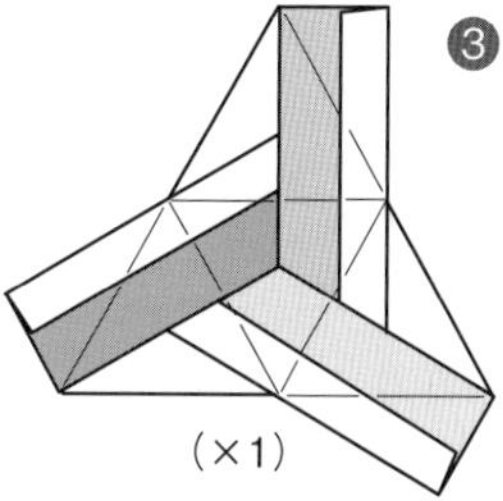
3

(×1)

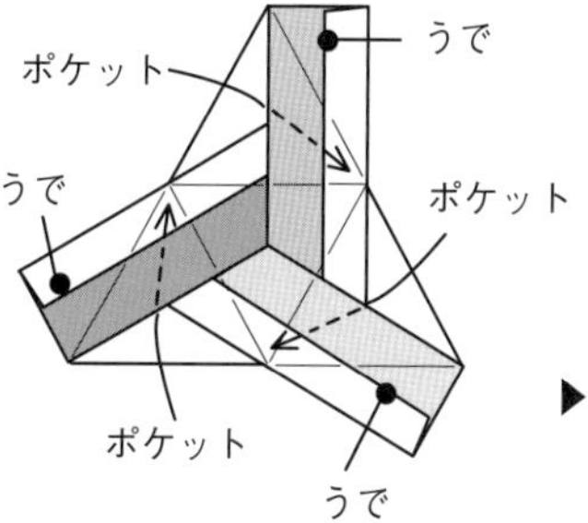
うで
ポケット
うで
ポケット
ポケット
うで

▶うでとポケットの位置◀

[組み方]

1　「正」「鏡折り」それぞれ3枚組を作る
2　3枚組を上下中合わせにして組む

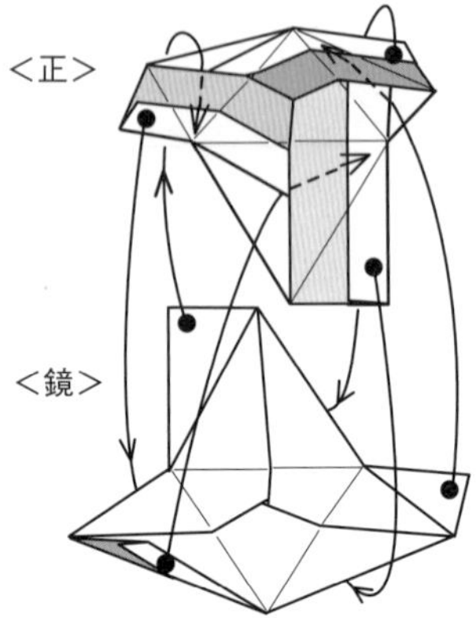

「正」と「鏡」の3枚組を中合わせにして、それぞれポケットにさしこむ

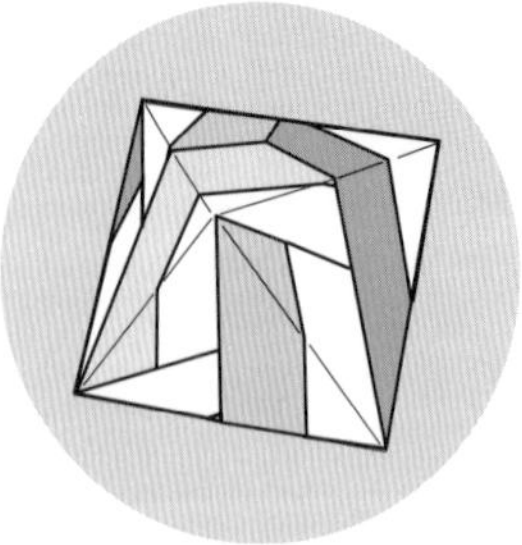

やっかい

なんだか　へんだい　このもんだい
ぼくには　たいへん　なんもんだい
きみには　どうかい　なんだいかい？
なんだい　きみにも　なんだいかい
これは　なかなか　やっかいだい

=模様変わり=

以下、143ページ8
からと同じ

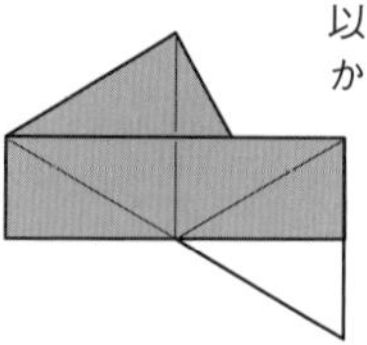

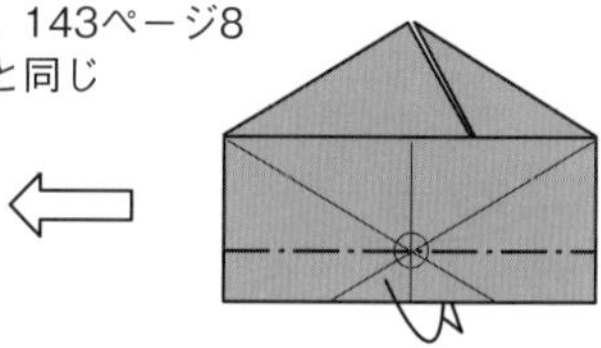

142ページ7を山折りする

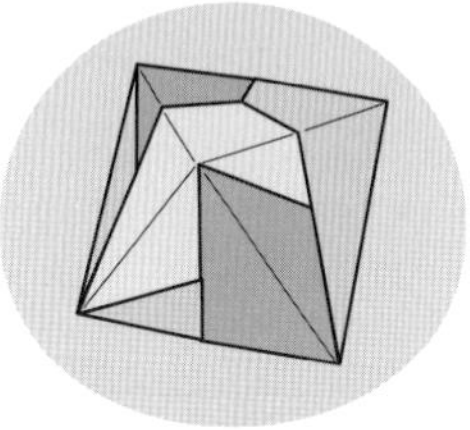

=正4面体=

正4面体

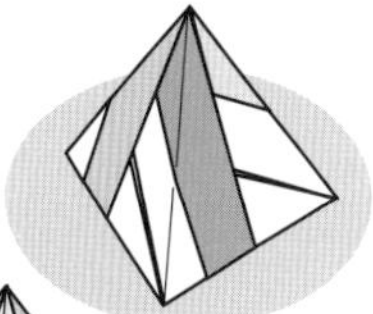

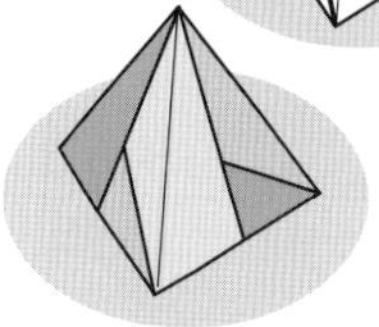

「正」「鏡折り」の3枚組、
どちらからもできます

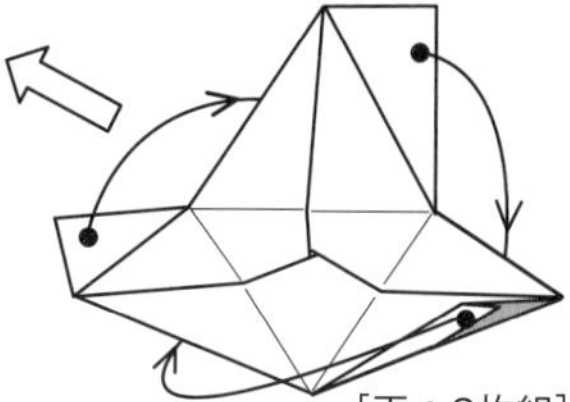

[正：3枚組]

十字星　★★/☆☆12cm×12cm

組む途中はぐずぐずで不安になりますが、ひとまず12枚を組んで、中心に向けてしっかり締めていくと、かどが自然におさまってきます。

1

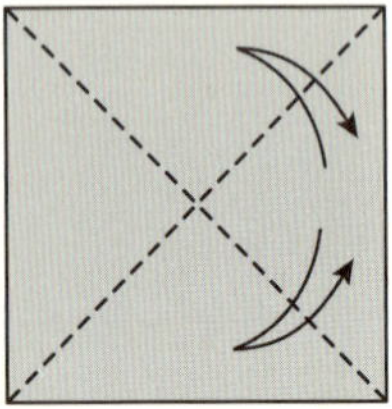

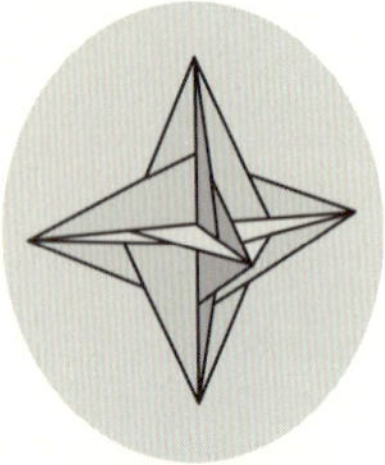

2

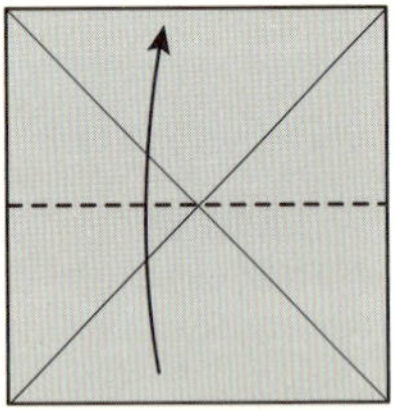

3

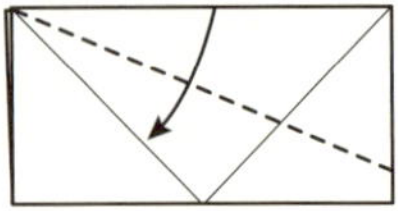

4

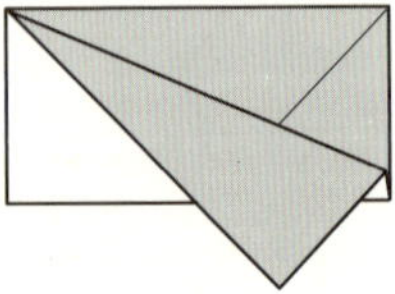

5

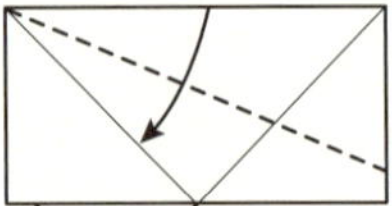

6

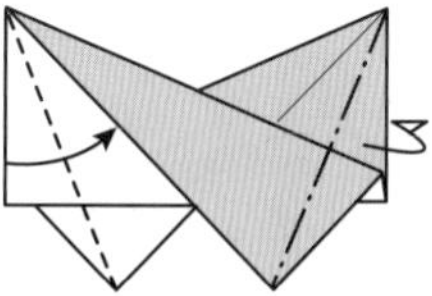

7

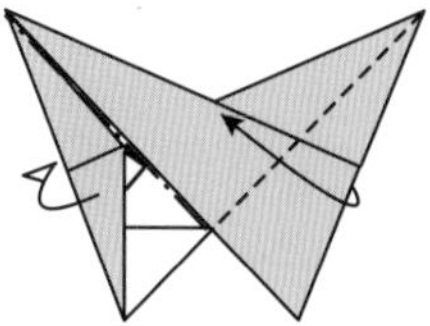

8

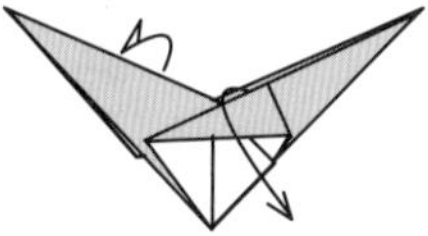

折り目を直角にして開く

9

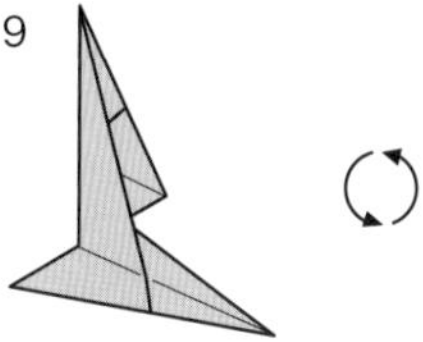

(×12)

[うでについて]

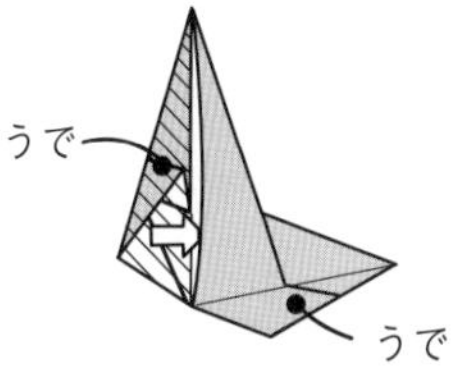

斜線の部分を一枚と考えて
いっしょにポケットに差し込む

[ポケットの位置]

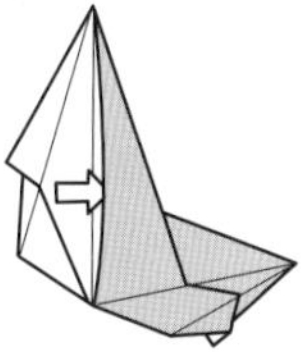

矢印の部分のポケットに
差し込んでいく。ひとつ
のユニットに2か所ある

[組み方]

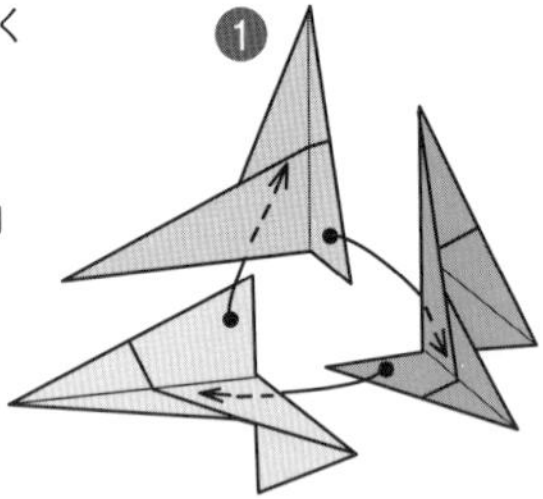

この要領で頂点が十字になるように12枚を組んでいく

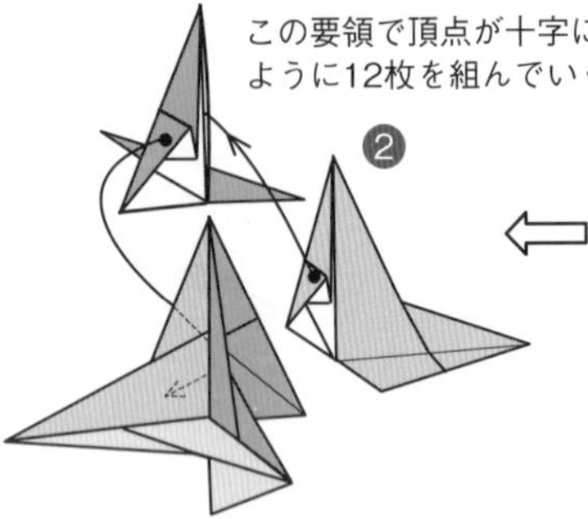

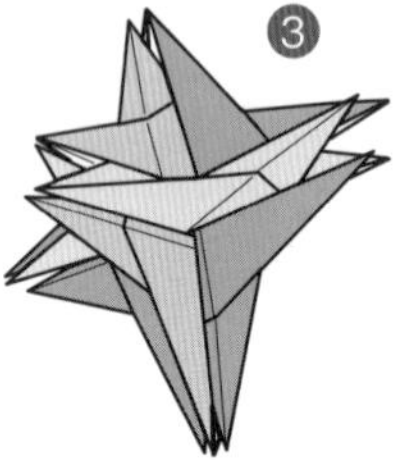

組んでいる途中はぐずぐずになる

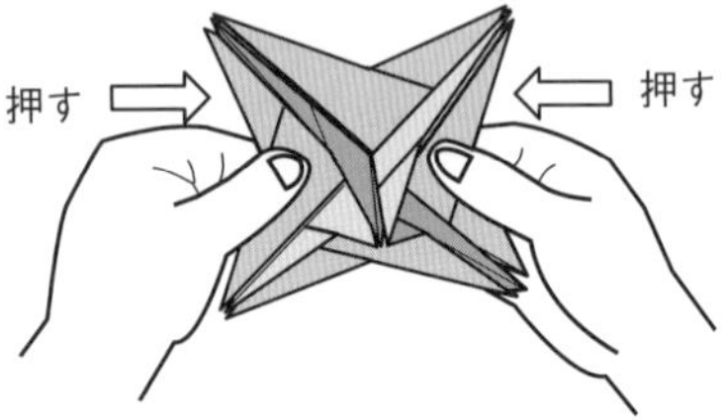

順にまわしながら、中心部に向かって押して締めていくと、先が自然に合ってくる

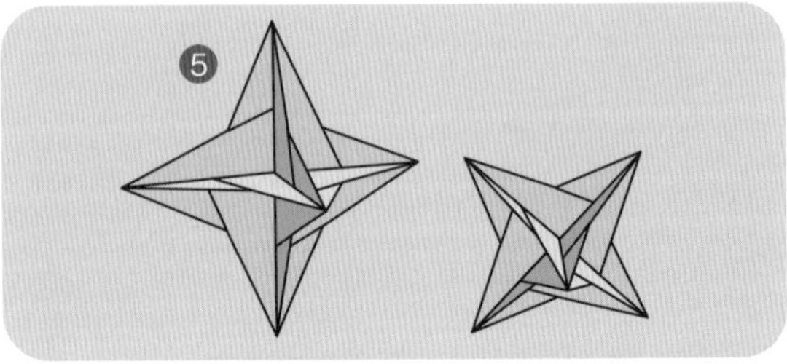

モザイクやぐら

★★/☆☆☆15cm×15cm

立方体の骨組み「やぐら」です。折り紙らしいモザイク模様を伴って、しっかり組み上がります。

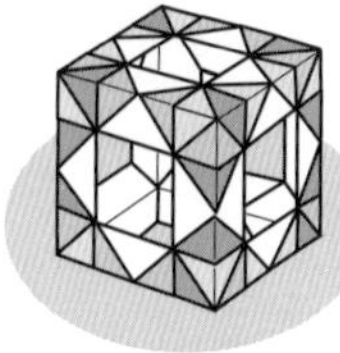

1

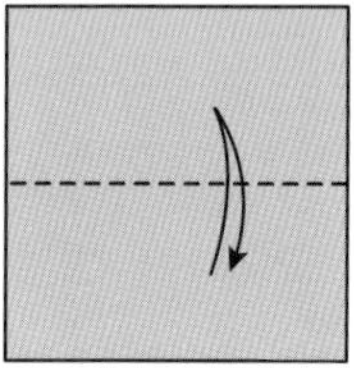

2

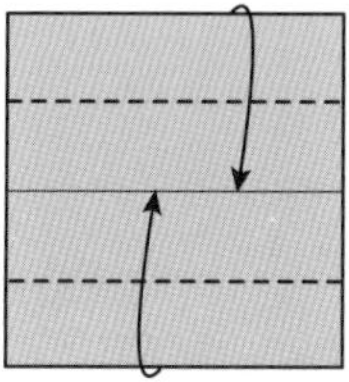

3

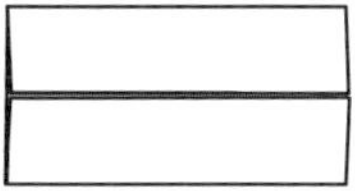

4

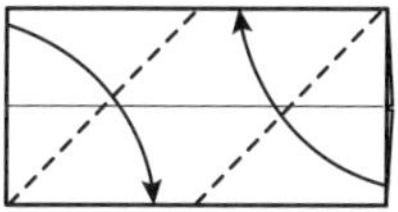

5

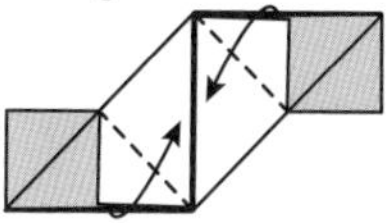

6

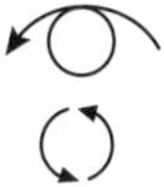

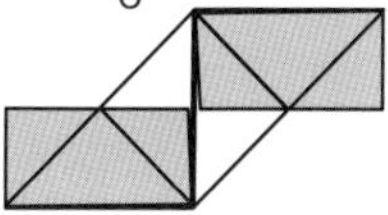

7

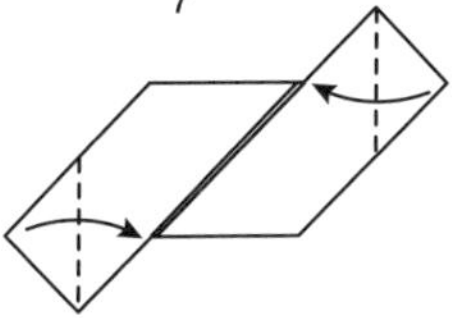

8

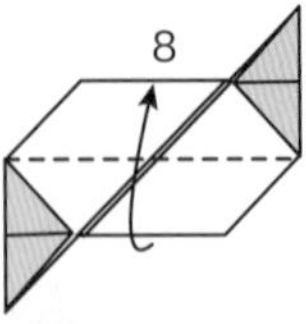

9

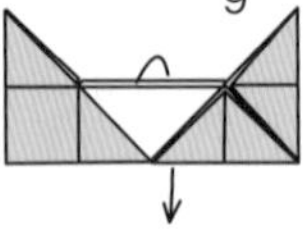

10

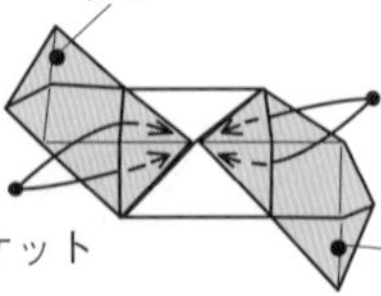
うで
ポケット
ポケット
うで

（×12）

[組み方]

❶

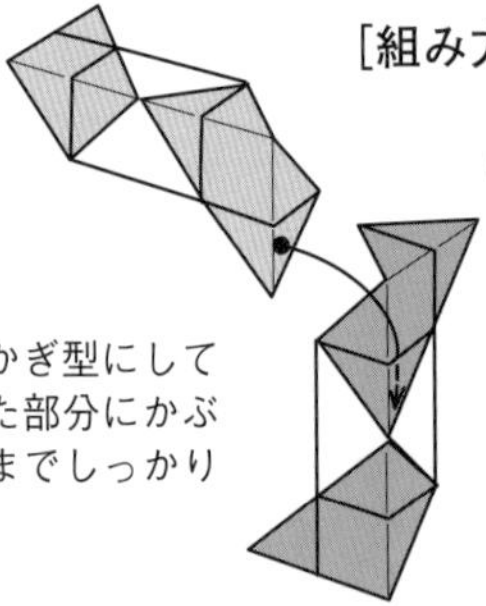

うでは、かぎ型にして山になった部分にかぶせて、奥までしっかり差し込む

❷

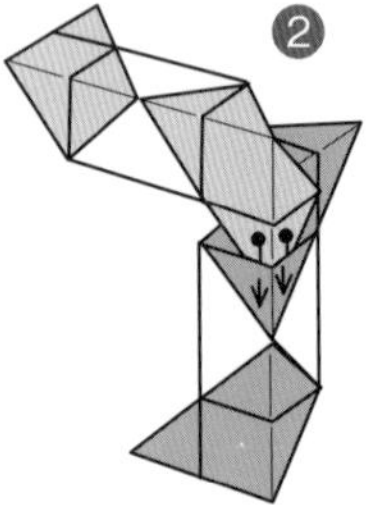

❸

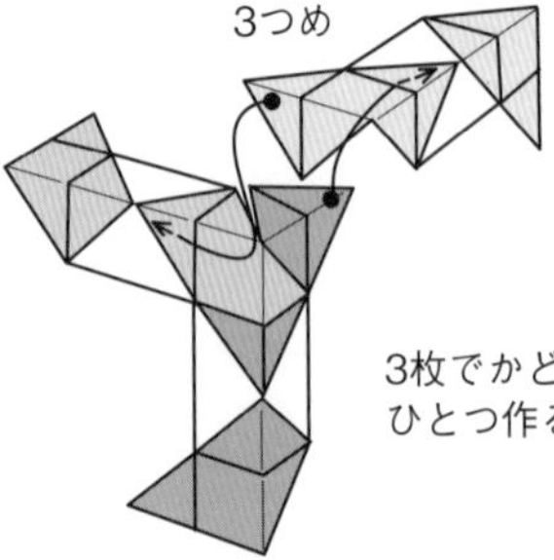
3つめ

3枚でかどをひとつ作る

④

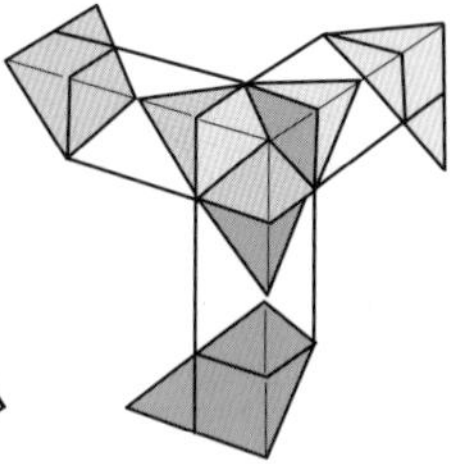

3枚を組んだところ

⑤

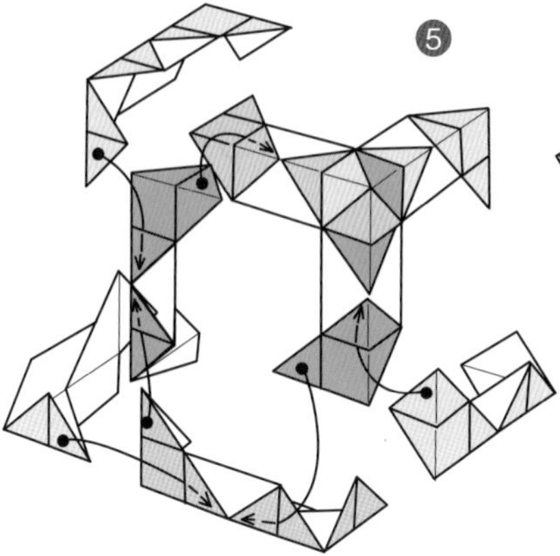

同じ要領で合計12枚を組む

⑥

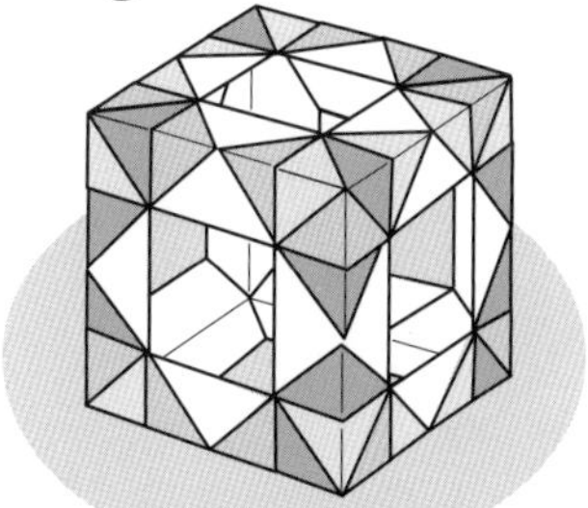

くみ

あのことそのこが　くみになり
そのことこのこが　くみになり
このことどのこが　くみになる？
なみだぐんでは　いけないよ
もうすぐあいてが　みつかるさ

やぐら ★★/☆☆7.5cm×7.5cm

すっきりとした「やぐら」です。チェーンのようにつなぐとおもしろい形になります。(157ページ参照)

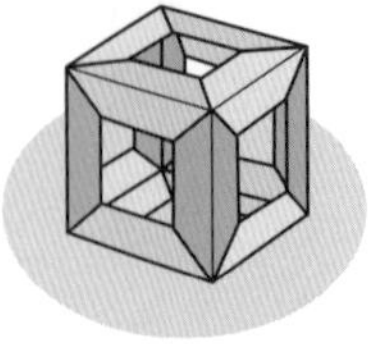

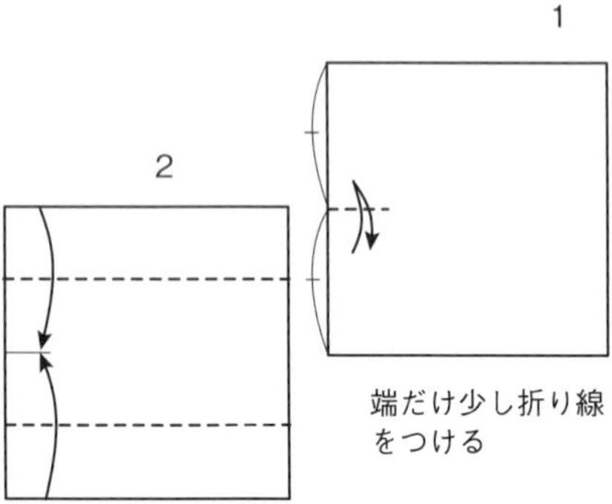

端だけ少し折り線をつける

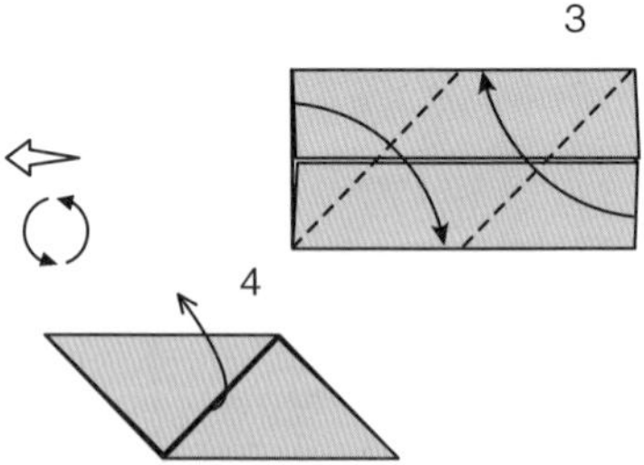

開く

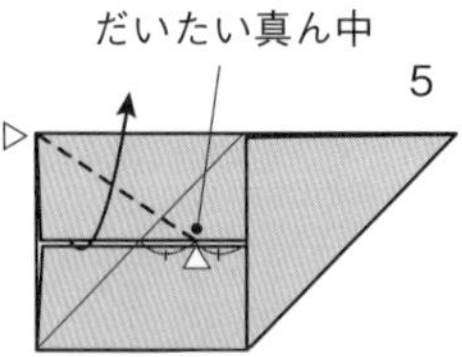

真ん中はだいたいの目安なので、ずれてもかまわない

5～7は、出来上がったときのユニットの紙の厚さを考えての手順です。

6

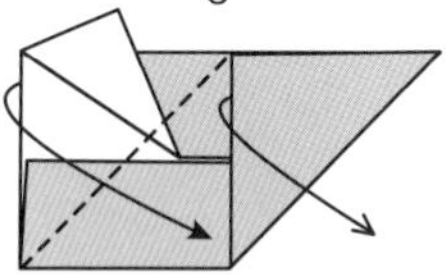

7

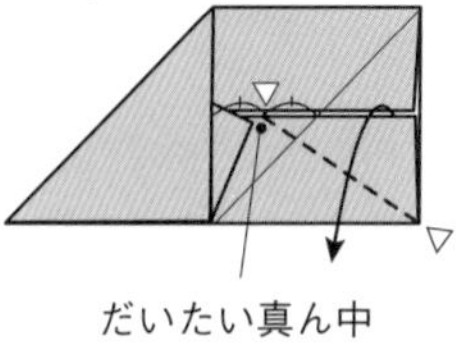
だいたい真ん中

8

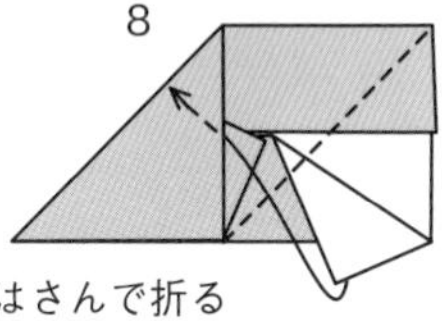

はさんで折る

9

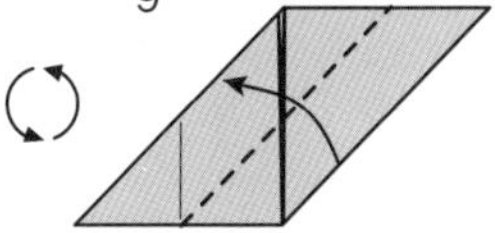

半分に折る

10

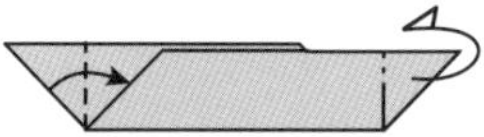

この折り目をしっかりつけると
組んだときにきちんとはまる

11

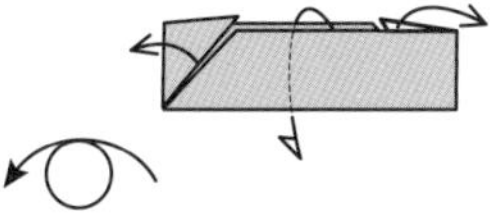

12

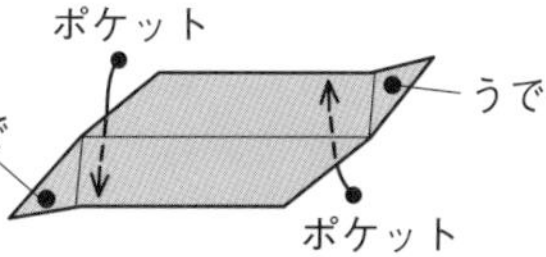
ポケット
うで
うで
ポケット

(×12)

[組み方]

❶

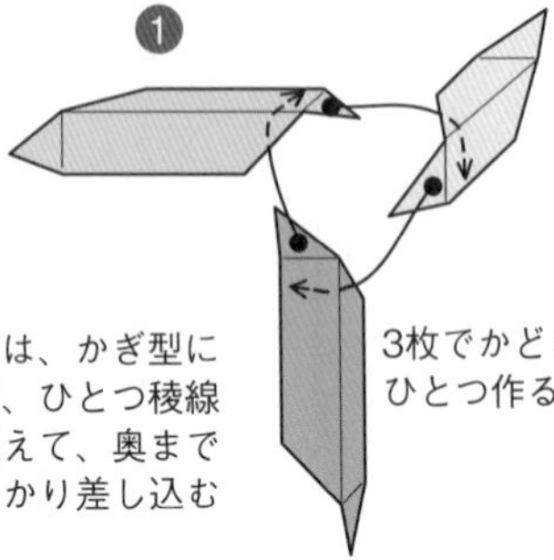

3枚でかどを
ひとつ作る

うでは、かぎ型に
して、ひとつ稜線
を越えて、奥まで
しっかり差し込む

❷

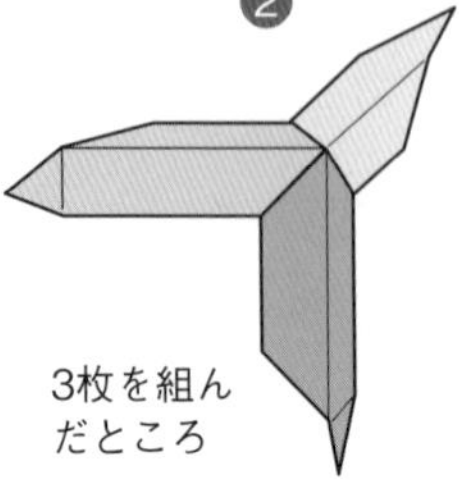

3枚を組ん
だところ

❸

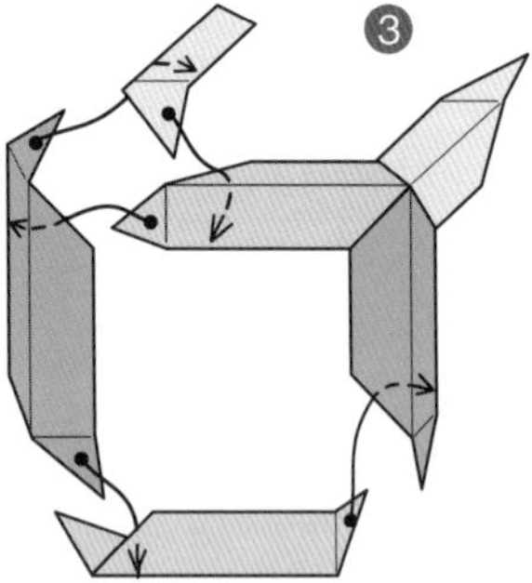

同じ要領で
合計12枚を組む

❹

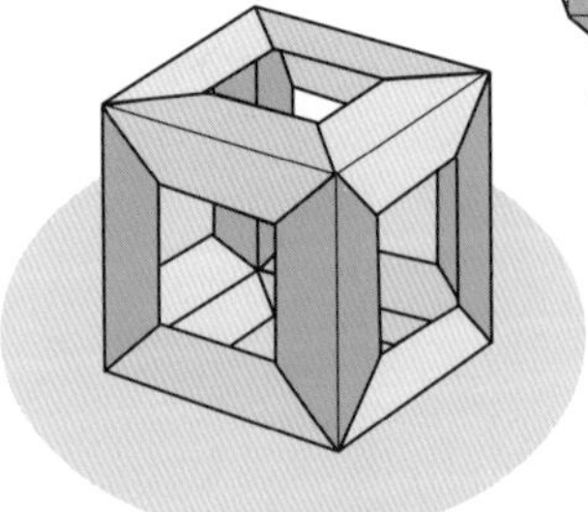

=くさり組=

紙の切り方例

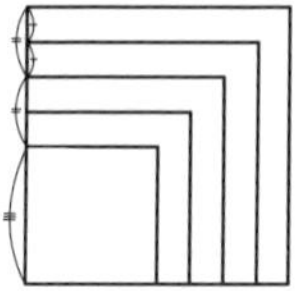

紙を順に小さく切って、徐々に小さくなる「やぐら」の紙を用意して、それを組んでいきます。紙の切り方は自由ですが、参考例を示しました。

❶

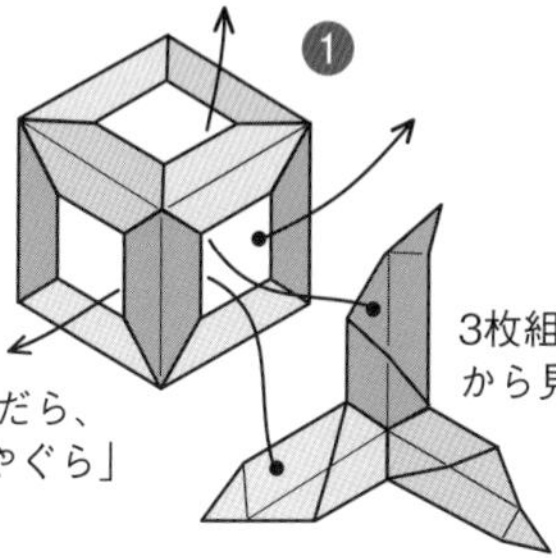

3枚組を内側から見た図

ひとつ「やぐら」を組んだら、その3つの穴に、別の「やぐら」の3枚組を差し込む

❷

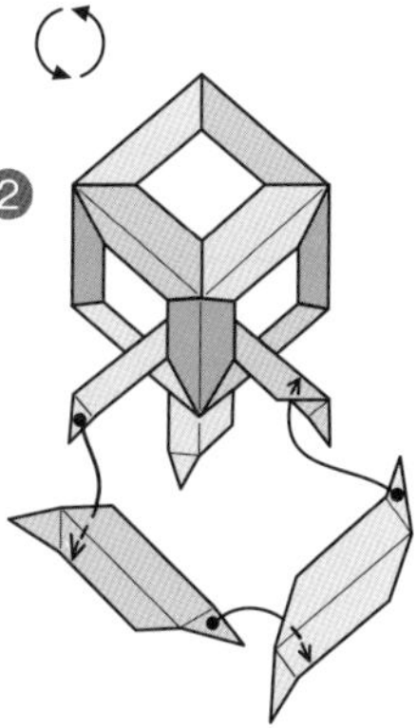

3枚組を差し込んだら、そこから順に組んでいく

❸

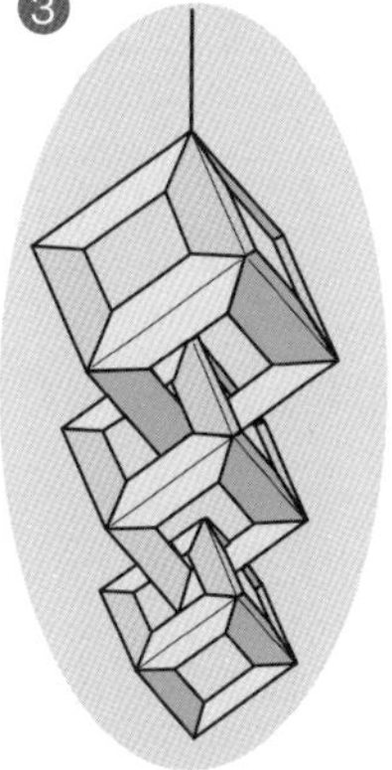

同じ要領で、いくつかくさりのようにつなぐ

立方体6枚組・帯 ★/☆15cm×15cm

立方体に帯を巻いたようなできあがりになります。
山線と谷線を変えて模様変わりもできます。

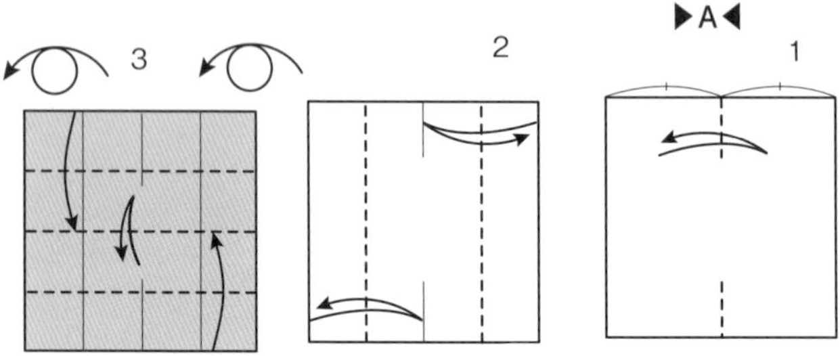

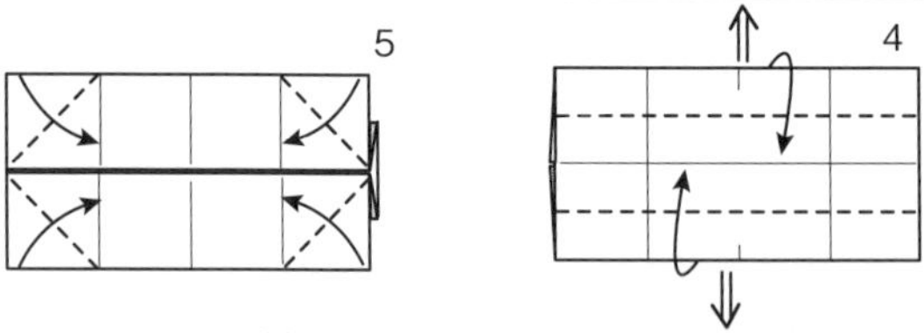

4つのかどを折る

後ろは折らずにはね出す

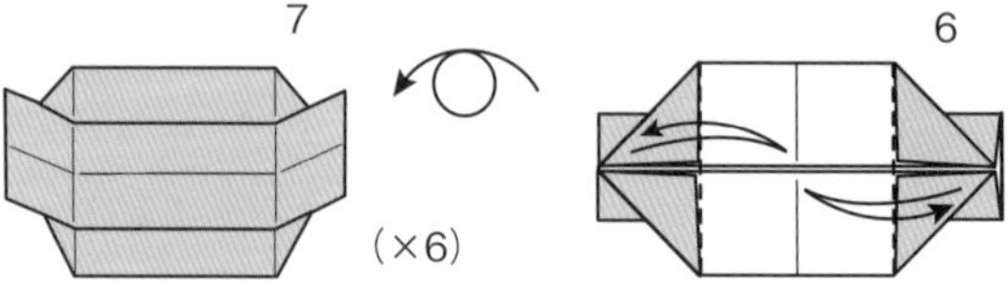

[組み方]

1

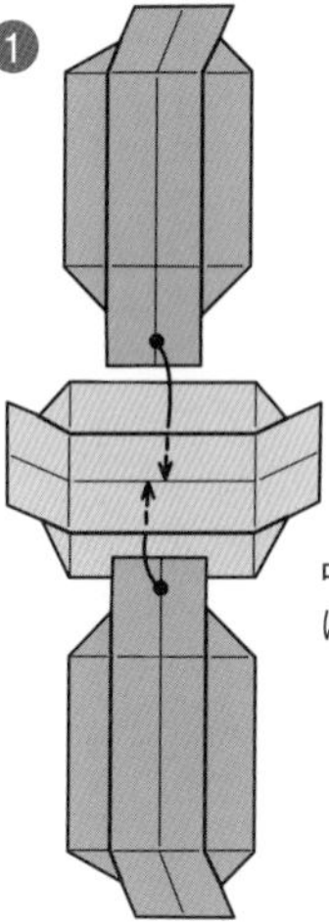

中央のすき間(帯)
に差し込む

2

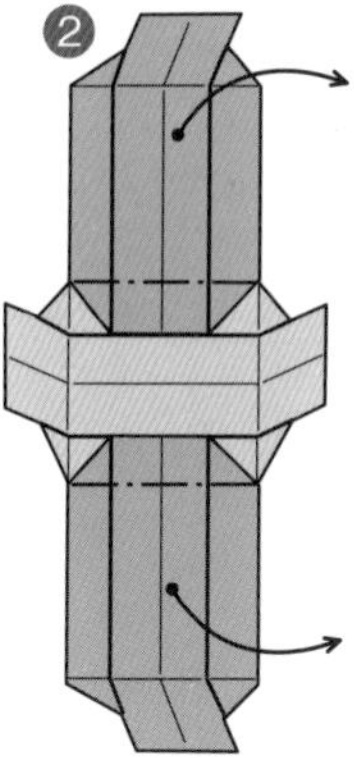

軽くコの字にする

3

同じ要領で
合計6枚を組む

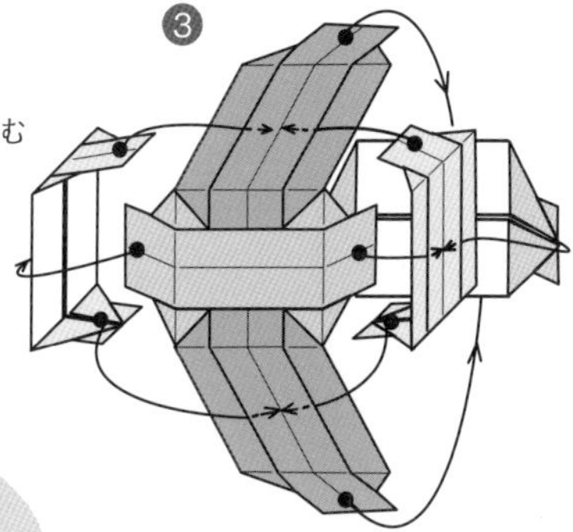

4

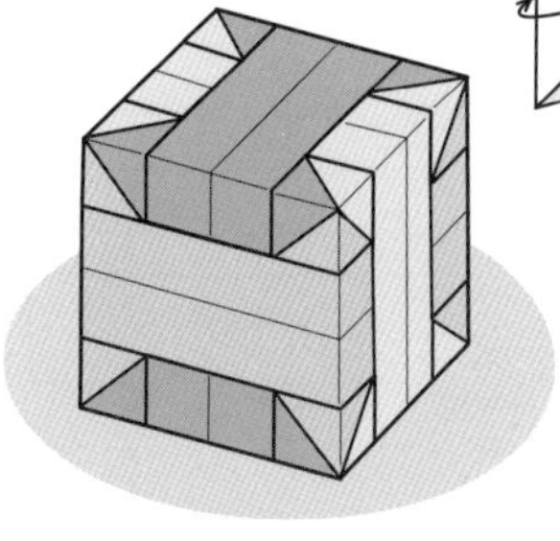

=帯・模様変わり=

▶B◀

5

158ページ5から

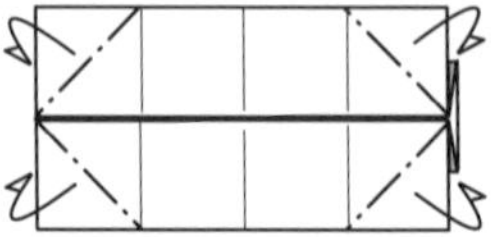

4つのかどを内側に折る

6

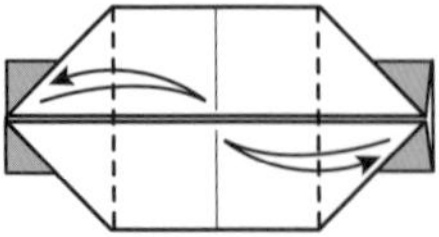

7

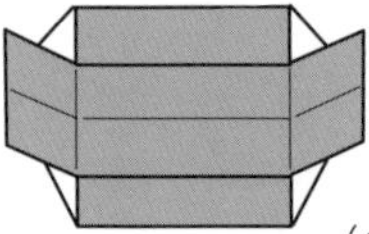

(×6)

組み方はAと同じ

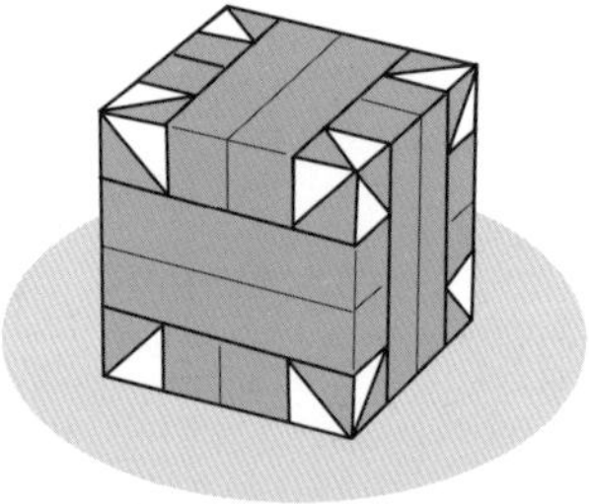

▶C◀

5

158ページ5から

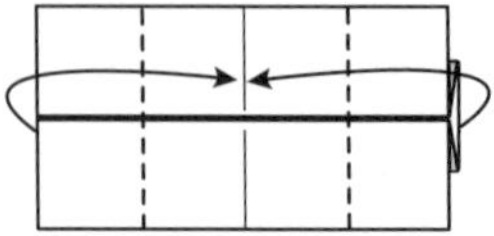

6

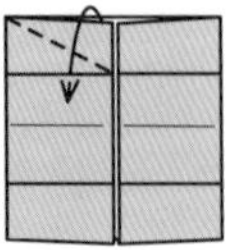

7

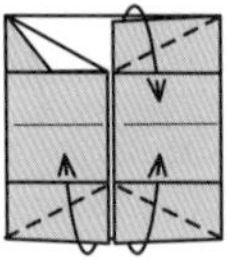

折ったら先をはさむ

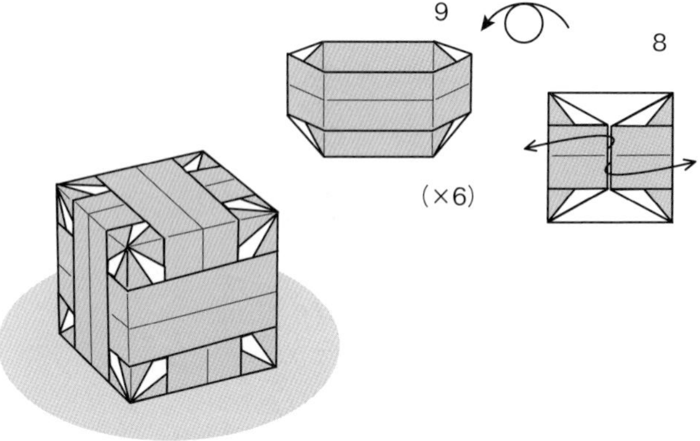

無駄が生み出すもの

「リング」や「箱」でたくさんの模様変わりを楽しみました。立体でも同じです。

折り紙は四角の紙を折りこんでパーツを作るので、その無駄とも思える折り込んだ部分で色変わりをつくったり、模様の変化のための装飾部分を折り出すことができます。紙の表裏を存分に生かします。展開図を作って切って貼ってつくる立体とは決定的にちがうところです。

合理的な展開図では切り捨ててしまう部分が、折り紙では宝の山。無駄と思える部分が豊穣な文様を生み出すのです。

めんこ6枚組

★/☆☆15cm×7.5cm

伝承の「めんこ」（14ページ）の兄弟分のユニットです。このユニットの特徴は「ベース」と「フェース」を使ってひとつのユニットを作ることです。フェースを折り替えると模様変わりもできます。6枚組からはじめましょう。

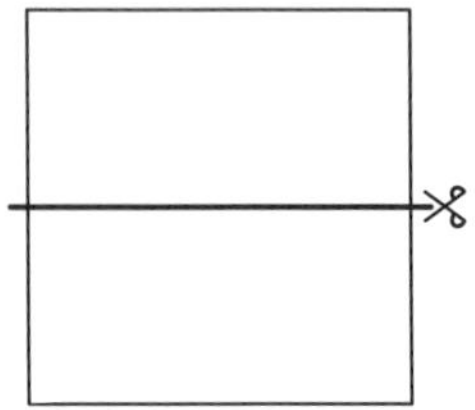

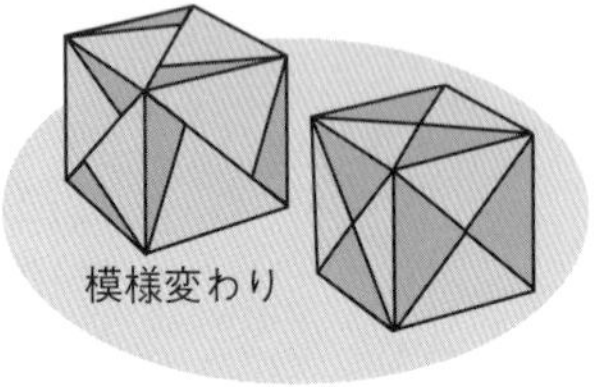

▶フェースA◀

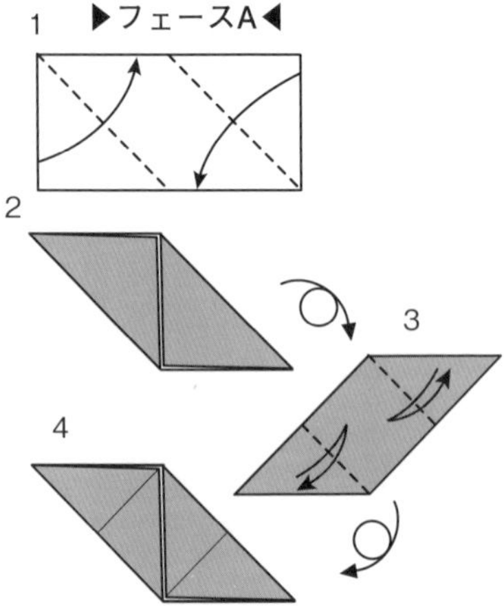

▶ベース◀

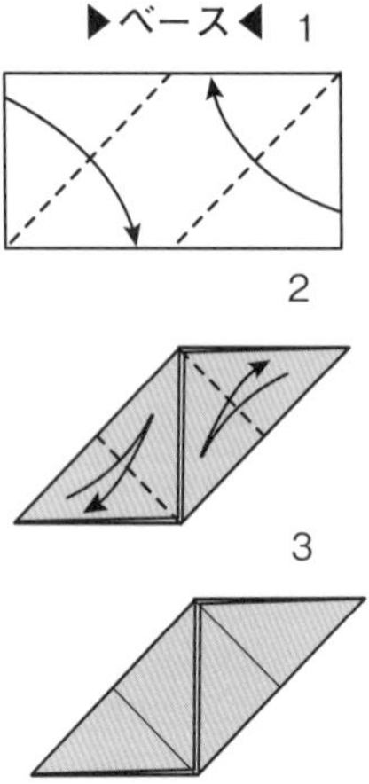

[ひとつのユニットの組み方]

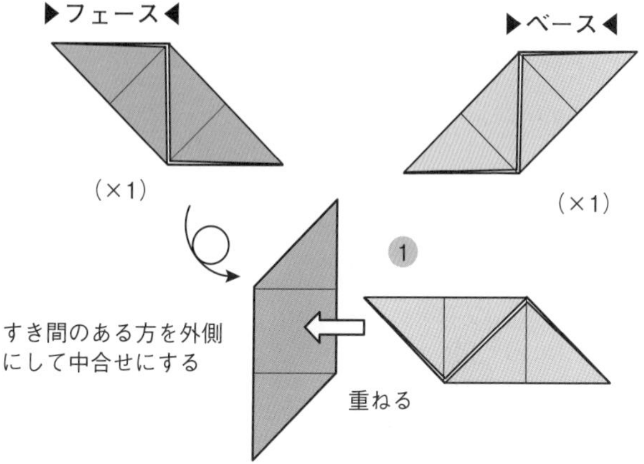
▶フェース◀
(×1)
▶ベース◀
(×1)
1
すき間のある方を外側
にして中合せにする
重ねる

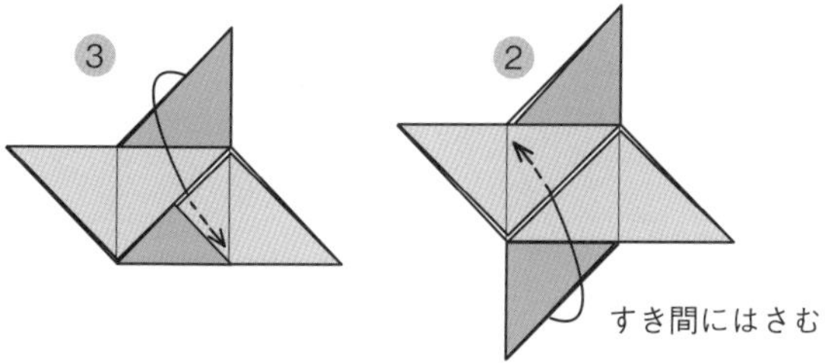
3
2
すき間にはさむ

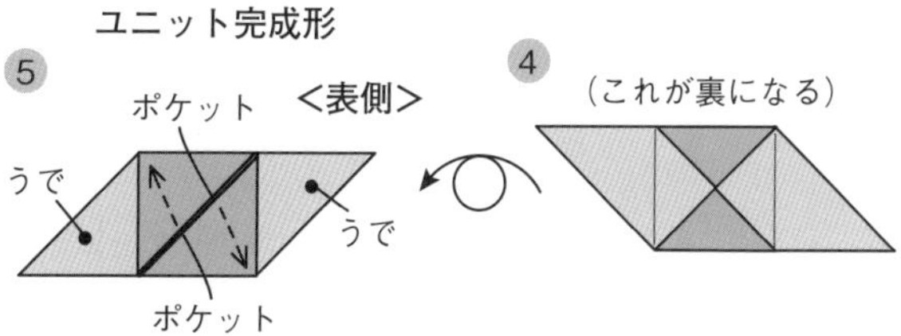
ユニット完成形
5
<表側>
ポケット
うで
うで
ポケット
4
(これが裏になる)

[組み方]

1

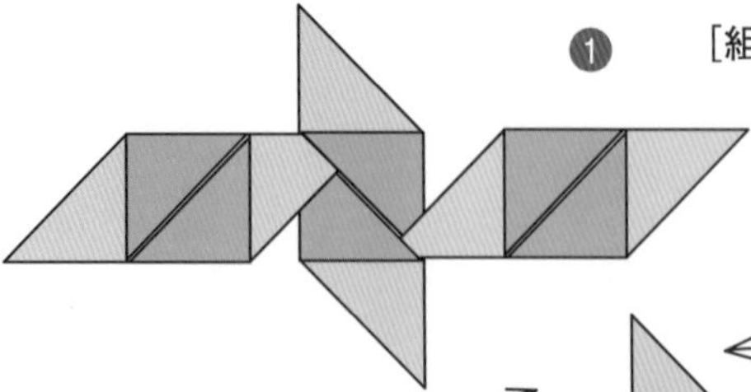

2

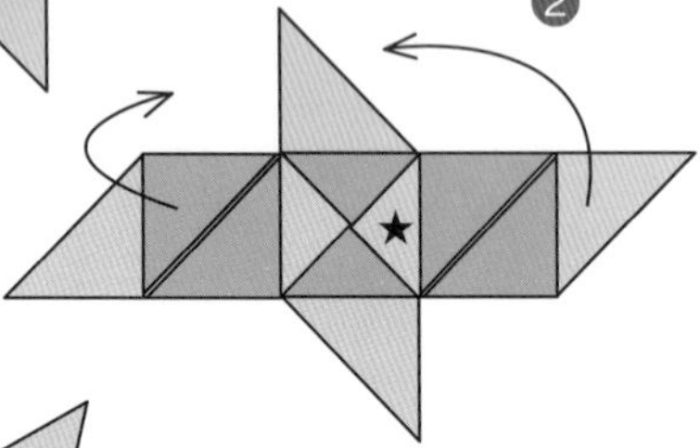

★印の面を下にして手のひらに当て、左右を立てる

3

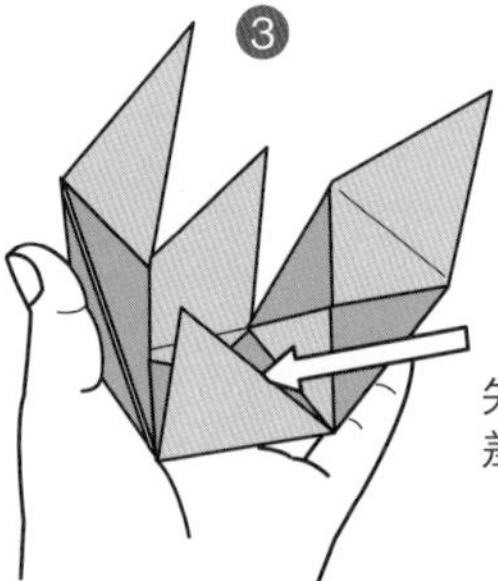

矢印の位置に4枚目を差し込む

★印の面を下にして手のひらに当て、左右と前後を立てたところ

4

4枚目を差し込む

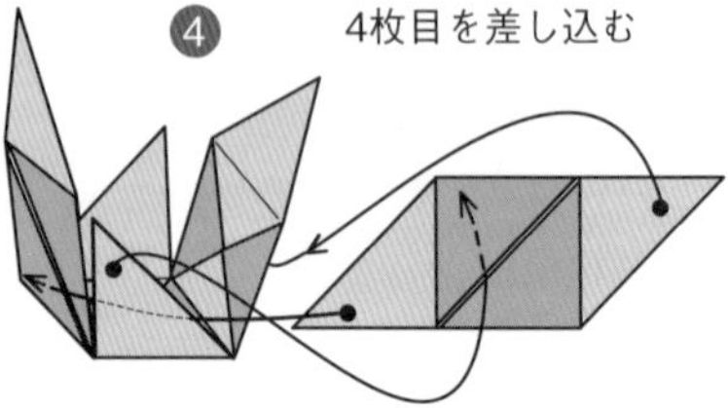

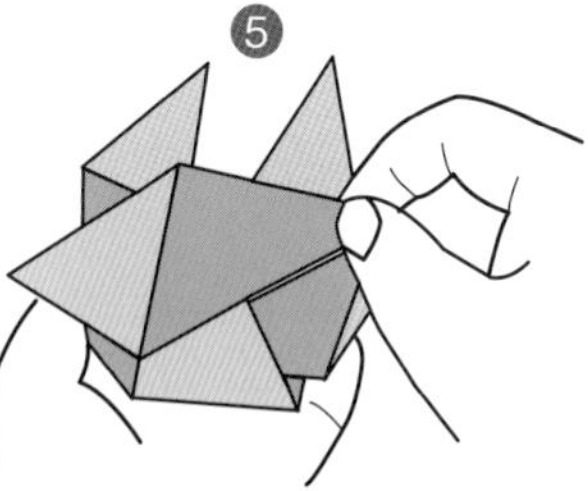

4枚目を差し込んでいるところ

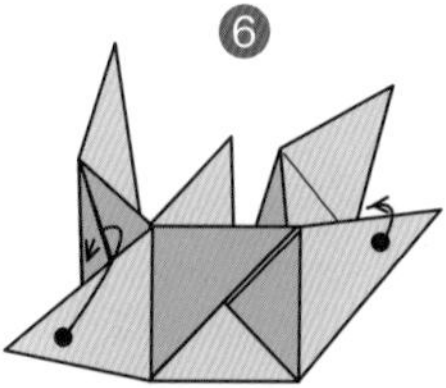

●印の三角を両脇のすき間にはさむ

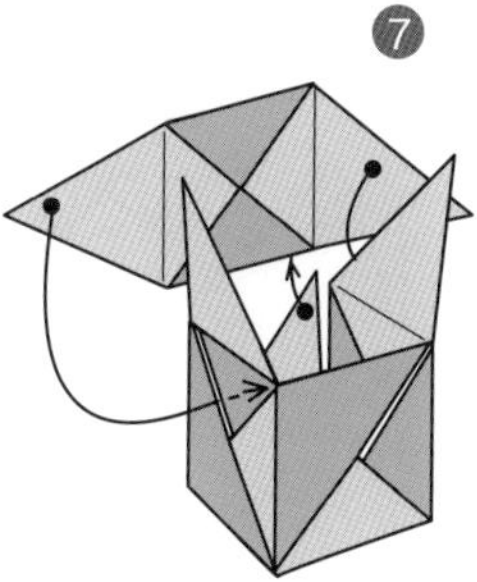

5枚目を差し込む

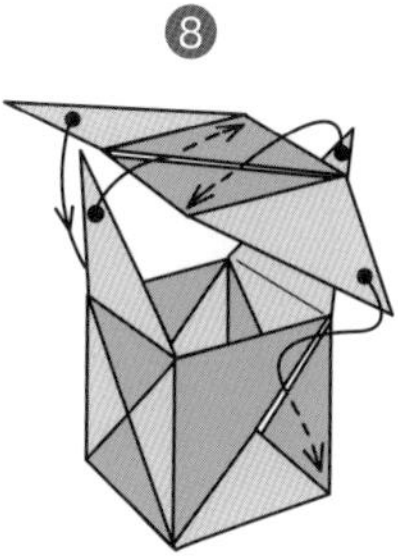

最後の6枚目は、ふたをかぶせるようにして組んでいく

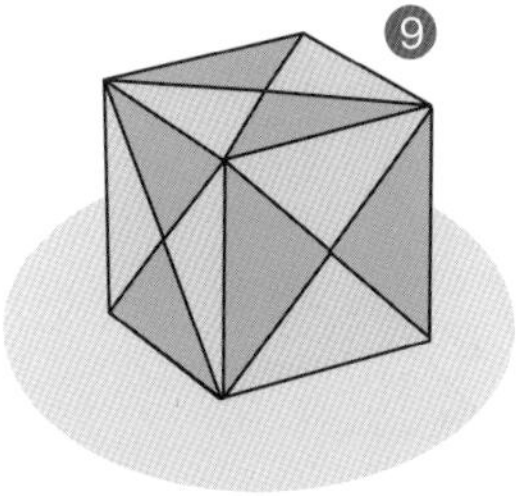

=めんこ模様変わり=

「フェース」にひと折り加えると模様変わりができます。

▶フェースB◀

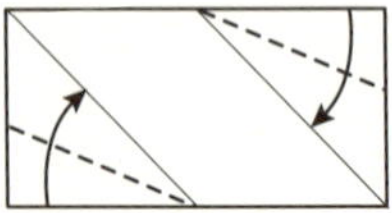

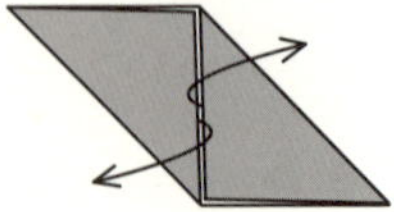

「フェースA」の2から

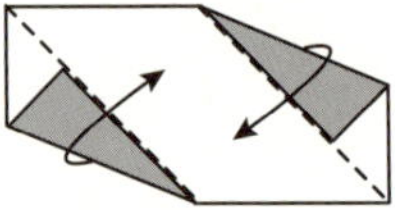

「ベース」との組み合わせ、
ユニットの組み方は「めんこ」
（163〜165ページ）と同じ

＜ユニット完成形＞

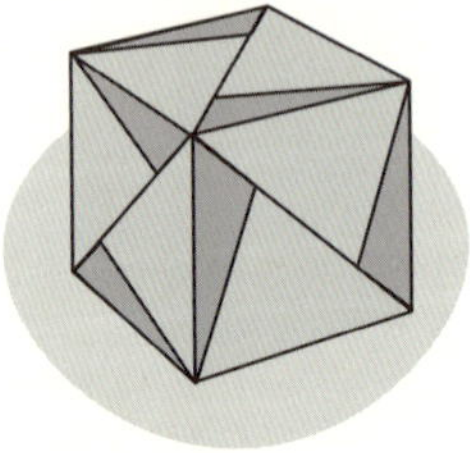

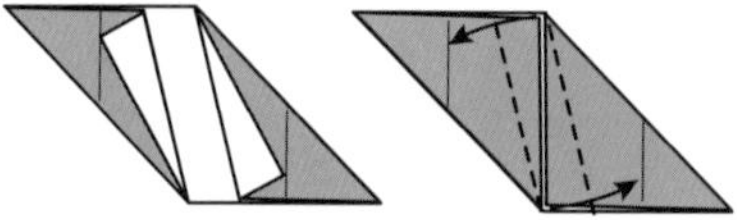

▶フェースC◀

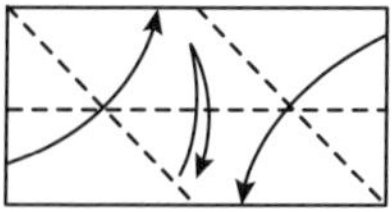

ユニット完成形

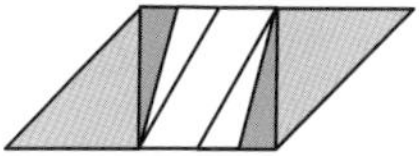

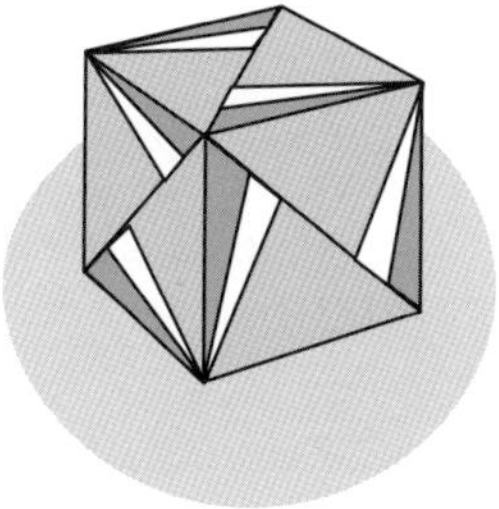

ひみつのはこ

ひみつのはこ
きっちりしまった　なぞのはこ
さて、どうあける？
どうしめる？

めんこ12枚組　☆☆☆15cm×7.5cm

「めんこ」12枚組です。
6枚組のユニットにさらに手順7で、斜めの折り線を加えます。このスタイルのユニットはくす玉のように球状に組む場合の基本の形です。

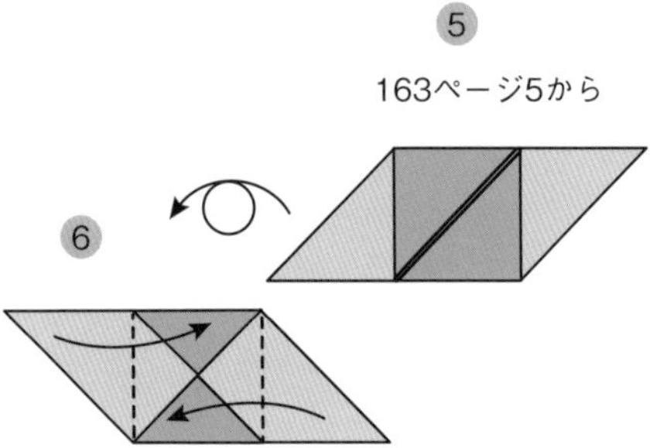

5
163ページ5から
6

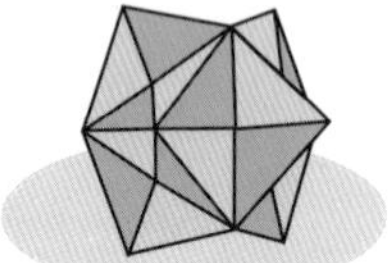

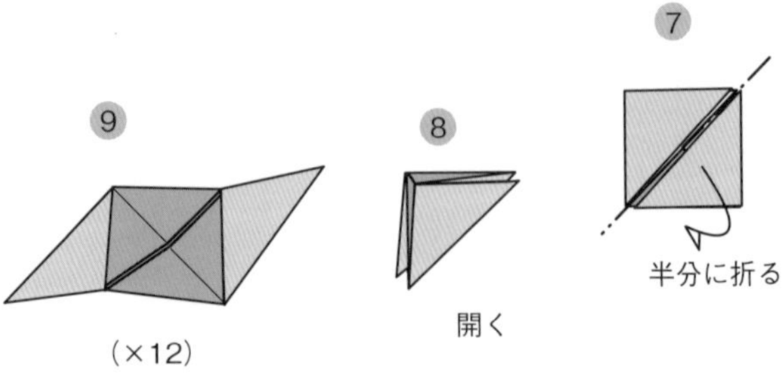

7
半分に折る
8
開く
9
(×12)

3枚組のピラミッド

[組み方]

❶

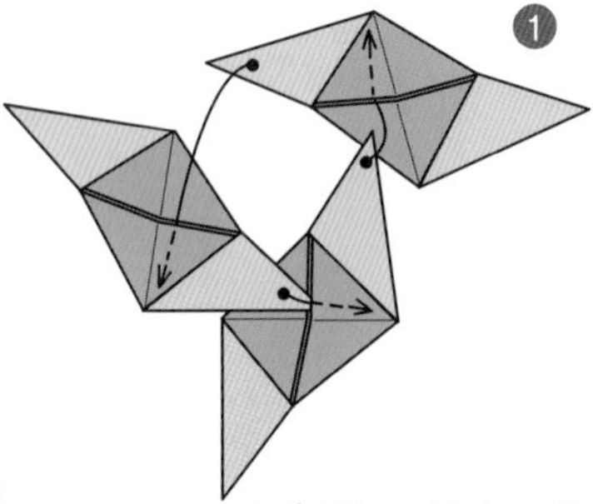

まず3枚でピラミッド
のように組む

❷

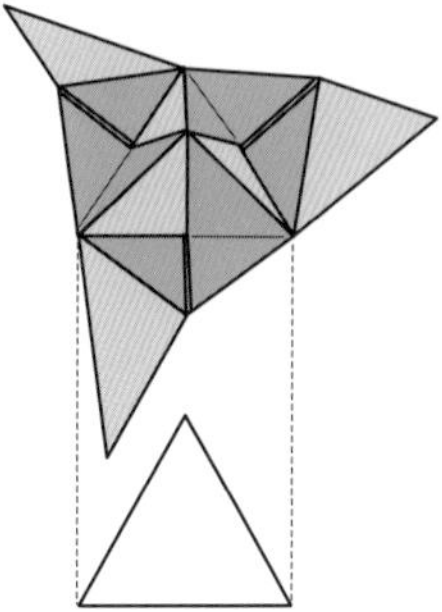

3枚組を下から見ると底辺
が正三角形になっている。
これをカギに組んでいく

❸

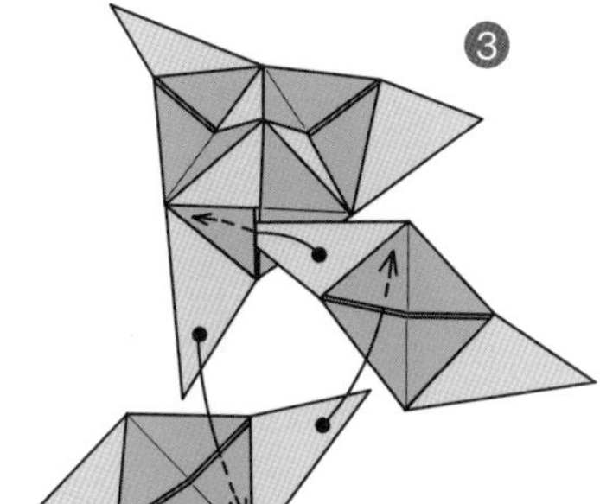

2つ目の3枚組を作る
(ここまでで使っている
のは5枚のユニット)

❹

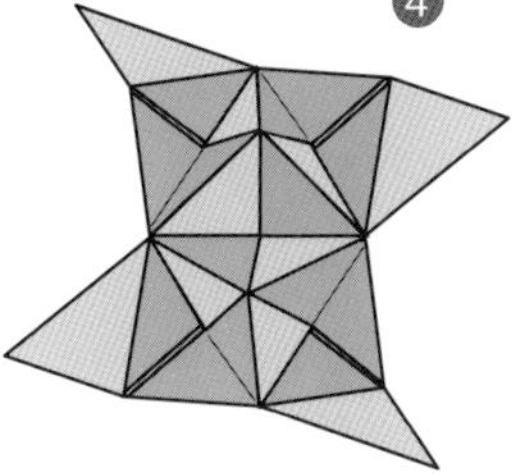

ピラミッドが2つ
できたところ

3つ目、4つ目のピラミッドを作る（ここまで使っているのは8枚のユニット）

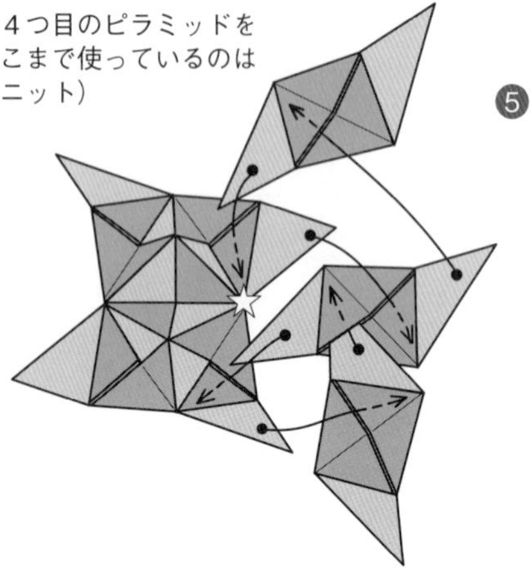

ピラミッドが4つできたところ

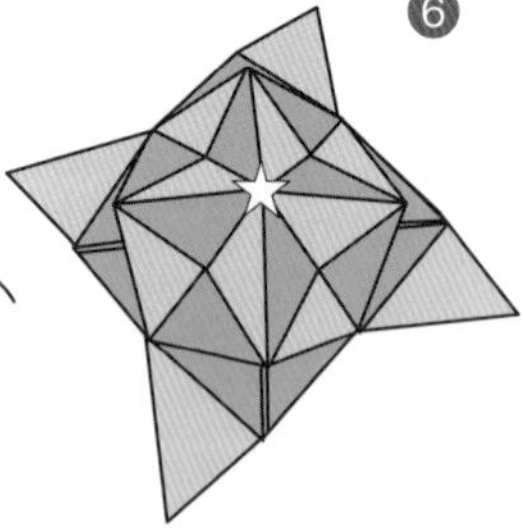

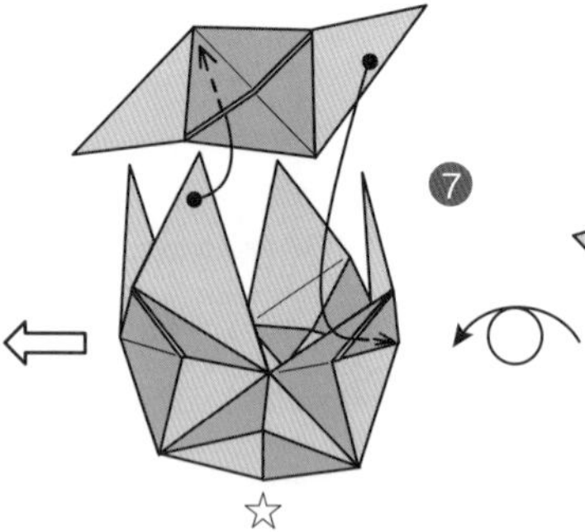

同じ要領で合計12枚を組んでいく

ピラミッドが4つできたら☆印を下にして、内側からのぞくようにして組んでいくできるかな?

できるかな?
できるかな?
できないわけない　わけはない
わけはあるけど　わけはない

[骨組みになる形]

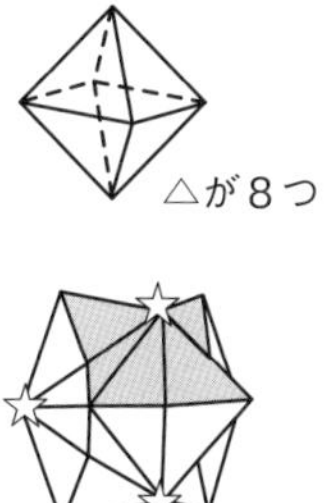

☆印にピラミッドが4つ
集まるように組んでいく
(☆は実際は6か所ある)

⑧

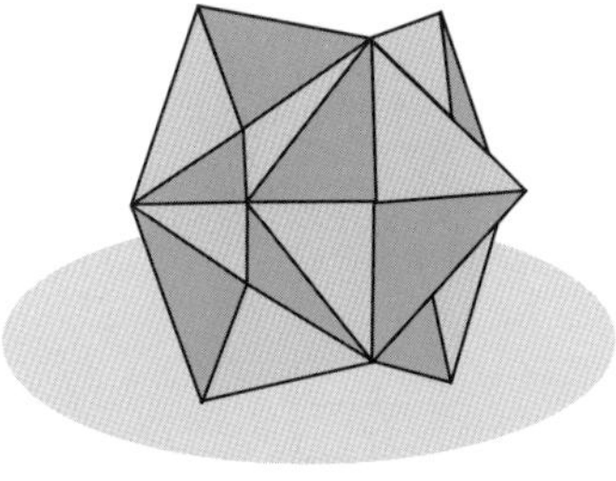

めんこ30枚組　☆☆☆7.5cm×7.5cm

30枚組は、他のユニットでも応用がきき、華やかなユニットくす玉の世界が一気にひろがります。この組み方をぜひ自分のものにしてください。

168ページ9から

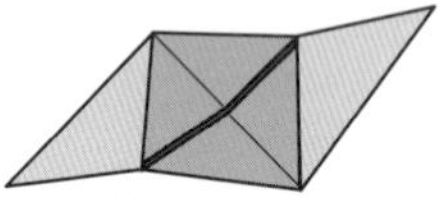

（×30）

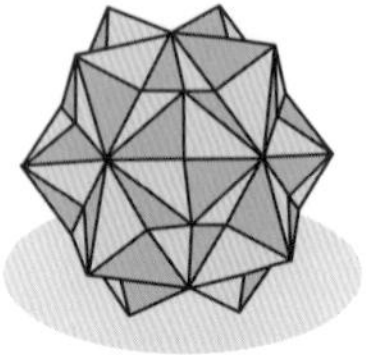

3枚組のピラミッド

［組み方］

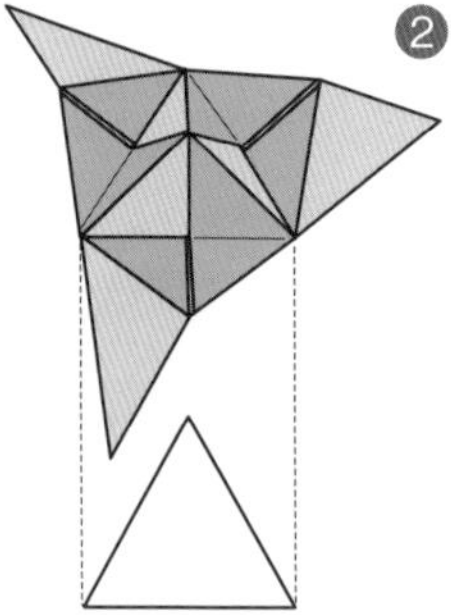

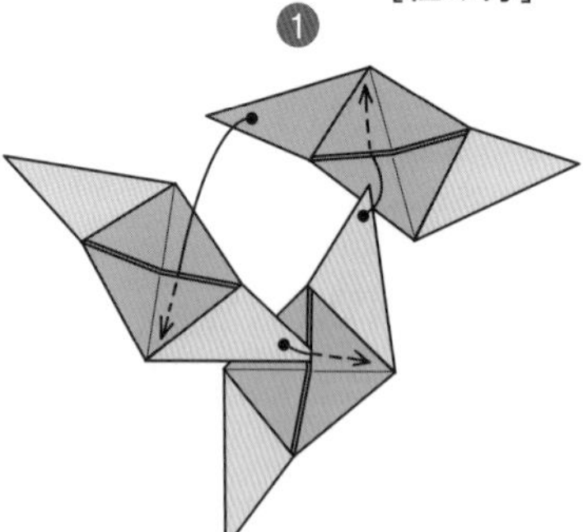

3枚組を下から見ると底辺が正三角形になっている。これをカギに組んでいく

ピラミッドを3つ
作っているところ

③

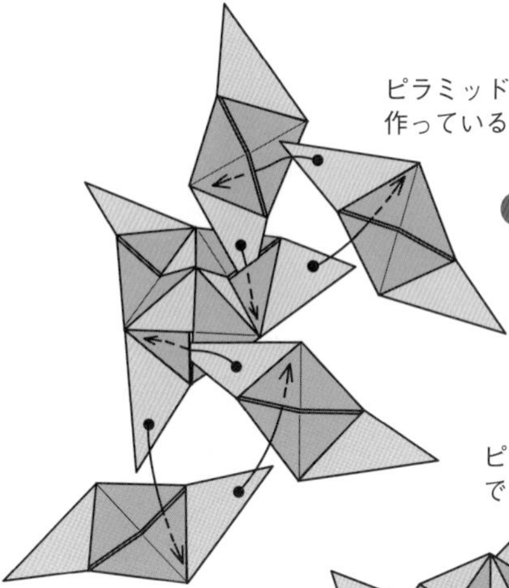

ピラミッドが3つ
できたところ

④

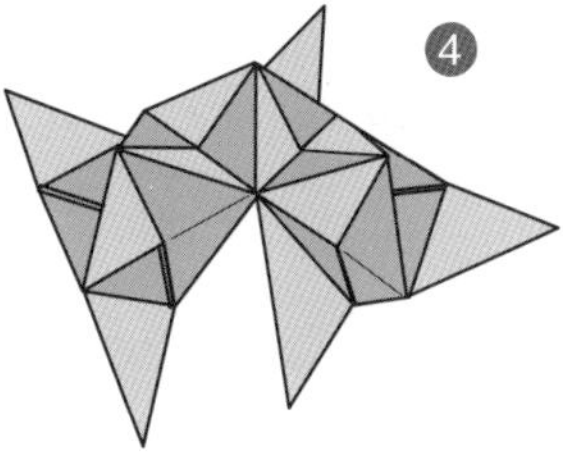

⑤

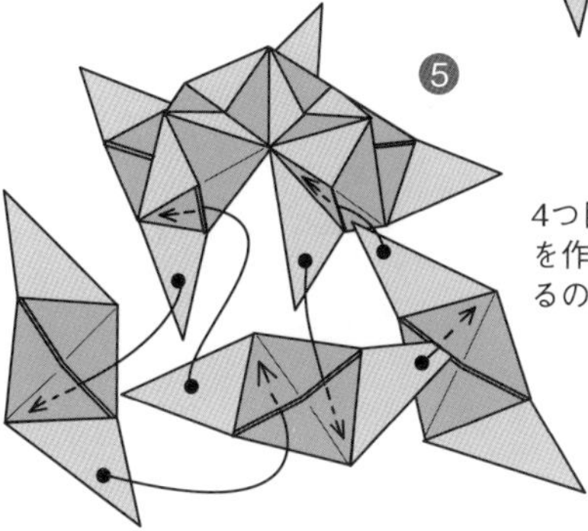

4つ目、5つ目のピラミッド
を作る（ここまで使ってい
るのは10枚のユニット）

❻

ピラミッドが5つできたところ

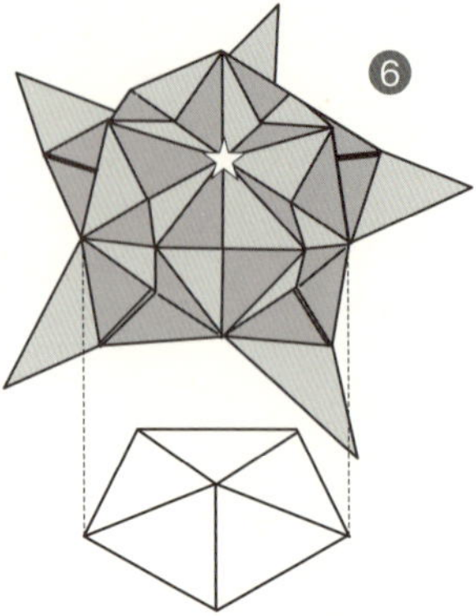

ピラミッドが5つできたら、☆印を下にして内側をのぞきながら組んでいく

❼

11枚目と12枚目を組んでいるところ

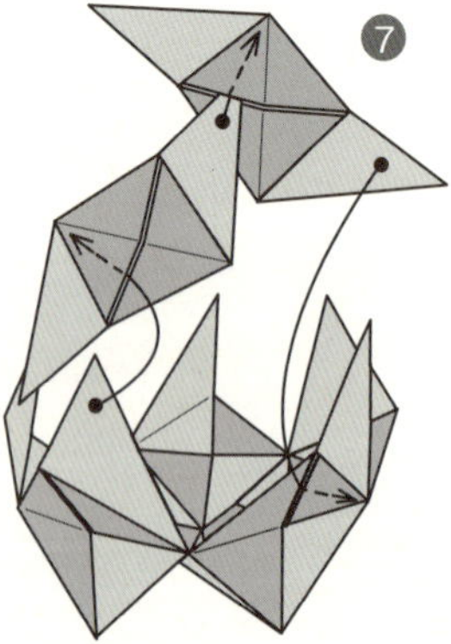

ろくろをまわすように順にぐるりと均等に3枚組を作っていく

❽

21枚目を組んでいるところ

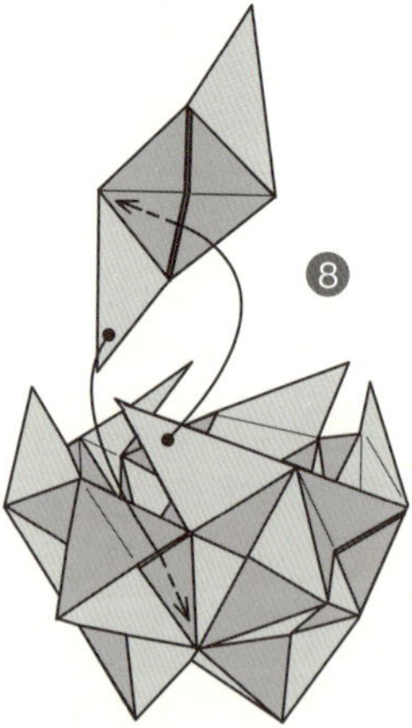

同じ要領で合計30枚を組んでいく

むりなんだい

なんだい　またかい　無理難題
とうてい　ぼくには　むりなんだい
だいたい　きみが　へんなんだい

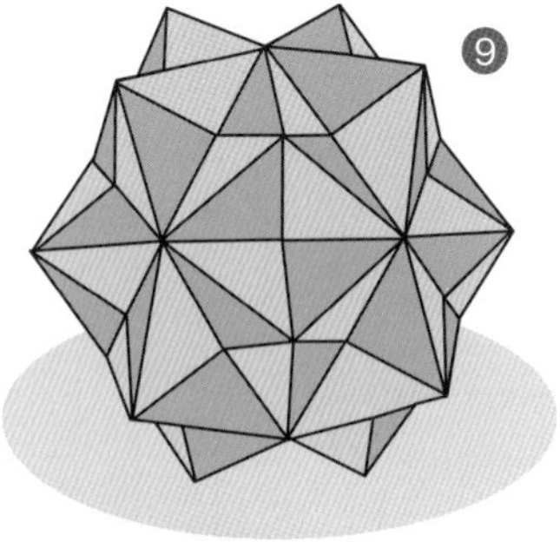

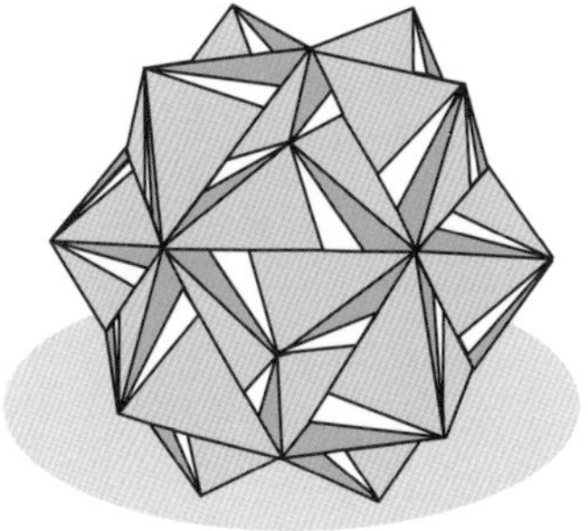

フェースCの場合（167ページ）

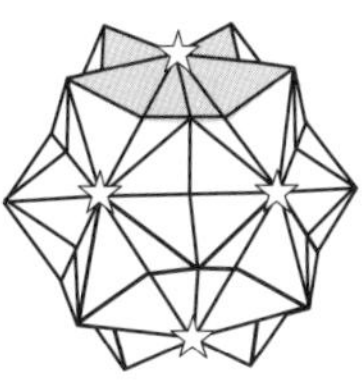

[骨組みになる形]

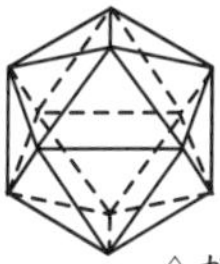

△が20

☆印にピラミッドが5つ
集まるように組んでいく（☆は実際は12か所ある）

ストライプ・6枚組　★★/☆☆15cm×15cm

手順の１は極端でないかぎり自由な幅で折ります。
６つのユニットが同じである必要もありません。

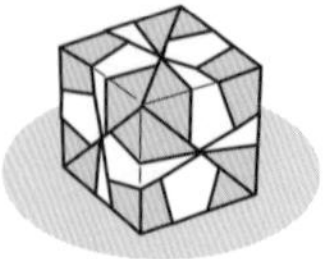

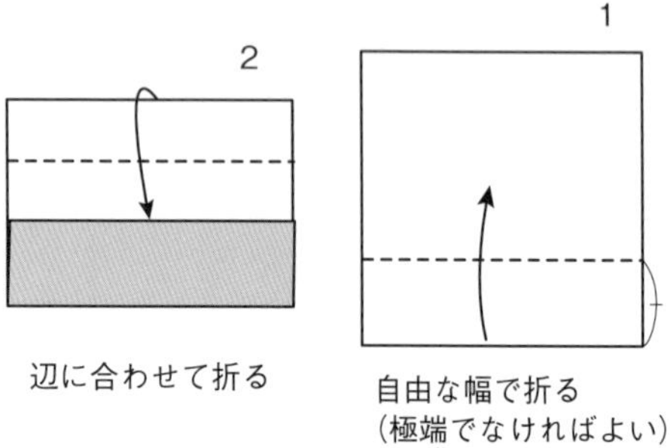

自由な幅で折る

折り紙は、幅を合わせてきちんと折るもの、と思っていませんか?

講習で、上図の手順1で「どうぞお好きな幅で折ってください」というと、不安になる方もいらっしゃるようです。「中央に合わせなくてもいいのですか?」と聞かれたりします。もちろん中央に合わせて折ってもできます。しかし対称でなくても、かえってそれが模様のバリエーションを生む場合もあります。大事なところはしっかり押え、自由にできるところは自由に楽しもう、というわけです。

3

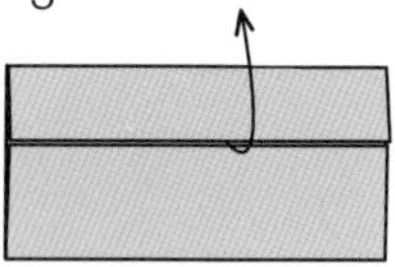

上を開く

4

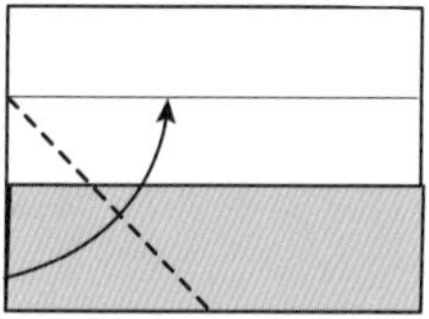

5

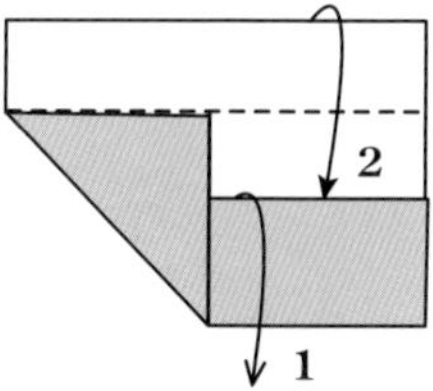

番号順に折る

6

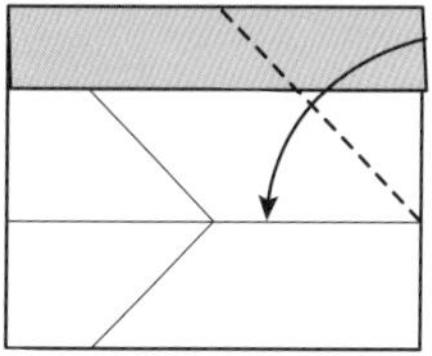

7

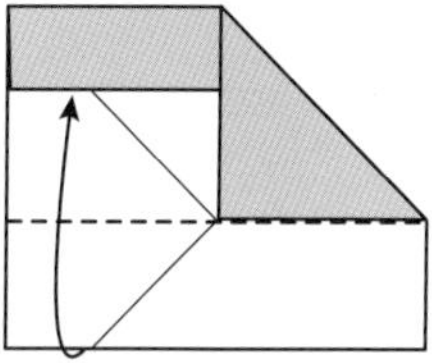

8

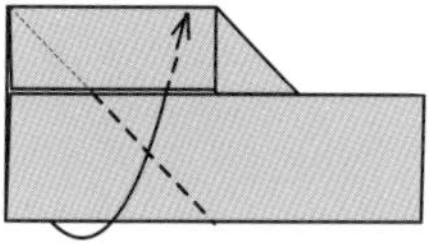

4でつけた折り線ではさんで折る

9

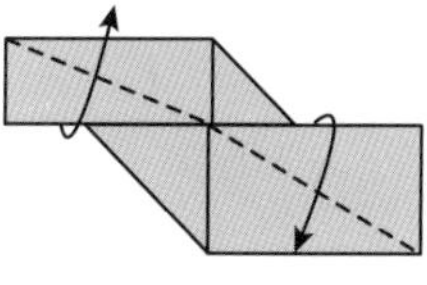

10

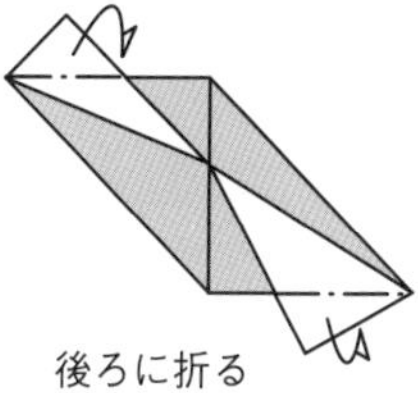

後ろに折る

11

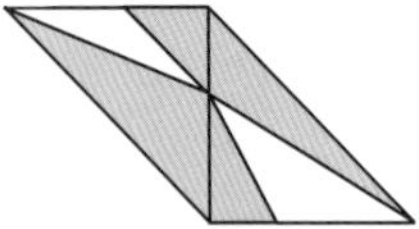

12

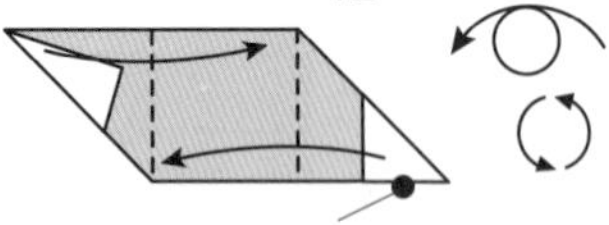

この部分がはみ出る場合は
適宜あいだに折り込む

13

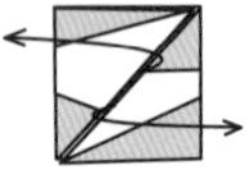

14

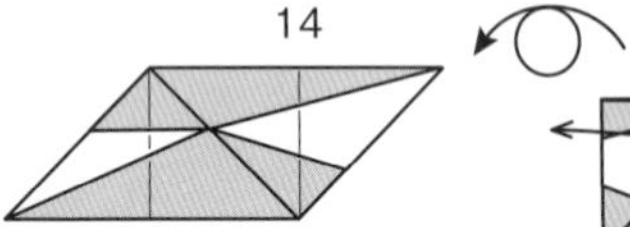

（×6）

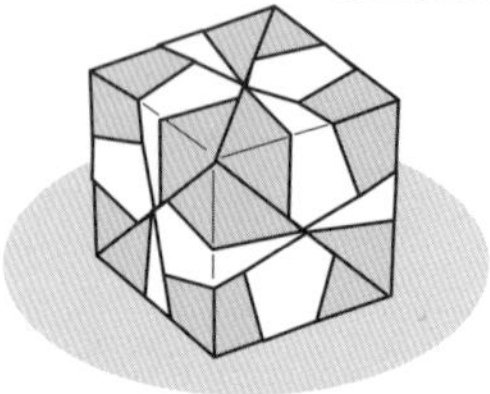

6枚組の組み方は
164〜165ページと同じ

ストライプ・12枚組、30枚組

★★/☆☆☆15cm×15cm

13から

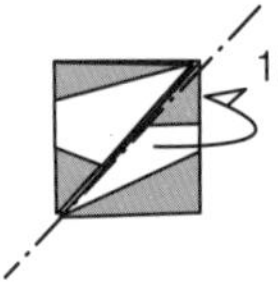

14

開く

15

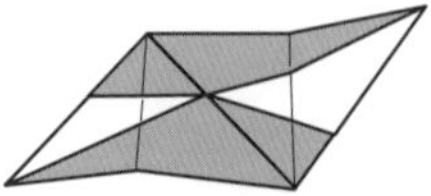

（×12）

（×30）

[組み方]

＜3枚組のピラミッド＞

1

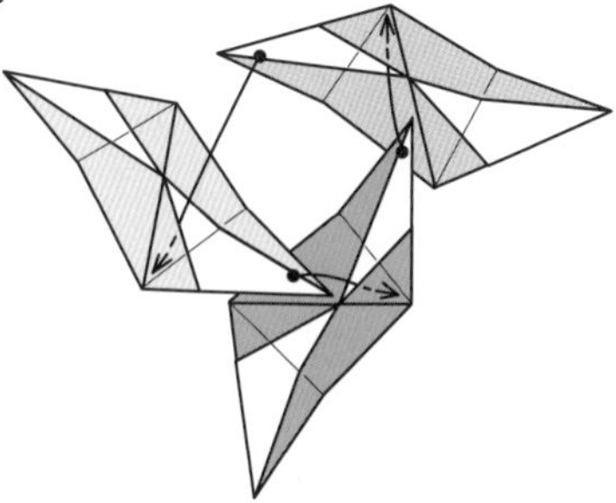

まず3枚でピラミッドのように組む

2

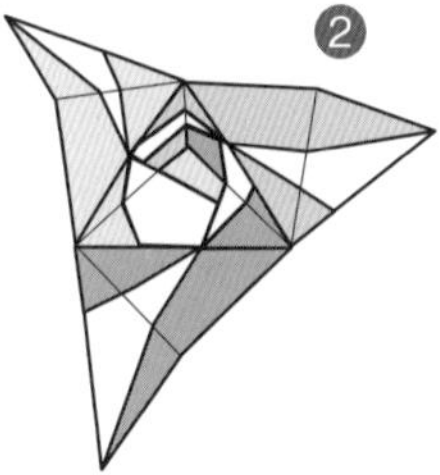

以下組み方は、
12枚組は169〜171ページ、
30枚組は172〜175ページ、
と同じ

30枚組

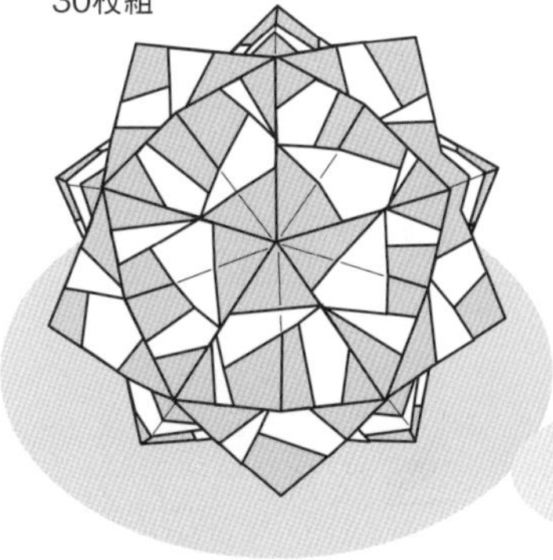

12枚組

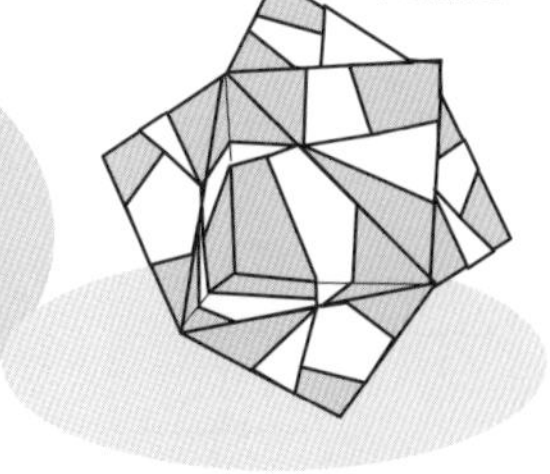

綾織り・6枚組　★★/☆☆15cm×15cm

「めんこ」「ストライプ」と同じ構造を持つユニットです。
模様変わりもできます。

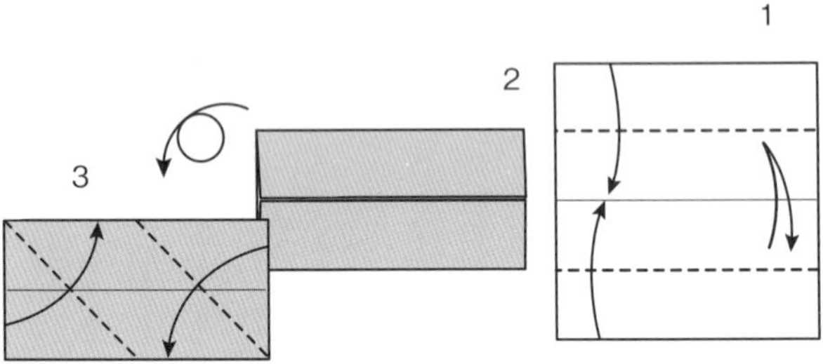

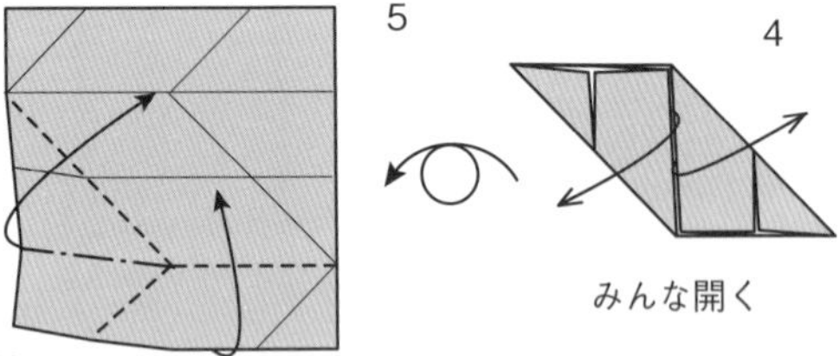

中割り折り

みんな開く

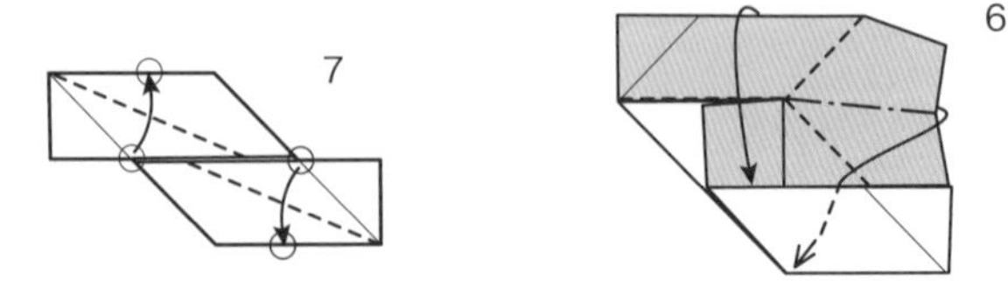

○印を合わせて上の一枚を折る

中割り折りをしてくぐらせる

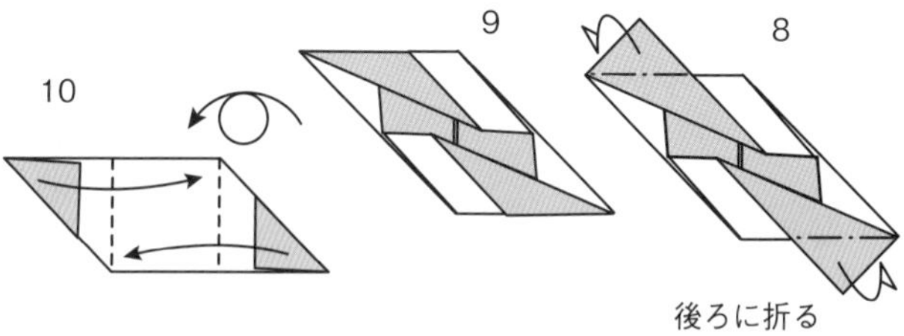
10
9
8
後ろに折る

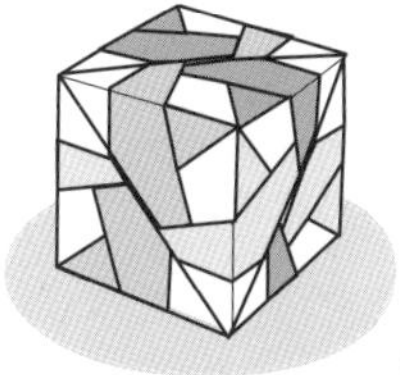

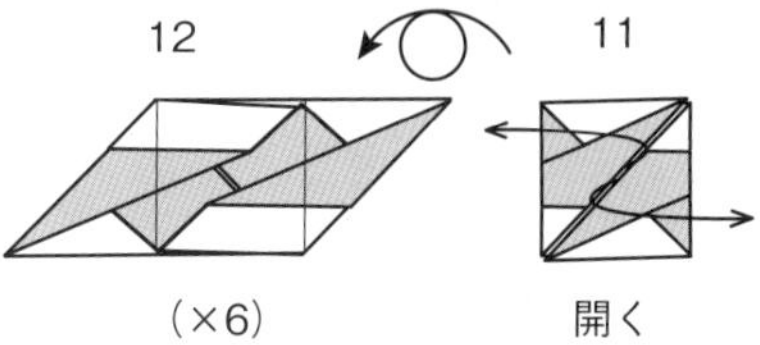
12
(×6)
11
開く

6枚組の組み方は
164〜165ページと同じ

綾織り・12枚組、30枚組

★★/☆☆☆15cm×15cm

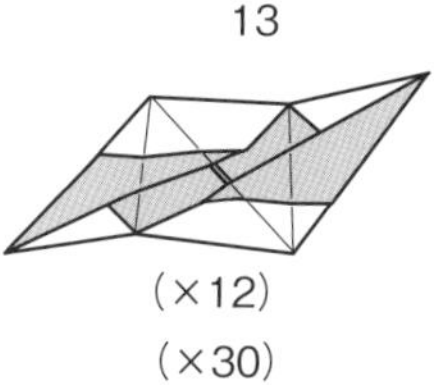
13
(×12)
(×30)

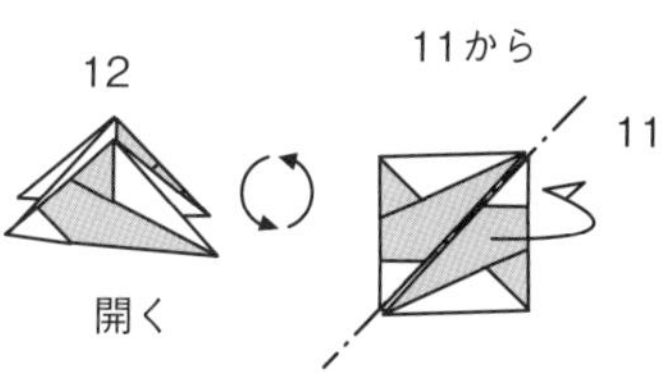
12
開く
11から
11

[組み方]

❶

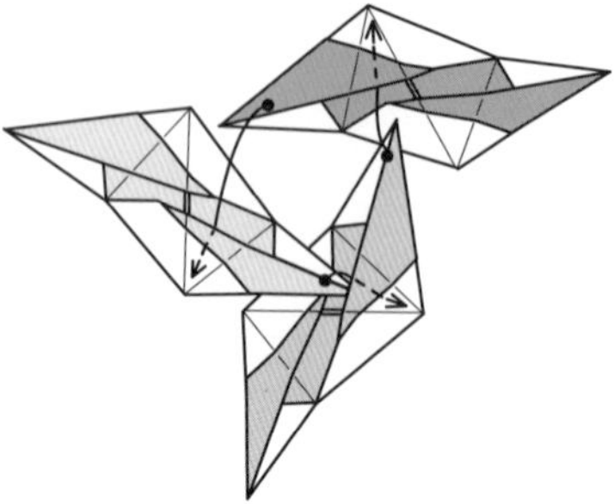

まず3枚でピラミッドのように組む

3枚組のピラミッド

❷

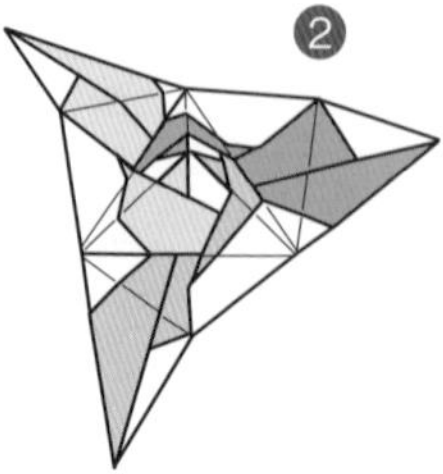

以下組み方は、
12枚組は168〜171ページ、
30枚組は172〜175ページ、
と同じ

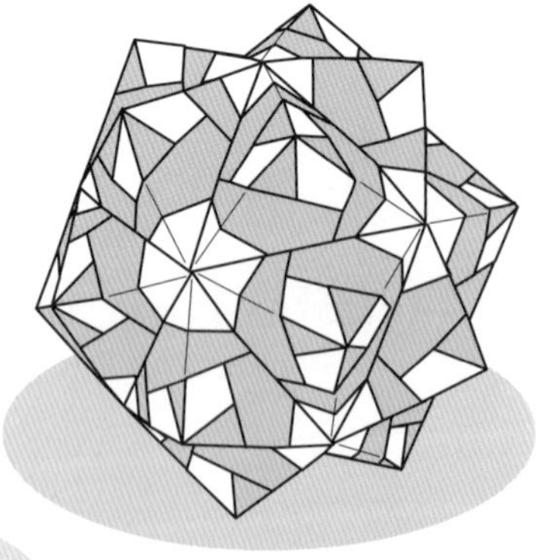

30枚組

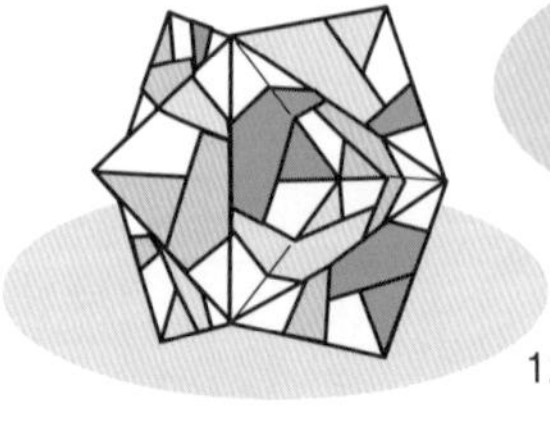

12枚組

=模様変わり・12枚組など=

5

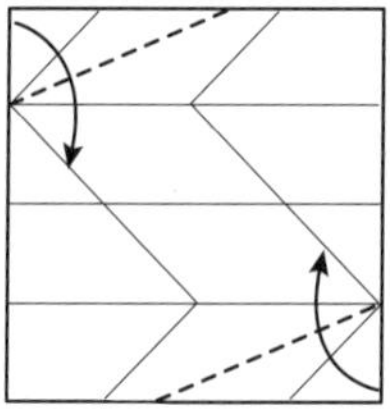

180ページ1〜4まで、色を反対にして折る

6

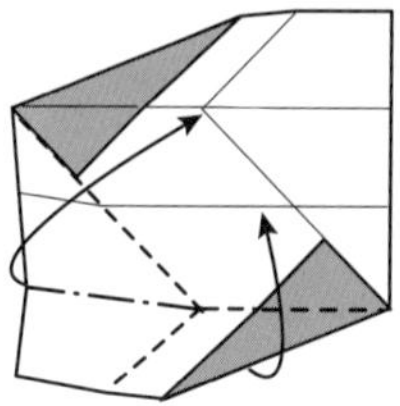

7

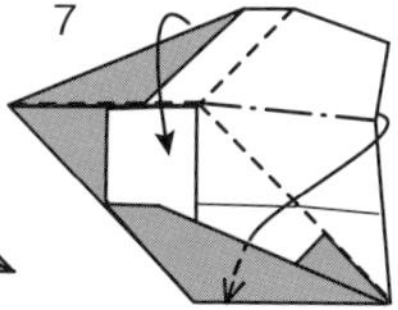

8

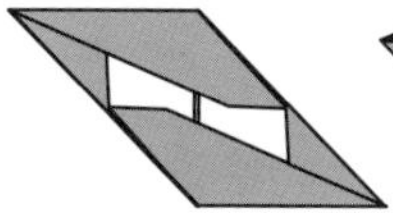

9

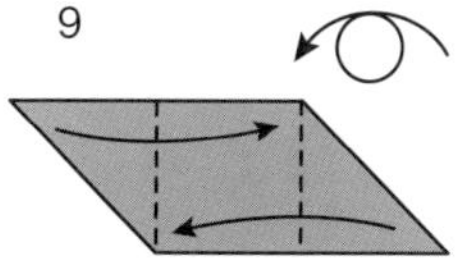

10

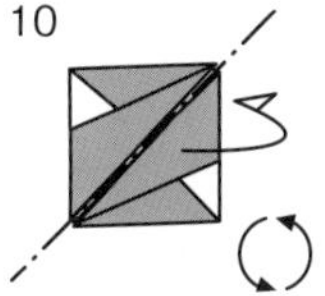

11

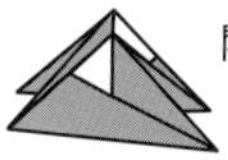

開く

12

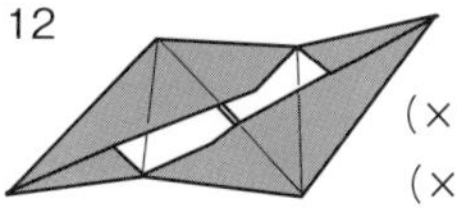

(×12)

(×30)

12枚組

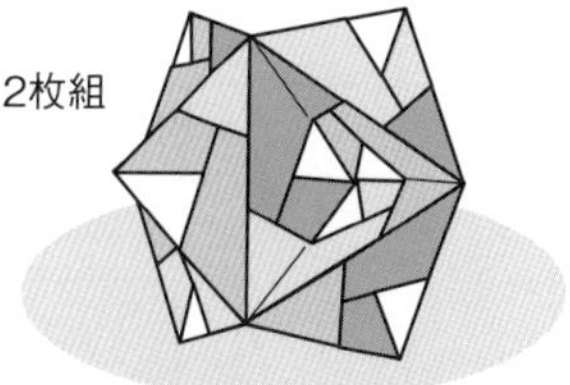

組み方は、
12枚組は169〜171ページ、
30枚組は172〜175ページ、
と同じ

正三角形のユニット・三つ割り

★★/☆☆15cm×15cm

正三角形が4つあるユニットです。2つは組むためのうでになります。正20面体は「正」と「鏡折り」を使います。組むと一面が1/3に分割された模様が出ます。

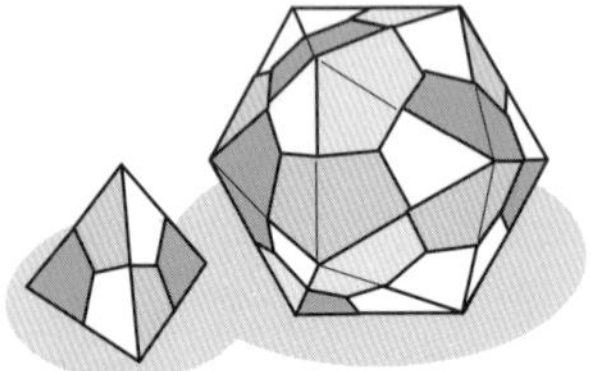

1

▶正◀

2

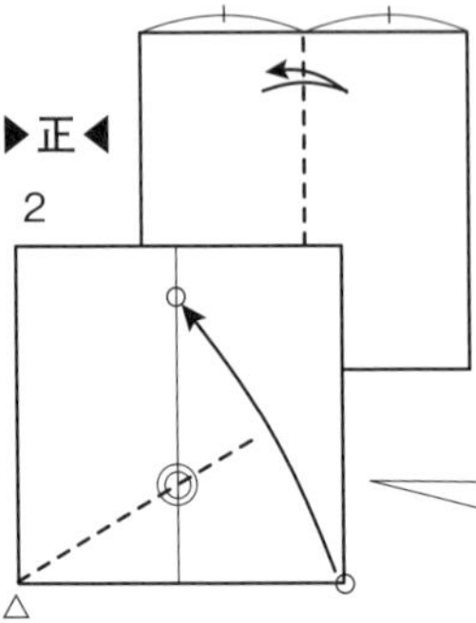

△印を軸に○印を合わせて、◎印の交点を過ぎて折る

線を途中までつけるのは出来上がりをきれいにするため。慣れないときは下のように、線を全部つけてもよい

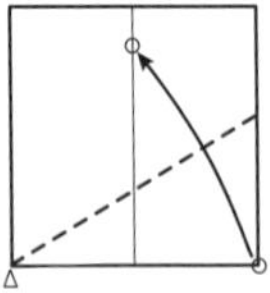

4

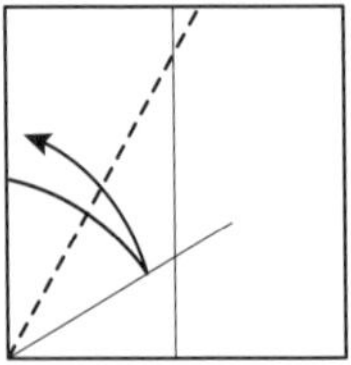

3

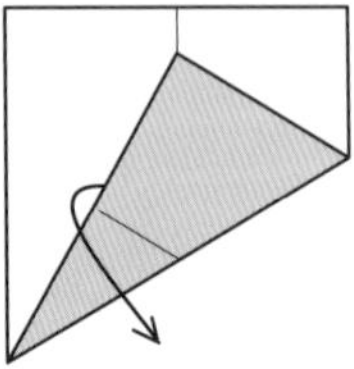

5

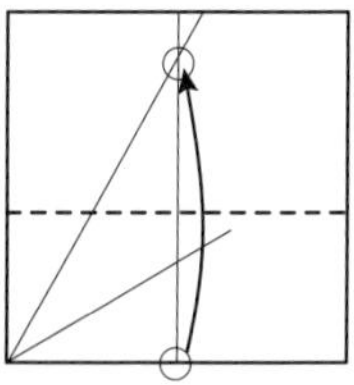

○印を合わせて折る

6

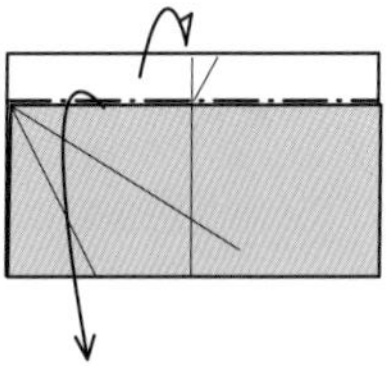

辺に合わせて折ったら開く

7

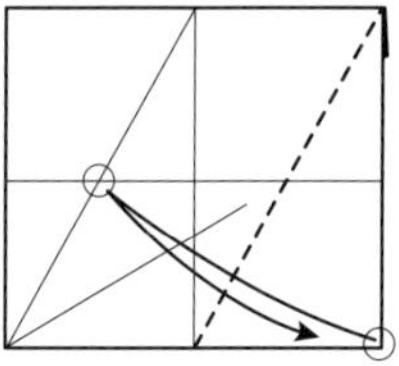

○印を合わせて折る

8

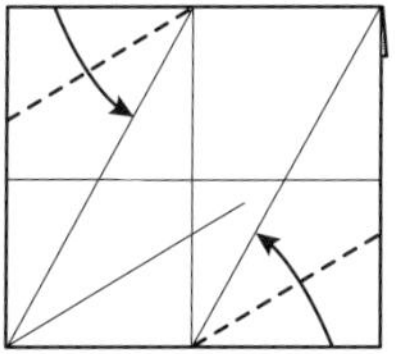

9

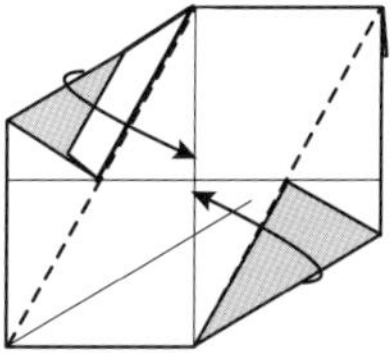

10

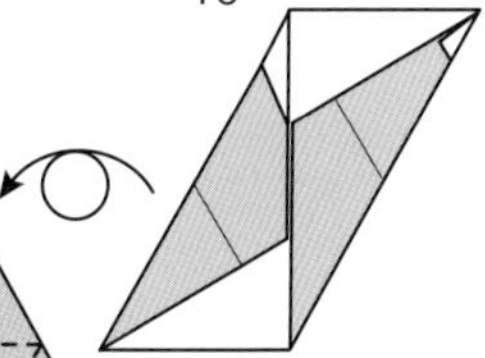

11

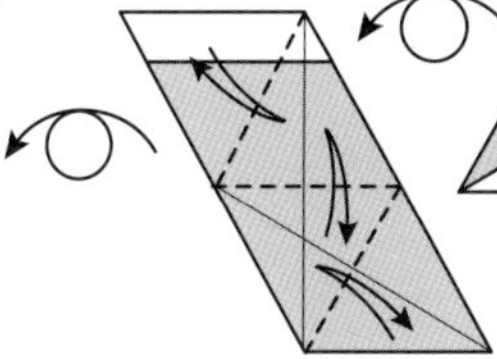

▶正◀

12

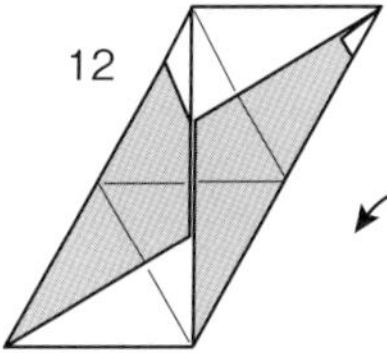

▶鏡折り◀

「正」を鏡に映したように左右を逆に折る。

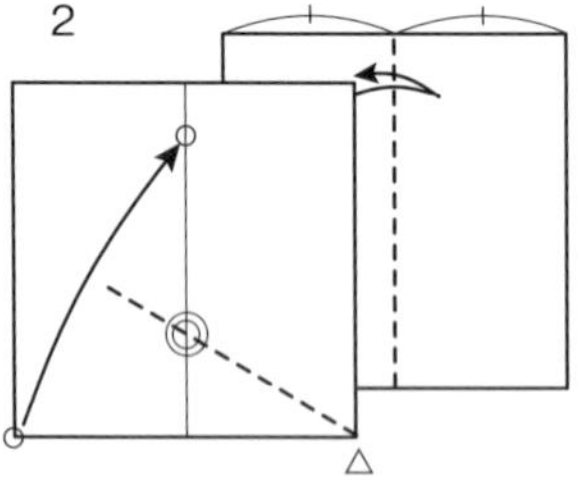

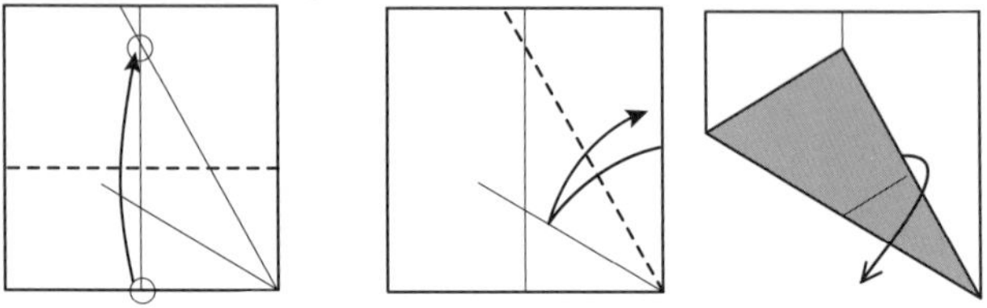

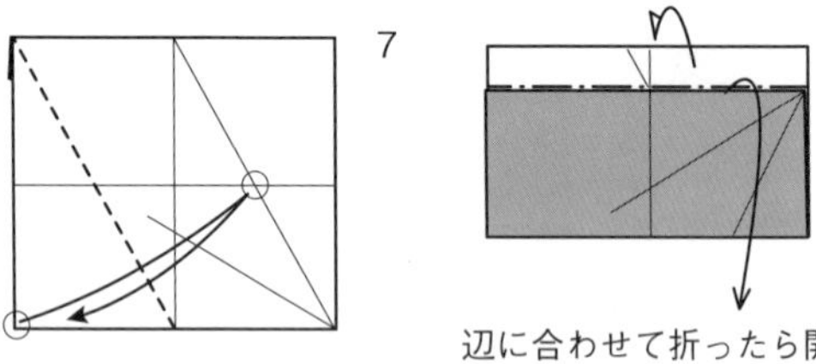

辺に合わせて折ったら開く

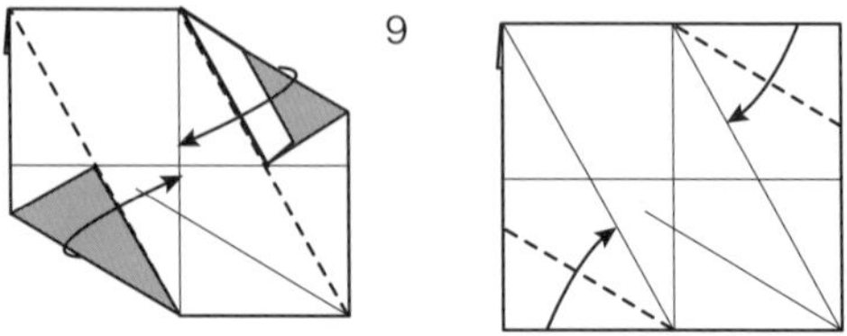

▶鏡折り◀

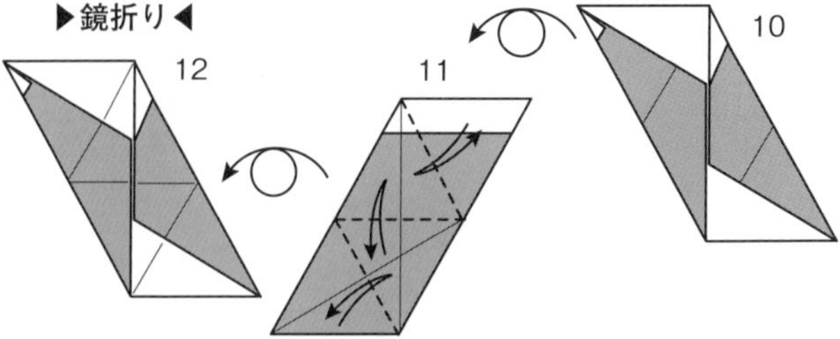

「正」「鏡」それぞれ1枚、
合計2枚で組む。

=正4面体=

[組み方]

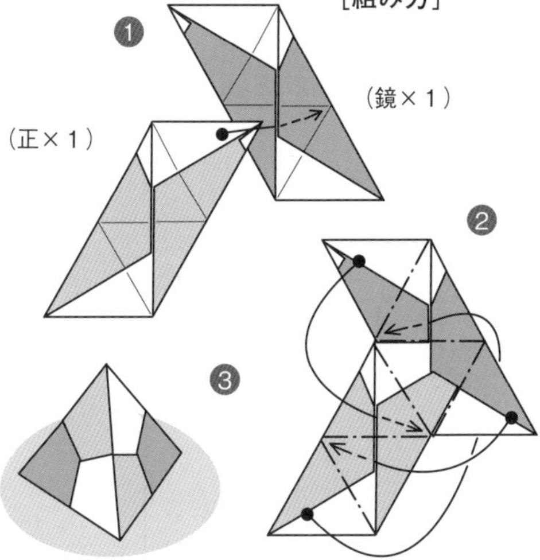

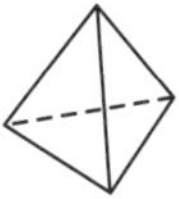

[骨組みになる形]

=正8面体=

「正」「鏡」それぞれ2枚合計4枚。
またはどちらか一方を4枚で組む。

[組み方]

①

（正×4）の場合

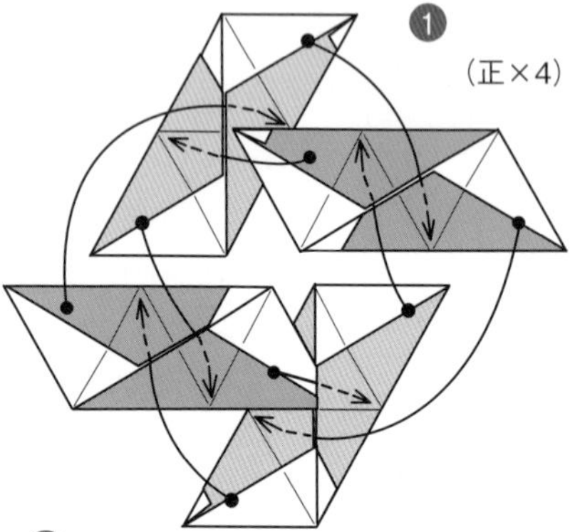

②

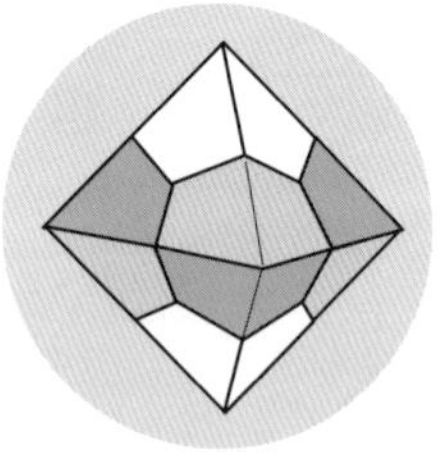

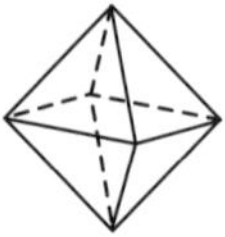

[骨組みになる形]

できたい
できるかな?
できれば　できたい
できたら　できたい
できるだけ　できたい

=正20面体=

「正」「鏡」それぞれ5枚、合計10枚で組む。

正20面体を北半球と南半球に分けて
「正」「鏡」それぞれ5枚ずつ組み、
それを合体させる

[組み方]

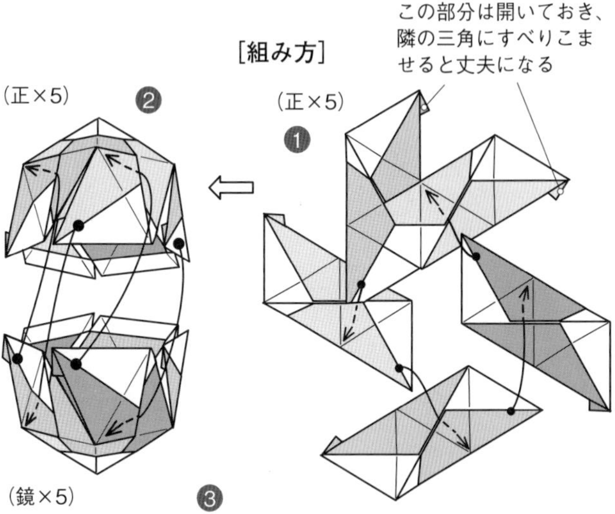
この部分は開いておき、
隣の三角にすべりこま
せると丈夫になる
(正×5)
2
(正×5)
1
(鏡×5)

3

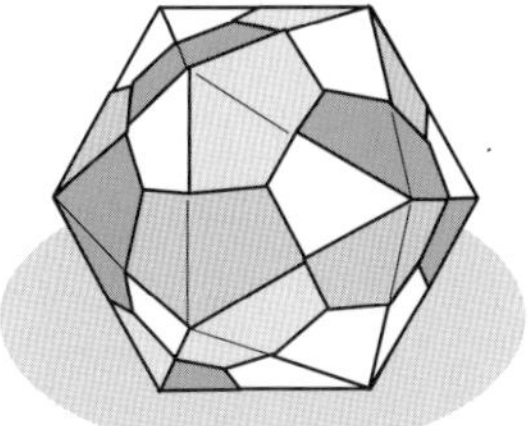

[骨組みになる形]

V字135°

★★/☆☆7.5cm×7.5cm

辺をV字にして組みます。いろいろなサイズの長方形からも折ることができますが、ここでは正方形から折る場合を紹介します。

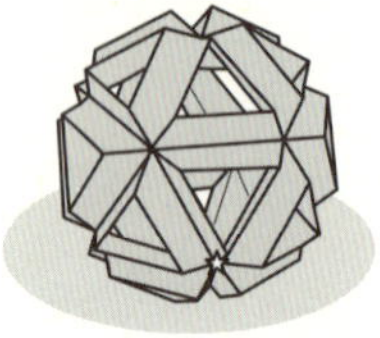

1

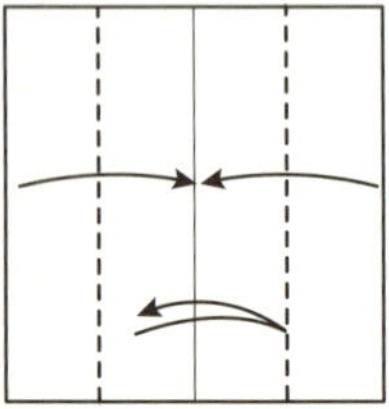

2

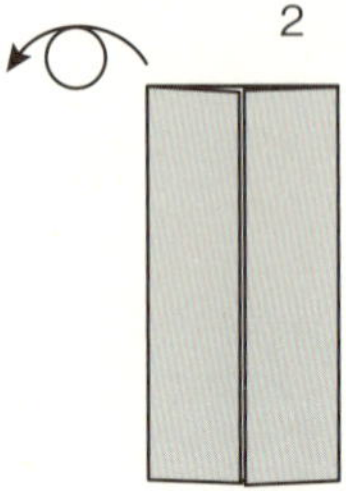

3

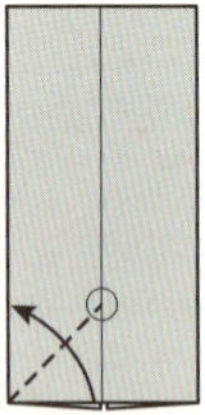
○印まで折る

4

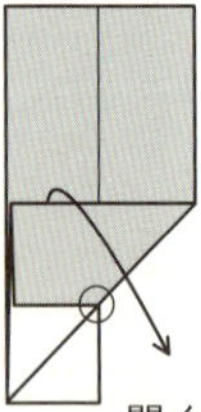
開く

5

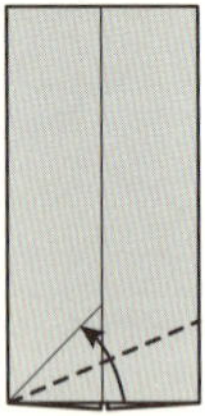

6

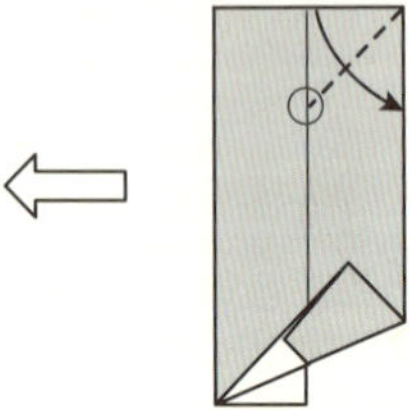
もう一方も4、5と
同じように折る

7

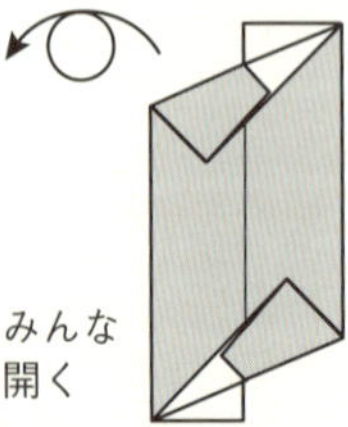
みんな
開く

8

9

10

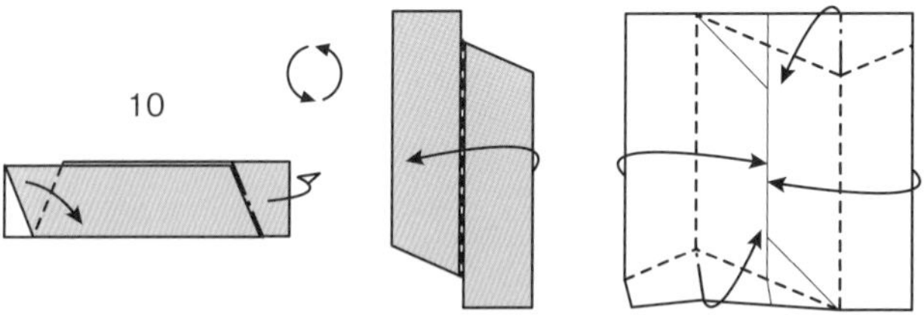

中割り折り

半分に折る

11

12

13

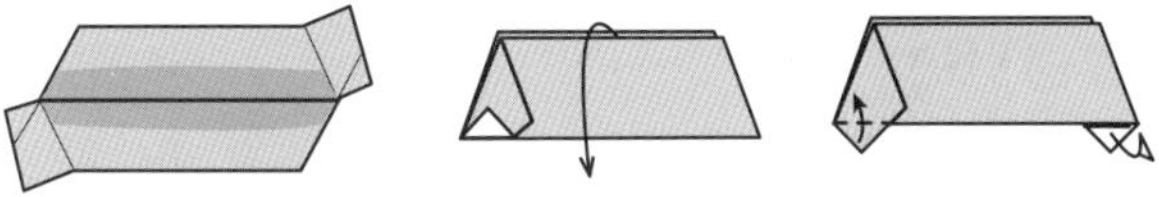

開く

V字にくぼんでいる

[組み方]

❶

❷

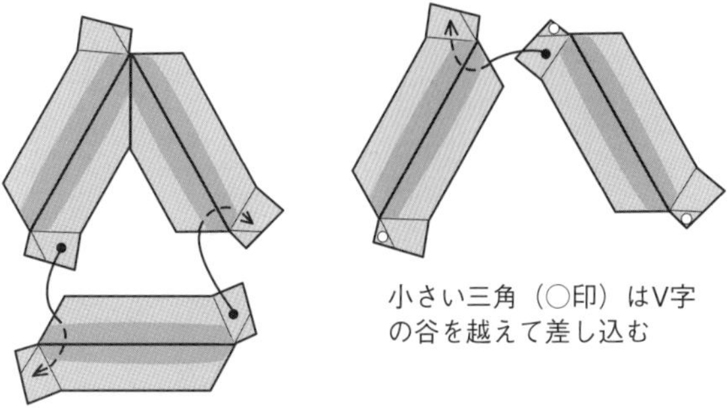

小さい三角（○印）はV字
の谷を越えて差し込む

=6枚組=

[骨組みになる形]

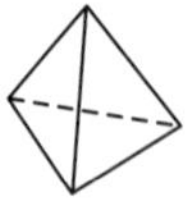

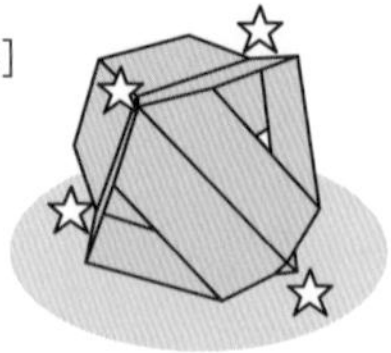

☆印に3つ集まるように組む
(☆印は全部で4か所)

＜基本3枚組＞

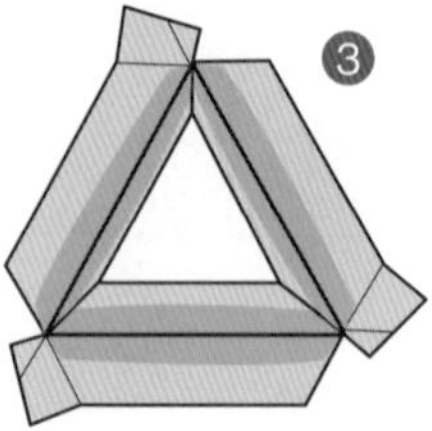

3枚組を基本に組んでいく

=12枚組=

[骨組みになる形]

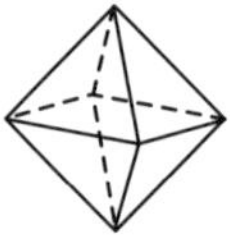

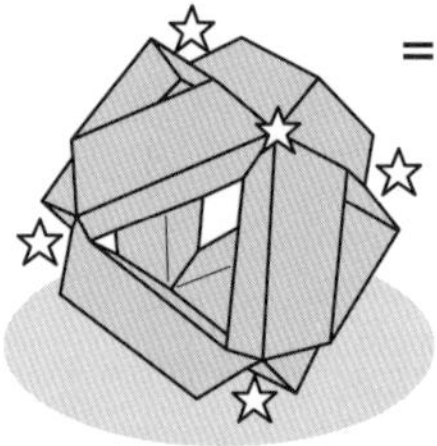

☆印に4つ集まるように組む
(☆印は全部で6か所)

=30枚組=

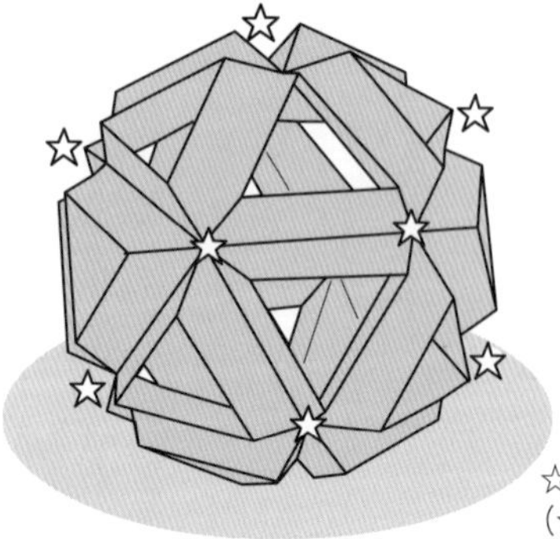

[骨組みになる形]

☆印に5つ集まるように組む
(☆印は全部で12か所)

いろいろな比率の長方形から折ってみよう

細長い紙から折ると、穴が小さくなります。

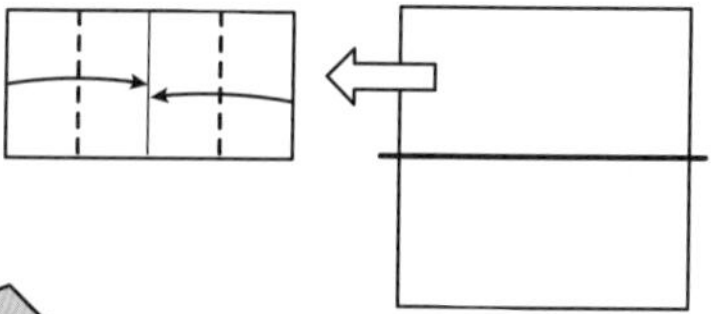

=30枚組=

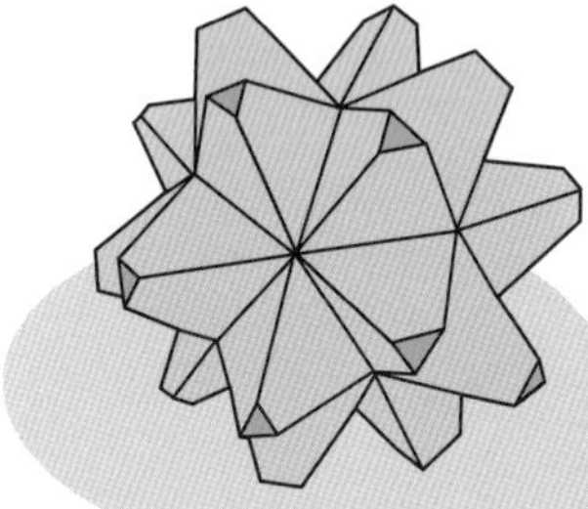

=12枚組=

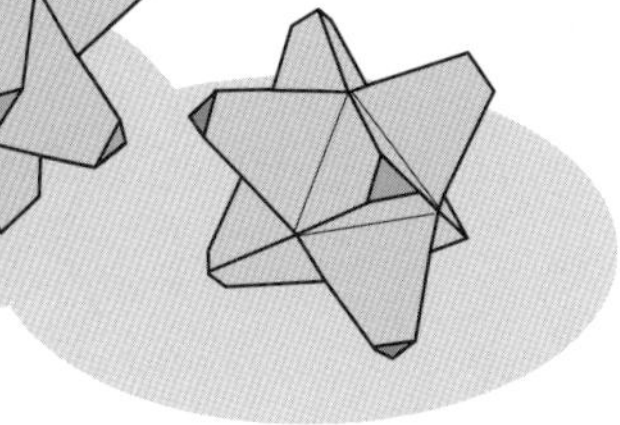

=30枚組=

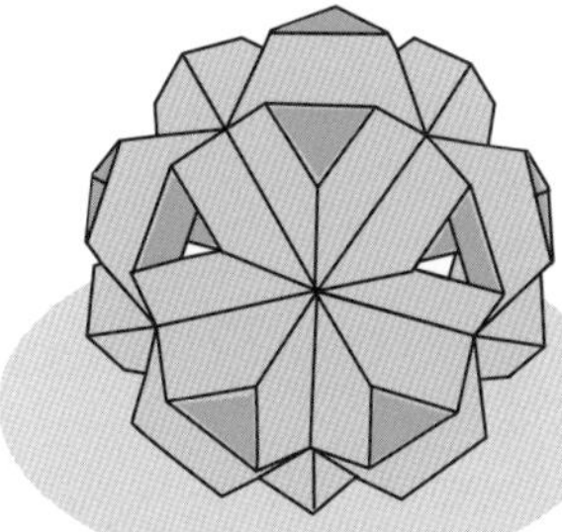

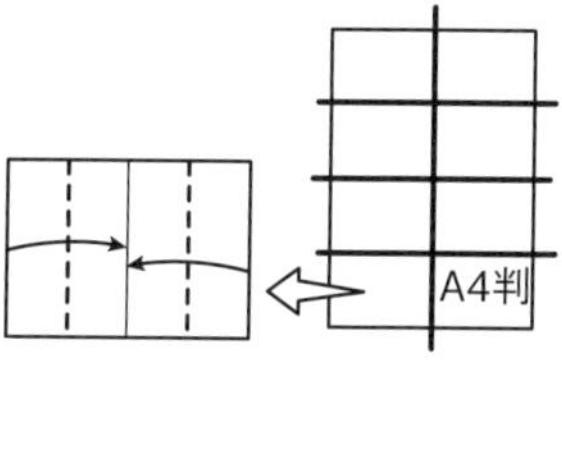

essay

彫刻家

箕口博《みのぐちひろし》という彫刻家がいた。記号派という会の会員で、主に木で抽象を制作してきた作家で、一九七七年に五十四歳で没した。私の連れ合いがずいぶんお世話になった。家族ぐるみの付き合いは今も続く。ひょんなことで、長野県安曇野市にある碌山美術館の評議員をしているAさんが、箕口さんを高く評価していることを知った。「作品と評伝を読む限り、清貧という感じを持ったのですが……」と言われ、「そうかもしれない」と思った。私たちが東京にいる頃、金町に住む箕口さんを何度か訪れた。幼児と乳飲み子を抱え、彫刻だけで生活しておられた。人の頭の形について話してくださったことを覚えている。話題はいつも表現についてだった。真正面を向いて生きておられた。清貧を感じるには私たちは若すぎた。

さらに評議員のAさんは言った。「木以外の素材で、もっと制作させてあげたかった」

無念だっただろう、と私も思う。彫刻はお金がかかるが、売れない。

しばらく後、金属や石などで抽象を制作する彫刻家に会う機会があった。名をなし堂々たる八十七歳。体も心も柔らかい方だった。展覧会について助言をいただきたいこともあり、できたての『Spiral』を献本した。この本は日本の出版社数社から断わられた後、ドイツの友人の所からようやく出版にこぎつけたグラフィカルな豪華本である。本をながめてひとまず評価していただいた後、おっしゃった。「でも、紙の作品は売るのがむずかしいだろうなあ」

作品を売る、という気持ちが希薄な私は、想像もしていなかったその最初の言葉に息をのんだ。プロとして生きていく道が違う。ずっと思っていることではあるが、物として作品を売ることが前提となる美術と、折り紙はやはりどこか質が違う。私は折り方を書いた本を出版して生計を立てている。職業の欄にはおおむね著述業と書く。ときにはより具体的に「折り紙作家」と書く。折った作品を売って生計をたてることは、考えただけでも困難で厳しい道だ。

後日、その方からいただいた葉書には「立派なご本ができたのだから、あとは楽しくおやりになってはと思っています‼」とあった。

折り紙の世界は幅広く、深く、人々の交流も世界規模で盛んである。すでにもう楽しくやっているのである。もちろん折り紙作品を絵画や彫刻と同様な位置づけで制作に励んでいる方もいらっしゃることだろう。しかし多くの愛好家はひとりで、あるいは交流しつつ、こんなものができた、こんな折り方をみつけた、そりゃすごい、いいねえ、驚いた、などなど、たのしく折り紙をしているのである。

折り紙には研究の部分がある。平面の紙を折るためにどうにも自由にならないことがある一方、折ることでひとつの完成に導かれ達することができる。その感覚は折り紙ならではのもの。

折り紙は折り紙という位置にいる。

折り紙で清貧はあるだろうか。清貧を覚悟で折り紙をする人はいるのだろうか。

線を引く

ドイツのミュンヘン飛行場にほど近いフライジングという町にある美術館で、ドイツ人の友人と二人で展覧会をすることになった。
私には、かつてバイエルン王室の羊小屋であったという一三×二三メートルの広いスペースが与えられた。天井も高い。ここをどんなふうに使うか。いろいろな作品を並べただけではつまらないし、このスペースを生かす展示を考えた。
無限折り（半分のそのまた半分の……と無限に続く折り方）の蛇腹を長々と折り、川のように床に流し、同じく無限折りを円形にしたものを配置する。考えているうちに「おや、これは石庭ではないか」と思われるデザインになった。連日ロールの障子紙と格闘した。
今回の無限折りは手だけで折るのは無理で、物差しで寸法を測り、一メートルのスチール定規を当てて先のなまった目打ちで折り線を引いていく。この辺の作業は機械でできるといいのだが、幅一メートル長さ二〇メートルくらいの紙に線をつけることができる場所はそうそうないらしい。こういった折り紙は「折る」というより「線を引く」という作業に多大な時間を費やす。その比は三対一くらいの割合か。折ることを積み重ねていって形作る折り紙とは根本が違う。どちらが折り紙の本筋か、などという議論はよしにして、折り紙には様々なスタイルがある、ということである。

連日修行僧のように目打ちで線を引いた。引いているときの呼吸はとても静かだ。すうっーと軽くも強くもなく同じ圧で目打ちを引く。呼吸は吸っているときもあれば吐いているときもある。息を詰めて作業することはない。呼吸が乱れるとよろよろとした変な線になる。心が乱れても変な線になる。無心が一番。しかし、体の柔軟性もなくなり、目も悪くなり、「若い肉体が欲しい、ねえ米《こめ》ちゃん」と猫に同意をもとめたり、そこが痛い、ここが痛い、ああ助手が欲しい、など独り言をいいながら、無心とはほど遠い状態で、多少無理をして作業を続けた。

家庭用テーブルの上で長い線は引けず、床にはって引くので、膝のぐりぐりが痛

ドイツのアートスペースでの展覧会にて。著者作品。

Schafhof-Europäisches Künstlerhaus Oberbayern

European House of Art
Upper Bavaria-Schafhof

撮影＝Fumiko Thuerk

いとこぼしていたら、連れ合いが農作業用品売り場でバレーボール選手がするような膝あてを買ってきてくれた。それを着装して床を這った。
その作業もようやく終わり、予定のものを作り上げ、先日梱包して送った。今はほっとしている。
山中の一軒家に住んでいると季節と濃く付き合う。季節は動きを止めない。作業は外の雪を見つつスタート。ツツドリが鳴き、山桜が散り、フジとホオの花が香り、続いてスイカズラ。ソヨゴの地味な花にミツバチがたくさん集まってぶんぶん蜜を集めるのを眺めた。クリの花とマタタビの花の匂いが入り交じって流れ、クワの実をつまみつつ散歩した。今は蟬時雨。季節の動きを速いと感じるのは年齢を重ねてきたせいだろう、と連れ合いと笑う。季節は巡るが、同じであることはない。年々変化している。カモシカにもよく会うようになった。これも変化のひとつ。山中の散歩は気分を新鮮にする。庭のちいさな池には今年もモリアオガエルが卵を産み、今は大きなオタマジャクシになっている。
さまざまな匂いを嗅ぎ、音を聞き、光を眺める。そしてまた、線を引いたり、折り畳んだり、同じことをくり返す時間がかかる地味な作業に向き合う。これからも。

本書は書き下ろしです。

ハッとする！ 折り紙入門　布施知子

たかが紙一枚から動物や花が立ち現われた時、ハッと脳が活性化される。どこでも楽しめる。簡単な鶴の変形、動物、箸袋やのし袋まで。帯文＝松尾貴史

身体能力を高める「和の所作」　安田登

なぜ能楽師は80歳になっても颯爽と舞うことができるのか？ 「すり足」「新聞パンチ」等のワークで大腰筋を鍛え集中力をつける。（内田樹）

色を奏でる　志村ふくみ・文　井上隆雄・写真

色と糸と織――それぞれに思いを深めて織り続ける染織家にして人間国宝の著者の、エッセイと鮮かな写真が織りなす豊醇な世界。オールカラー。

語りかける花　志村ふくみ

染織の道を歩む中で、ものに触れ、ものの奥に入って見届けようという意志と、志を同じくする表現者たちへの思いを綴る。（藤田千恵子）

ちよう、はたり　志村ふくみ

「物を創るとは汚すことだ」。自戒を持ちつつ、機へ向かうときの沸き立つような気持ち。日本の色への強い思いなどを綴る。（山口智子）

ことばの食卓　武田百合子　野中ユリ・画

なにげない日常の光景やキャラメル、枇杷など、食べものに関する昔の記憶と思い出を感性豊かな文章で綴ったエッセイ集。（種村季弘）

遊覧日記　武田百合子　武田花・写真

行きたい所へ行きたい時に、つれづれに出かけてゆく。一人で。または二人で。あちらこちらを遊覧しながら綴ったエッセイ集。（巖谷國士）

きもの草子　田中優子

インド更紗、沖縄の紅型などから、アジアから日本への文化の流れをも語る。着物、布地のカラー写真、着こなしについてのコラムも収録。（挾本佳代）

江戸百夢　田中優子

世界の都市を含みこむ「るつぼ」江戸の百の図像（手拭いから彫刻まで）を縦横無尽に読み解く。平成12年度芸術選奨文部科学大臣賞、サントリー学芸賞受賞。

タオ――老子　加島祥造

さりげない詩句で語られる宇宙の神秘と人間の生きるべき大道とは？ 時空を超えて新たに甦る『老子道徳経』全81章の全訳創造詩。待望の文庫版！

人生をいじくり回してはいけない　水木しげる

水木サンが見たこの世の地獄と天国。人生、自然の流れに身を委ね、のんびり暮らそうというエッセイ。帯文＝外山滋比古、中川翔子。（大泉実成）

整体入門　野口晴哉

日本の東洋医学を代表する著者による初心者向け野口整体のポイント。体の偏りを正す基本の「活元運動」から目的別の運動まで。（伊藤桂一）

風邪の効用　野口晴哉

風邪は自然の健康法である。風邪をうまく経過すれば体の偏りを修復できる。風邪を通して人間の心と体を見つめた、著者代表作。（伊藤桂一）

体癖　野口晴哉

整体の基礎的な体の見方、「体癖」とは？ 人間の体をその構造や感受性の方向によって、12種類に分ける。それぞれの個性を活かす方法とは？（加藤尚宏）

野口体操　マッサージから始める　羽鳥操

「野口体操」は戦後、野口三千三が創始した身体の技法で、ゆらゆらと体の力を抜く独創的なもの。マッサージを元にした入門書。対談＝坂本龍一

らくらくお灸入門　高橋國夫

あったかくて気持ちがいい。セルフお灸の基本から、経絡（体のルート）別ツボまで。女性やお年寄りや子供にも優しい。内臓に美容にストレスに効果的。

きれいになる気功　鳥飼美和子　津村喬監修

気功入門に最適。美容によいグルーミング（マッサージ）、肩こりに効く香功、腰痛によい脊柱動功等。文庫化にあたり一分間瞑想術を追加。（津村喬）

整体から見る気と身体　片山洋次郎

「整体」は体の歪みの矯正ではなく、歪みを活かしてのびのびした体にする。老いや病はプラスにもなる。滔々と流れる生命観。よしもとばなな氏絶賛！

整体。共鳴から始まる　片山洋次郎

著者による整体法の特色「共鳴」をキーワードに、「体癖」ほか整体世界について解き明かす。四季の具体的なセルフケア法も！（菊地成孔）

自分にやさしくする整体　片山洋次郎

こんなに簡単に自分で整体できるとは！「脱ストレッチ」など著者独自の方法も。肩こり、腰痛など症状別チャート付。（甲田益也子）

大和なでしこ整体読本　三枝誠

体が変われば、心も変わる。「野口整体」「養神館合気道」などをベースに多くの身体を観てきた著者が、簡単に行える効果抜群の健康法を解説。

東洋医学セルフケア365日　長谷川淨潤

風邪、肩凝り、腹痛など体の不調を自分でケアできる方法満載。整体、ヨガ、自然療法等に基づく呼吸法、運動等で心身が変わる。索引付。必携！

わたしが輝くオージャスの秘密　服部みれい　蓮村誠 監修

インドの健康法アーユルヴェーダでオージャスとは生命エネルギーのこと。オージャスを増やして元気で魅力的な自分になろう。モテる！　願いが叶う！

身体感覚を磨く12カ月　松田恵美子

冬は蒸しタオルで首を温め、梅雨時は息を吐き切る練習をする。ヨーガや整体の技を取り入れたセルフケアで元気になる。鴻上尚史氏推薦。

美しいきもの姿のために　村林益子

着やすさ随一。仕立ての第一人者が、誰よりきものを知る立場から教える、着付けと始末の決定版。間違って覚えないでの願いをこめて。

わたしの日常茶飯事　有元葉子

毎日のお弁当の工夫、気軽にできるおもてなし料理、見せる収納法やあっという間にできる掃除術など。これで暮らしがぐっと素敵に！　（村上卿子）

ちゃんと食べてる？　有元葉子

元気に豊かに生きるための料理とは？　食材や道具の選び方、おいしさを引き出すコツなど、著者の台所の哲学がぎゅっとつまった一冊。（高橋みどり）

諸国空想料理店　高山なおみ

注目の料理人の第一エッセイ集。世界各地で出会った料理をもとに空想力を発揮して作ったレシピ。よしもとばなな氏も絶賛。（南椌椌）

くいしんぼう　高橋みどり

高望みはしない。ゆでた野菜を盛るくらい。でもごはんはちゃんと炊く。料理する、食べる、それを繰り返す、読んでおいしい生活の基本。（高山なおみ）

酒のさかな　高橋みどり

ささっと切ったり合わせたり、気のきいた器にちょっと盛ればでき上がり。ついつい酒が進む、名店「にぼし」店主・船田さんの無敵の肴98品を紹介。

買えない味　平松洋子

一晩寝かしたお芋の煮っころがし、土瓶で淹れた番茶、風にあてた干し豚の滋味……日常の中にこそある、おいしさを綴ったエッセイ集。（中島京子）

買えない味2　はっとする味　平松洋子

刻みパセリをたっぷり入れたオムレツの味わいの豊かさ、ペンチで砕いた胡椒の華麗な破壊力……身近なものたちの隠された味を発見！（室井滋）

Land Land Land　岡尾美代子

旅するスタイリストは世界中でかわいいものを見つけます。旅の思い出とプライベートフォトをA(airplane)からZ(zoo)まで集めたキュートな本。

私の絵日記　藤原マキ

つげ義春夫人が描いた毎日のささやかな幸せ。家族三人の散歩。子どもとの愉快な会話。口絵8頁。「妻、藤原マキのこと」＝つげ義春。（佐野史郎）

わたしは驢馬に乗って下着をうりにゆきたい　鴨居羊子

新聞記者から下着デザイナーへ。斬新で夢のある下着を世に送り出し、下着ブームを巻き起こした女性起業家の悲喜こもごも。（近代ナリコ）

うたの心に生きた人々　茨木のり子

こんな生き方もあったんだ！　破天荒で、反逆精神に溢れ、国や社会に独自の姿勢を示し、何より詩に賭けた四人の詩人の生涯を鮮やかに描く。

一本の茎の上に　茨木のり子

「人間の顔は一本の茎の上に咲き出た一瞬の花である」表題作をはじめ、敬愛する山之口貘等について綴った香気漂うエッセイ集。（金裕鴻）

茨木のり子集　言の葉（全3冊）　茨木のり子

しなやかに凜と生きた詩人の歩みの跡を、詩とエッセイで編んだ自選作品集。単行本未収録の作品なども収め、魅力の全貌をコンパクトに纏める。

玉子ふわふわ　早川茉莉編

国民的な食材の玉子、むきむきで抱きしめたい！　森茉莉、武田百合子、吉田健一、山本精一、宇江佐真理ら37人が綴る玉子にまつわる悲喜こもごも。

なんたってドーナツ　早川茉莉編

貧しかった時代の手作りおやつ、日曜学校で出合った素敵なお菓子、毎朝宿泊客にドーナツを配るホテル、哲学させる穴……。文庫オリジナル。

ちくま文庫

できた！　ユニット折《お》り紙《がみ》入門《にゅうもん》

二〇一五年十二月十日　第一刷発行

著　者　布施知子（ふせ・ともこ）
発行者　山野浩一
発行所　株式会社　筑摩書房
東京都台東区蔵前二―五―三　〒一一一―八七五五
振替〇〇一六〇―八―四一二三
装幀者　安野光雅
印刷所　株式会社加藤文明社
製本所　株式会社積信堂

乱丁・落丁本の場合は、左記宛にご送付下さい。
送料小社負担でお取り替えいたします。
ご注文・お問い合わせも左記へお願いします。
筑摩書房サービスセンター
埼玉県さいたま市北区櫛引町二―六〇四　〒三三一―八五〇七
電話番号　〇四八―六五一―〇〇五三

ISBN978-4-480-43310-7 C0172